第1辑

U0738335

服务经济与管理评论

浙江省现代服务业研究中心 编　　　主编 徐绪卿　副主编 夏晴

REVIEW OF
SERVICE ECONOMY
AND MANAGEMENT

ZHEJIANG UNIVERSITY PRESS
浙江大学出版社

　　第四届现代服务业发展论坛"亚洲服务业：发展与创新"由浙江树人大学浙江省现代服务业研究中心主办，于2014年11月7日在杭州举行。论坛得到了中国商务出版社、《国际贸易》杂志社、浙江省社会科学界联合会的大力支持。

浙江树人大学校长徐绪卿教授致辞

浙江省社科联科研管理处副处长吴凤钢致辞

论坛以"亚洲服务业：发展与创新"为主题，致力于探讨亚洲区域服务经济发展战略、亚洲区域经济合作视域下中国服务业开放和亚洲各地服务业行业创新发展等问题。

韩国忠北大学金相郁教授

中国社科院财经战略研究院副院长夏杰长研究员

中国台湾正修科技大学副校长郑舜仁教授

日本神户大学黄磷教授

中国社科院对外经贸国际金融研究中心于立新研究员　　韩国顺天乡大学郑炳熊教授

为总结本次论坛成果，分享学术智慧，主办方将嘉宾演讲专题和优秀征文结集成《服务经济与管理评论（第1辑）》，由浙江大学出版社正式出版。

浙江树人大学副校长陈新民教授主持开幕式　　浙江树人大学现代服务业学院院长夏晴教授主持主论坛

第一届现代服务业发展论坛

第二届现代服务业发展论坛

第三届现代服务业发展论坛

前　言

  国际金融危机以来,亚洲各国一直面临着较为严峻的外部环境,而健康发展的服务业是亚洲经济特别是亚洲发展中国家经济保持增长的关键所在,服务业对亚洲未来经济增长至关重要。近年来,亚洲各国的服务业发展迅速,对促进亚洲经济发展起到了积极作用,但同时在服务业发展效率、内部结构、制度保障、基础设施等方面仍存在较多问题。

  2014年11月7日,由浙江树人大学浙江省现代服务业研究中心共同主办的"第四届现代服务业发展论坛"在杭州举行。本次论坛得到了中国商务出版社、《国际贸易》杂志社、浙江省社会科学界联合会的大力支持,吸引了来自日本、韩国、中国等地服务经济与管理领域的60余名专家、学者。论坛围绕"亚洲服务业:发展与创新"主题,对亚洲区域服务经济发展战略、亚洲区域经济合作视域下我国服务业开放发展、亚洲各地服务业行业创新发展等问题开展了广泛而深入的讨论,并形成了重要的学术成果。

  配合本次论坛开展的征文活动,选题涉及亚洲服务业、服务贸易发展现状,亚洲区域间服务业、服务贸易合作,自由贸易区建设与服务业、服务贸易发展,亚洲各地金融、商贸、物流、法律、旅游、电子商务、健康养老等服务业发展经验比较,亚洲各地服务业企业创新发展,亚洲服务业商业模式创新发展等领域,论文数量和质量均比往届有大幅提高。这些最新理论研究成果的结集,促成了《服务经济与管理评论》(第1辑)的出版。第一部分的文章系根据嘉宾现场演讲整理而成,编录后仅供参考,第二部分为论坛的23篇优秀论文,希望该书的出版能对我国服务经济理论研究与实践具有借鉴意义。

  本书在出版过程中,得到了各相关部门的积极配合与支持,在此一并表示感谢。由于编者水平有限,错误和疏漏在所难免,恳请各位读者批评指正。

编　者

2015年1月

目　　录

第一部分　主题演讲

第二部分　优秀论文

第一部分 主题演讲

服务产业创新

金相郁

（韩国忠北大学管理信息学院教授）

　　每个经济部门都不是独立存在的，第一产业、第二产业、第三产业之间的关系是动态的，可以相互增强。其中服务业能极大地帮助农业和制造业增值，这使得服务业在经济中扮演的角色也是动态的。

　　在服务经济时代，企业需要从产品主导逻辑向服务主导逻辑转变，并不断地进行服务创新。企业资源可以分为对象性资源（operand resources）和操作性资源（operant resources）。对象性资源主要指有形资源、自然资源等，通常是静态和具有惰性的。以对象性资源为核心要素的情况下，企业行为主要表现为：组织被视为为了进行商品交易的制造商；顾客通常被看作是一种对象性资源，这一资源可被分割、渗透或是通过营销、促销手段获取；资产被定义为能给企业带来经济利益的有形资源；传统的交易被认为是实现利润最大化的方法。操作性资源主要包括知识和技能，通常是无形的，但又是动态的、富有活力的。以操作性资源为核心要素的情况下，企业行为表现出：组织被视为价值创造者；顾客被看作是一种操作性资源，可以参与生产提供；资产被看作是价值传递的工具而不是价值的容器；合作和理解被认为是创造价值的方法。因此在服务主导逻辑下，以知识和技能为代表的操作性资源就成为最核心的要素。

　　在充分理解对象性资源和操作性资源内涵的基础上，对"资源化"概念进行挖掘具有重要意义。被定义为资源化的价值创造活动，必须具备三个基本要素，即资源创造、资源整合和阻力消除。对比服务和服务化可以发现，价值并不是由服务本身所创造，而是通过服务化过程产生，因为对顾客体验的关注能够驱动服务创新。比较价格和价值主张观念可以发现，顾客而非企业才是价值的真正创造者。在传统的价格观念下，企业被视为价值创造者并进一步传递给顾客。然而，在价值主张观念主导下，我们必须强调，顾客并不仅仅是购买者和价值消耗者，同时也是价值创造的资源整合者。总之，服务业可以通过创造资源、整合资源、关注顾客体验，并将其从供应链视角转向网络组织视角，从而驱动服务创新，构建服务业创新路径。

把服务业培育为我国的支柱产业

夏杰长

（中国社会科学院财经战略研究院副院长、研究员）

目前,服务业成为我国支柱产业的条件已经基本具备,主要体现在以下六个方面:一是全国工业化进程尽管不尽平衡,但总体处在中后期阶段,在这个阶段服务业越来越重要,甚至可能处于主导、支柱地位;二是城镇化进程快速推进,农民市民化和传统农业产业转型(比如在一产土地做出三产文章),极大地带动了服务业发展;三是市场化改革趋势以及制度环境的不断完善,极大地释放了服务业生产力,激发了服务创新;四是城乡居民收入水平提高,为服务消费快速扩张带来了市场和机遇;五是服务要素的跨境流动愈来愈频繁,中国正成为服务要素跨境流动的主要目的国,中国服务业正成为外资进入的"热土";六是产业政策和政府行为也有利于我国服务业大发展。

从现实发展来看,服务业正在成为中国经济的支柱产业。首先,服务业已经成为我国第一大产业,2013 年我国服务业增加值为 262204 亿元,占 GDP 比重达到 46.1%,首次超过第二产业。其次,服务业是吸纳劳动就业的主力军,2011 年中国第三产业首次超过第一产业,成为中国的就业主渠道。再次,我国吸引外资以制造业为主的格局向以服务业为主转变,2012 年服务业利用外资首次超过制造业,现代服务业日益成为对外开放的新热点。此外,服务贸易规模迅速扩大,贸易结构进一步优化,服务贸易地位日益提高。

虽然服务业发展已占据主导地位,但服务业短板依然突出,主要表现在服务业劳动生产率偏低、非制造业商务活动指数下降、非制造业从业人员指数下降等方面。服务业发展道路任重而道远,需要从以下方面培育和巩固服务业支柱产业的地位:第一,积极有序地推进城镇化,推动城镇化和服务业互动发展;第二,加强落后地区生产性服务业投资,提高发达地区现代服务业的辐射力;第三,促进生产性服务业和制造业融合互动发展;第四,打造一批服务业集聚区或功能区;第五,培养服务业创新团队;第六,推动生产性服务业对外开放。此外,需要指出的是,在货币财富边际效用递减的同时,人们对幸福、全面发展、人文关怀的追求比财富追求更为重要,人文关怀服务业是满足人类的情感、心理方面的需求,比如婚恋服务业、心理服务业,因此当前发展人文关怀服务业是一种新的趋势。

Beyond 4G 时代的挑战与机会

郑舜仁

（中国台湾正修科技大学副校长、教授）

随着智慧手持装置平价化、移动网络基础建设完善，全球移动上网服务普及率正快速上升。移动上网服务的普及带来三大挑战：一是营收方面，移动语音服务营收持续下滑，移动数据服务营收追不上流量成长速度；二是成本方面，移动通信运营商面临服务营收与 CAPEX(capital expenditures)年成长率不一致；三是频谱方面，LTE(long term evolution)网络建置所使用的频谱仍呈现分散状态，此外由于 LTE 网络所使用的频段较高，使得信号穿透力不足，部分地区常发生信号不佳的问题。

观察电信运营商和各地政府在 4G 时代的布局，主要可归纳出四大发展重点，分别为：服务模式的改变、提供稳健高速的移动上网环境、多样化 4G 手持装置、提早布局 5G 服务情境。如 Verizon Wireless 以提升覆盖率和完整终端装置行销 LTE 服务，并通过以量计价模式使无线服务营收逐季成长；NTT DoCoMo 以满足用户使用体验为布局重点持续推出吃到饱服务；KDDI 则延续移动上网吃到饱服务，通过 App 套餐缔造营收佳绩；Softbank 正走向 FDD/TD-LTE 双模网络，把 Small Cell 作为下一步建置重点；Sprint 利用 Clearwire 的 TD-LTE 加强 FDD LTE 网络；中国移动已做好 TD-LTE 商用服务准备，而中国电信、中国联通将朝 FDD/TD-LTE 融合网络发展。

5G 是先进国家未来社会发展与产业竞争的核心，因此各国各地区都在加紧布局 5G 服务情境。如作为韩国 5G 研发平台的 5G Forum，以联结政府、国际研究机构及国家研发计划为主，让国家研发技术与政府能与国际研究机构或组织直接联结合作；英国 Ofcom 锁定 2018 年提供无所不在的移动数据；中国移动 5G 服务重点为 Green、Soft；国际电信联盟(ITU)于 2013 年 7 月在北海道工作会议中提出针对 5G 的技术与可能商业模式并进行讨论，ITU 工作小组将于 2015 年初形成 5G 架构与愿景文件。总体来看，5G 服务情境的发展方向表现为：提高网络、频谱效率，降低耗能，降低成本，无所不在，重视使用者体验的服务。

日本服务业在中国的开展情况及面临的课题

黄 磷

（日本神户大学亚洲学术综合研究中心中国事务所副所长、教授）

日本对华投资的整体趋势与变化表现为：日本企业已将中国市场由原来的生产基地转为内销基地。日本企业在服务行业或以服务为重点展开中国市场。近几年，日本对华直接投资的实际投入金额整体处于历史高水平，2012年达到历史最高峰。从行业来看，日本对华直接投资中最大的投资是批发和零售业，然后是金融保险业，对企业的服务业即专业性服务业是对华投资的一个重点领域。日本贸易振兴机构（JETRO）对日资企业的问卷调查结果显示：日资企业对华商务战略主要采取扩展战略，其主要原因在于营业额的增加以及中国市场巨大的潜力。如制造业中的汽车行业、家用游戏机、食品行业、日本大型的 B2B 及 B2C 等电子行业企业等都非常积极地开拓中国市场，不仅将中国作为生产基地，同时也将积极转战内销作为战略转变的方向。服务业中的零售业（超市、24 小时便利店、服装零售）、外食产业、汽车维修业、看护业以及物流业等都计划在中国增加店铺数或扩大店铺规模。

日资大型零售连锁店、服装零售业和餐饮业等服务企业在中国市场中的规模不断壮大：大型零售连锁店方面，以伊藤洋华堂为例，近年来在华销售额不断增长，与欧美企业相比，其更重效率，店铺数不多但单店营业额较高，产品种类的设置也根据中国市场不断进行调整。在服装零售方面，JETRO2013 年对中国七大主要城市的调查结果表明，百货商店及商城仍然是服装购买的主渠道，仍占 70% 以上，但网络渠道的占比也在快速提高，已超过 50%，对传统百货商品带来了一定的冲击。在日本的餐饮零售业方面，饮食外部化率逐年提高，由 1975 年的 28.4% 提高到 2012 年的 44.1%，外食市场规模由 1975 年的 85773 亿日元提高到 2012 年的 232386 亿日元。

从服务供应链理论来看，服务业要统合产业链上所有的供应商，与消费者进行互动。日本企业在服务行业或者以服务为重点在华经营所面临的最大问题是员工工资上涨、当地人才能力及意识的薄弱。日资企业开拓中国市场需要做好以下五个方面工作：目标明确（TARGET）；营业地点的选择（TENANT）；注重培训中国工作人员（TEACHING）；全面质量管理（TQC）；认识日本与中国的"速度"差（TEMPO）。

加快我国服务贸易发展路径与体制机制改革

于立新

（中国社会科学院对外经贸国际金融研究中心主任、研究员）

一、我国服务贸易发展现状与趋势

近年来中国服务贸易在总量规模上有所提高,但是服务贸易逆差不断扩大。其中新兴服务领域的发展较快,处于顺差状态,而在服务贸易结构中占据主导地位的传统服务领域,处于逆差状态,造成了服务贸易总体逆差的持续增长。

中国工业化现阶段的质量水平决定了中国服务贸易的发展必须以生产性服务业为主要着力点。通过体制机制的改革优化中国服务贸易结构,有助于解决长期存在且不断扩大的服务贸易逆差难题。

二、市场机制对我国服务贸易发展的启示

(1)中小企业与民间资本的有效对接,优化服务贸易结构。浙江省众多中小服务贸易企业通过与民间资本有效的对接,促进了其在服务贸易领域,特别是在国际服务外包领域的出口。民间资本作为国家金融体系的有机组成部分,应该通过合法的方式,借助市场的"无形之手"实现资金的有效配置,推动中国"金融民主化"和"普惠金融"的进程。

(2)利用港澳区位优势,大力发展服务贸易。广东省地理位置毗邻港澳,具有发展服务贸易的巨大优势。目前,广东省提出并通过了《推动率先实现粤港澳服务贸易自由化行动计划》,在此框架下进一步创造便利条件使港澳服务业向广东内陆区域转移,鼓励企业承接国际服务外包业务,最终建立以广深为中心,辐射珠三角的服务外包发展基地。

三、服务贸易持续逆差状态,国际竞争力亟待增强

我国新兴服务贸易呈现稳步增长的趋势,成为服务贸易结构调整的重要推动力,但是传统服务领域依然占据总额和逆差的主导地位。不断攀升的服务贸易逆差说明我国

服务贸易供给存在不足,服务效率、质量、多样化和交易成本在国际市场上竞争力不足,难以满足国内需求,同时也暴露出我国经济结构的短板,预示中国经济转型的方向。

四、新兴服务贸易领域的现状与面临的挑战

新兴服务贸易领域中的通信服务贸易、快递服务贸易、金融服务贸易、文化服务贸易、跨境电子商务贸易等行业呈现增长势头,但也面临着一系列的挑战。

(1)中国通信服务主要存在的挑战:一是总体规模较小,在中国服务贸易中地位较低;二是通信服务的国际竞争力亟待提高;三是缺乏具有国际竞争力的市场主体;四是通信服务领域垄断,缺乏市场竞争力;五是通信服务领域法制建设滞后、监管能力不足。

(2)中国快递服务贸易主要存在的挑战:一是民营快递服务企业的所有权结构问题,直接导致企业服务质量和服务水平的低下;二是民营快递服务企业对于资本市场的运用不足;三是快递服务领域低水平服务的小型企业占绝大多数;四是中国快递服务业高端细分市场有待发展;五是国内企业的国际快递服务业务市场占有率较低;六是保护性政策可能阻碍快递行业的发展。

(3)中国金融服务贸易主要存在的挑战:一是产品结构不合理导致长期服务贸易逆差;二是金融从业人员的技术水平和服务水平亟待提高;三是基础设施落后,信息化水平较低,制约了金融服务贸易发展;四是互联网金融继承了互联网和金融的双重属性,金融风险扩散速度快,监管机构与被监管机构之间的信息不对称情况普遍存在,对监管工作造成较大困扰;五是法律法规尚未完善,金融服务业发展环境有待改善。

(4)中国文化服务贸易主要存在的挑战:一是缺乏具有国际影响力的文化品牌和文化企业;二是文化产业链不完整;三是国际市场营销不够重视;四是文化贸易人才短缺;五是缺乏对知识产权的有效保护。

(5)中国跨境电子服务贸易依然存在挑战:一是电子商务方面的法律法规仍不健全;二是电子商务促进服务贸易发展的作用仍未得到足够重视;三是电子商务的人力资源缺口较大;四是跨境电子商务交易的安全问题凸显。

五、体制机制改革是服务贸易可持续发展的驱动力

目前来看,现行体制机制严重制约了我国服务贸易的发展,需要在未来进行全方位的改革创新。打破传统的体制机制约束,建立有利于服务贸易发展的政策环境和市场秩序,是调整服务贸易结构和实现中国开放模式创新的关键。目前,我国服务贸易创新管理体制严重缺位,政策扶持力度不足。下一步全面深化改革应该在中央层面上转换宏观经济管理重心并明确具体改革指向,组建国务院服务贸易促进发展办公室,建立健全务实型的管理体制和综合性部际协调运行机制。应在构建充分竞争且开放完善的国内服务市场经济体制的基础上,借鉴澳大利亚、新加坡、加拿大等国"小政府,大社会"促进服务贸易发展的制度安排经验,分阶段、有步骤地实施我国服务贸易管理体制改革。

近期 3～5 年内,可实行过渡性质的强势政府组织管理架构,统筹全国服务贸易发展的一切事物,避免多头管理的混乱局面,统筹规划并适时制定中国服务贸易发展战略,为服务贸易发展提供高效、优质的政策制度保障。未来 8～10 年可在市场经济制度全面完善阶段,实施"小政府,大社会"的远期服务贸易管理体制改革目标。

上海自贸区对浙江服务业的影响

邬关荣

（浙江理工大学经济与管理学院教授）

一、上海自贸区设立背景和周年经验

从国内背景来看，以十八大为重要转折点，国家重大区域发展规划开始呈现出"整合"特征，尝试打破省级行政边界的束缚。而在此之前，国家区域发展战略规划范围大都基于省级行政边界。

从国际背景来看，当下亚太地区一体化有两条轨道，一条是"跨太平洋轨道"，即美国主导下的 TPP；另一条则是"亚洲轨道"，即以东盟为中心、中国积极倡导的各种亚洲自贸区。两条轨道的最终目标大致相同，但在实现方式上存在着较强竞争。TPP 协定是高品质、高标准的 21 世纪协定典范，具有全面自由化、法规松绑、广泛、与时俱进等特点。

上海自贸区的正式挂牌成立，是新一届中央领导执政智慧的体现，是撬动中国经济转型发展的新着力点，也是新时期我国对外开放的重大举措。上海自贸区可借鉴可复制的经验包括：一是以负面清单为核心的投资管理制度基本建立；二是以贸易便利化为重点的贸易监管制度有效运行；三是以资本项目可兑换和金融服务开放为目标的金融创新制度有序推进；四是以政府职能转变为核心的事中事后监管基本制度业已形成。

二、上海自贸区发展方向和平台经济

新全球化竞争优势发生巨大演变，由最下层的以产品取胜向中层以市场占有率取胜再向高层以模式取胜演变。平台经济是一种先进的模式，也是未来最重要的经济。上海自贸区正是通过打造功能性平台，以平台经济驱动贸易自由化。上海自贸区目前仍处在初创期，其功能和产业拓展路径主要在于：一是使功能纵向深化，从加工贸易、保税物流开始逐步向检测维修、采购中转、金融服务、研发、展览等拓展；二是使产业横向延伸，从电子加工、机械组装等开始并逐步拓展至航空制造、奢侈品加工、展示与全球采购、医药研发监测、保税物流全球配送中心等。

三、上海自贸区对浙江服务业的影响

浙江经济发展的驱动力量要由要素驱动向效率驱动再向创新驱动演进,而效率驱动和创新驱动的最关键要素是服务。上海自贸区的成立,虽然给周边经济体带来了前所未有的竞争压力,但对浙江而言,也是千载难逢的发展良机,尤其是在服务业的提升方面,更是大有文章可做。上海自贸区环境下,浙江未来服务业成长的可能性来源在于:一是与自贸区合作,贴近市场开发新的解决方案,在浙形成新服务业集聚,进而实现进军优质平价市场以及开拓本土与国际市场的目的;二是利用服务进口,良性刺激本土服务产业,使本土创新研发形成新的解决方案,进而实现改善生活质量、带动服务出口等目的。其中,打造健康产业、养老产业、观光旅游等,将是提升现代服务业的一大趋势。

文化旅游及其发展方案

郑炳雄

（韩国顺天乡大学教授、韩国国际旅游学会会长）

随着经济的快速发展、人均消费水平的提高和人们闲暇时间的增加，世界各国的旅游业都呈现出快速增长趋势，中、韩两国也不例外。值得关注的是，随着跨境旅游的发展，接触异国文化机会的增多，以及随之形成的文化多元主义、相对主义，世界文化普遍化、同质化现象，使得对文化遗产的关注和对文化旅游的深入认知变得更加重要。目前全社会的旅游普遍从大众旅游进入到新旅游时代的非大众型旅游，大众旅游以团队旅游为主要形态，具有批量、大规模的特点，主要重视功能和效率；而新旅游时代是个别旅游，具有少量、小规模的特点，更加重视个性和兴趣爱好。此外，文化是具有巨大再生力和附加值的，通过旅游手段挖掘本国文化的原真性，加强本国文化的认同性，具有重要意义。

由于文化的涵盖面非常广泛，明确给其下定义及确定范畴相当困难。文化范畴的不同使得文化旅游的范畴也不同。广义的文化包括作为人类生活方式的全部，是在适应环境的过程中累积起来的知识的总体。狭义文化则是指与特定地区生活方式相关的遗产、艺术、节庆、饮食和民俗，尤其是遗产和艺术。文化旅游是指游客的体验和活动是以旅游目的地的文化、文化遗产以及艺术为中心形成的旅游形态，大致可分为文化艺术旅游、文化遗产旅游和节庆事件旅游三类。目前，世界文化旅游正朝着 3E 方向发展，即娱乐性（entertainment）、刺激性（excitement）和知识性（education）。

就文化旅游的吸引物而言，从时代（过去、现在）和功能（知识性、娱乐性）两个维度对其进行分类，包括过去知识性文化吸引物，主要有博物馆、纪念馆、美术馆等；现在知识性文化吸引物，主要是美术展示会或外语研修这样的文化性过程的吸引物；过去娱乐性文化吸引物，主要有历史表演、民俗节庆等；现在娱乐性文化吸引物，主要是艺术节庆、主题公园等。

文化旅游资源广泛地分布在我们周边，如何让文化及文化遗产资源更好地实现商品化过程？最重要的是制造故事来吸引游客，同时要想要把高级文化变成吸引物，需要让普通大众很好地理解。

第二部分　优秀论文

中国服务业发展的空间集聚效应研究[①]

——基于 31 省(区、市)的空间统计分析

龚　静　尹忠明

(西南财经大学国际商学院　成都　611130)

(北方民族大学经济学院　银川　750021)

【内容摘要】　结合空间统计学的方法,本文对中国 1996—2012 年 31 个省市服务业集聚的空间效应进行了客观描述。研究表明:全局 Moran's I 指数显著为正,表明中国的省际服务业发展存在显著的空间集聚现象,且该正向空间自相关趋势呈螺旋式上升的发展态势。局部 Moran's I 指数散点图表明,有超过 60% 的省(区、市)集聚类型具有"高—高"集聚型和"低—低"集聚型的"马太效应"特征,有超过 90% 的省(区、市)集聚类型存在"路径依赖"特征。最后,本文基于分析结果,提出了相应的政策建议。

【关键词】　服务业发展　空间集聚　Moran's I 指数

根据中经网统计数据库,中国服务业增加值(现价)由 1990 年的 5888.42 亿元[②]增加到 2013 年的 262203.79 亿元,23 年间增长了近 44 倍,年均增长率为 17.95%;服务增加值占国内生产总值的比重(现价)相应地由 1990 年的 31.54% 增加到 2013 年的 46.09%;服务从业人员比重由 1990 年的 18.5% 增加到 2013 年的 38.5%。由此可见,中国整体服务业的发展不仅已成为中国经济增长的新引擎,还成为提升中国产业整体竞争力的载体,同时也是政府扩大就业的蓄水池。然而,在数字背后,却长期存在着中国各地区服务业发展水平不平衡的问题,东、中、西部地区及沿海内陆地区服务业发展水平的差距也日益明显。针对这样的现状,现有文献已开始关注中国各地区服务业发展水平的差距以及集聚情况,但大都采用区域分布基尼系数、产业地理集中度指标、区

---

①　【基金项目】西南财经大学"中央高校基本科研业务费"(批准号:JBK120403);西南财经大学 2014 年度中央高校基本科研业务费博士生课题项目"运输时间对我国省际对外贸易发展的影响研究"(批准号:JBK1407166)。

本文已发表在《国际贸易问题》2015 年第 7 期。

②　本书中无特别说明,则"元"均指人民币。

位熵指数以及赫芬达尔指数等较为传统的统计方法进行研究(杨勇,2008;陈立泰、张祖妞,2010;龚晨、吴传清,2014)。

随着 Krugman"新地理经济学"理论的逐渐完善以及空间经济学的不断发展,越来越多的研究开始将地理、区位等因素纳入一国经济的分析中,对不同地理位置上地区间的经济相关性以及地理分布情况进行统计分析。当前,空间经济学分析方法已被各研究领域广泛应用,然而,国内使用空间统计分析来研究中国省际服务业发展水平差距及影响因素的文献较少。学者陈建军等(2009)以及盛龙、陆根尧(2013)均仅采用广义最小二乘回归方法,分析了影响生产性服务集聚的因素;王晶晶等(2014)采用两步系统 GMM 方法回归分析了服务劳动生产率的影响因素,但他们均没有考虑到空间上的相应影响。另外,除单独研究服务业集聚自身问题外,也不乏对于服务集聚与城市经济发展关系的研究(侯淑霞、王雪瑞,2014),以及对于服务集聚与劳动力关系的研究(童馨乐等,2009)。

与以上研究不同,首先,本文的研究对象主要为中国各个省(区、市)的服务业发展水平,鉴于中央提出了大力发展服务业的口号以及中国特有的"各地诸侯"本着升迁激励的"晋升竞标赛"的存在,各地均争先发展服务业;然而,出于自身基础及地理位置的限制,大肆发展服务业可能会造成一些地区陷入"产业空心化"的困境,使得盲目跟风发展对产业结构造成不必要的扭曲。其次,本文将利用空间统计分析方法,使用全局 Moran's I 指数及局部 Moran's I 指数来全面分析中国省际服务业整体的集聚程度,以及具体的各个省(区、市)服务业属于哪种类型的集聚类别,"前事不忘,后事之师",这些阶段性的现状总结将有利于各省市看清楚其当前服务业发展的现状,从而更合理地规划今后服务业的发展。

一、空间统计方法简介

考察数据之间是否存在空间依赖性以及集聚现象,是否具有空间自相关性等,可以使用统计学上的空间自相关指数进行判断。文献中提出了一系列衡量空间自相关的方法,主要有"莫兰指数 I(Moran's I)"、"吉尔里指数 C(Geary's C)"以及"Getis-Ord 指数 G"三类指标,其中最为流行的当属 Moran's I 指数(Moran,1950)。

在统计学意义上,Moran's I 指数反映了相邻空间单元属性值的相关程度,具体到空间相关性指标上,有全局 Moran's I 指数和局部 Moran's I 指数。其中,全局 Moran's I 指数可用于探测整个研究区域的空间模式,使用单一的统计值来反映该区域的自相关程度,但有时也可能掩盖局部状态的不稳定性,因而大多数研究会在全局 Moran's I 指数的基础上,再测量局部 Moran's I 指数,用于计算每一个空间单元与邻近单元就某一属性的相关程度。

(一)全局 Moran's I 指数

全局 Moran's I 指数是用来度量空间自相关的全局指标,反映的是空间邻接或空间邻近的区域单元属性值的相似程度,即测量区域单元的集聚效应,其测算公式如下:

$$\text{Global Moran's } I = \frac{\sum_{i=1}^{n}\sum_{j=1}^{n} w_{ij}(x_i - \bar{x})(x_j - \bar{x})}{S^2 \sum_{i=1}^{n}\sum_{j=1}^{n} w_{ij}} \tag{1}$$

其中,Global Moran's I 为整个地区的全局自相关系数;n 为空间地区数;x_i 为地区 i 的考察变量观测值,$\bar{x}$ 为该变量的均值,$\bar{x} = \frac{1}{n}\sum_{i=1}^{n} x_i$;$S$ 为地区观测值的标准差,$S^2 = \frac{1}{n}\sum_{i=1}^{n}(x_i - \bar{x})^2$;一般用一个对称矩阵 $\boldsymbol{W}$ 来表示 n 个地区的空间区域相邻关系,其形式如下:

$$\boldsymbol{W} = \begin{bmatrix} w_{11} & w_{12} & \cdots & w_{1n} \\ w_{21} & w_{22} & \cdots & w_{2n} \\ \vdots & \vdots & \ddots & \vdots \\ w_{m1} & w_{m2} & \cdots & w_{mn} \end{bmatrix}$$

其中,w_{ij} 为地区 i 与地区 j 的空间距离,它可以根据不同的相邻标准进行衡量,如采用 0-1 接壤相邻、地理距离或者经济距离等。为简单起见,这里仅采用最为常用的 0-1 接壤相邻法来衡量空间权重矩阵,即根据两个地区是否相邻来设定距离。若两个地区地理接壤,则空间距离设为 1,否则设为 0,即相应矩阵中的数值定义如下:

$$w_{ij} = \begin{cases} 1, & \text{地区 } i \text{ 与地区 } j \text{ 接壤} \\ 0, & \text{地区 } i \text{ 与地区 } j \text{ 不接壤} \end{cases}$$

全局 Moran's I 指数的取值范围在 $[-1,1]$ 之间,其值大于 0 表示所考察的变量存在空间正自相关性,且指数值越大表示空间集聚性越强;其值小于 0 表示所考察的变量存在空间负自相关性;其值等于 0 表示所考察的变量不存在空间自相关性。

(二)局部 Moran's I 指数

当需要进一步考虑是否存在观测值的高值或低值的空间集聚,在多大程度上空间自相关的全域评估掩盖了反常的局部状况或小范围的局部不稳定时,就应该进行局部空间自相关分析(魏浩、王宸,2011)。局部 Moran's I 指数可以描述局域的空间自相关特征,其测算公式如下:

$$\text{Local Moran's } I_i = \frac{(x_i - \bar{x})}{S^2}\sum_{j=1}^{n} w_{ij}(x_j - \bar{x}) \tag{2}$$

其中,Local Moran's I_i 为第 i 个地区的局部自相关系数,x_i 为地区 i 的考察变量观测值,x_j 为其他地区的考察变量观测值,$\bar{x}$ 为该变量的均值,$\bar{x} = \frac{1}{n}\sum_{i=1}^{n} x_i$;$S$ 为相应观测值的标准差,$S^2 = \frac{1}{(n-1)}\sum_{j=1,j\neq i}^{n}(x_j - \bar{x})^2$;$w_{ij}$ 仍表示不同地区之间的联系。

若局部 Moran's I 指数大于 0,则表示该地区与邻近地区的考察变量属性值相似,表现出"高—高"或者"低—低"的集聚特征;若局部 Moran's I 指数小于 0,则表示该地区与邻近地区的考察变量属性值不相似,表现出"低—高"或者"高—低"的集聚特征。结合局部 Moran's I 指数的计算,可以进一步得到相应的局部 Moran's I 指数散点图,并且散点图能更直观地显示出各地区所属的集聚类型。其中,四个象限分别表示四种类型的局域空间联系:第一象限表示高考察变量值的地区被同是高考察变量值的地区所包围的空间联系形式;第二象限表示低考察变量值的地区被高考察变量值的地区所包围的空间联系形式;第三象限表示低考察变量值的地区被同是低考察变量值的地区所包围的空间联系形式;第四象限表示高考察变量值的地区被低考察变量值的地区所包围的空间联系形式。

综上,本文将采用 1996—2012 年中国 31 个省(区、市)的服务业增加值(现值)统计数据进行统计指标测算,数据来自历年《中国统计年鉴》。首先采用对数(ln)变换对原始数据进行相应处理以减小数值波动幅度,然后采用 Stata 12.0 软件进行全局 Moran's I 指数和局部 Moran's I 指数的计算。在空间权重矩阵的距离衡量中,省(区、市)是否接壤相邻的地理信息则参见《中华人民共和国地图》。另外,鉴于海南的特殊地理位置,本文在相邻处理时,假设海南与广东、广西接壤相邻。

二、中国省际服务业集聚的全局分析

据式(1)测算的全局 Moran's I 指数值详见表 1。由表 1 可知,根据是否相邻而得出的空间权重矩阵计算出了中国省际 1996—2012 年的全局 Moran's I 指数,其值大约为 0.271~0.333,标准化检验值 Z 值均大于 1.96,相应的 P 值也均小于 0.05,说明该值通过了 5% 的显著性水平。根据上述数据,应接受备择假设,表明中国省际服务业发展在空间分布上具有显著的正向空间自相关性,存在明显的空间集聚现象。由此可知,中国各个地区之间的服务业发展水平并不是随机的,而是服务业发展水平相似的省份趋于空间上的集聚。服务业发展良好的省份趋于集聚,也就是说服务业发展程度较高的省份在地理上相互邻近;同样地,服务业发展落后的省份也趋于集聚。

表 1 1996—2012 年中国服务业集聚的全局 Moran's I 指数值及显著性指标

年份	Moran's I 值	Z 值	P 值
1996	0.283	2.845	0.002
1997	0.285	2.857	0.002
1998	0.286	2.854	0.002
1999	0.283	2.817	0.002
2000	0.277	2.769	0.003
2001	0.272	2.708	0.003
2002	0.271	2.691	0.004
2003	0.277	2.744	0.003
2004	0.279	2.760	0.003

续表

年份	Moran's I 值	Z 值	P 值
2005	0.288	2.841	0.002
2006	0.288	2.836	0.002
2007	0.290	2.850	0.002
2008	0.292	2.875	0.002
2009	0.313	3.070	0.001
2010	0.333	3.246	0.001
2011	0.330	3.229	0.001
2012	0.322	3.165	0.001

从服务业集聚的发展阶段出发,1996—2012 年间其空间自相关趋势经历了"先升→后降→再升→再降"的发展过程(见图 1)。具体而言,根据全局 Moran's I 指数的波动情况可将研究期间划分为四个阶段:第一阶段为 1996—1998 年,全局 Moran's I 指数表现为平稳的增加态势,从 0.283 增加到 0.286,反映该阶段中国服务业存在空间集聚加强趋势;第二阶段为 1998—2002 年,全局 Moran's I 指数呈现出整体下滑的趋势,指数值从 0.286 下降到 0.271,显示其空间集聚性逐渐减弱;第三阶段为 2002—2010 年,全局 Moran's I 指数一路上升,从 0.271 上升到 0.333,尤其是全球金融危机后,虽然我国出口贸易因外需不足而受到负面影响,但是内需的增加以及"四万亿经济刺激计划"等因素却使得国内各地区的服务业发展迅速,从而造成了这一阶段后期省际服务业发展的快速集聚;第四阶段为 2010—2012 年,全局 Moran's I 指数开始了新一轮的下降态势,从 0.333 下降到 0.322。

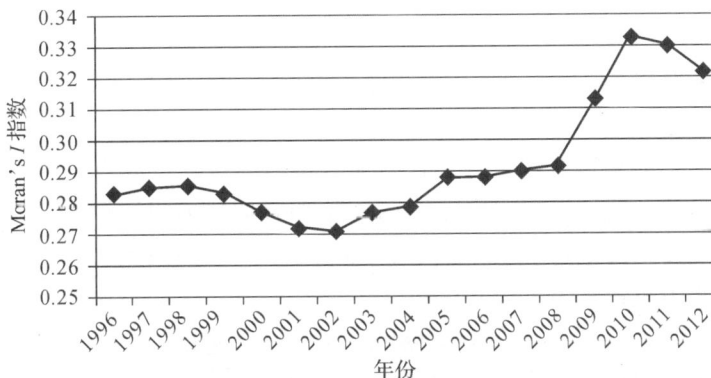

图 1　1996—2012 年中国服务业集聚的全局 Moran's I 指数

三、中国省际服务业集聚的局部分析

全局 Moran's I 指数表明了中国省际服务业发展水平确实存在非随机的空间相关

性,但无法分析出各省份的空间集聚特征。为此,就需要结合局部 Moran's I 指数来测算各省份的空间属性及某个省份与周边省份的空间关联程度。本文的研究期间横跨了 1996—2012 年共 17 年,根据均衡原则,这里选择 1996 年、2001 年、2007 年和 2012 年的截面数据进行局部 Moran's I 指数的分析。

图 2 分别显示了 1996 年、2001 年、2007 年和 2012 年的服务业集聚的局部 Moran's I 指数散点图,它能够更为直观地显示出各省份与邻近省份服务业之间的关系,从而揭示中国省际服务业集聚的局部相关性。散点图的横坐标表示服务业发展水平的标准正态值,纵坐标表示该变量邻近值的加权平均值。从图 2 可知,大部分省份落在了第一象限和第三象限,具体来说:1996 年共有 12 个省份落在第一象限,8 个省份落在第三象限,两者合计占所有省份的 64.5%;2001 年和 2007 年均共有 12 个省份落在第一象限,9 个省份落在第三象限,两者合计占所有省份的 67.7%;2012 年共有 13 个省份落在第一象限,8 个省份落在第三象限,同样地,两者合计也占所有省份的 67.7%。这些数据与全局 Moran's I 指数分析所得到的结论是一致的,再次证明了中国省际服务业集聚存在正向空间自相关性。纵观这四个时点的象限,明显体现了中国省际服务业的非均衡发展格局,表现为正向空间自相关性的省份主要是东部沿海省份和西部省份。

根据局部 Moran's I 指数的定义,若局部 Moran's I 指数值大于 0,表示被研究地区与其周边地区的考察变量情况相似;若局部 Moran's I 指数值小于 0,表示被研究地区与其周边地区的考察变量情况相异,属于“非典型区域”,因其偏离了全域正向空间自相关的模式。具体来说,以 2012 年的局部 Moran's I 指数散点图为例,地区落于第一象限代表“高—高”集聚型,表明该地区的服务业发展良好,与其相邻的地区服务业发展也较好,表示服务业发展水平较高的地区与同为较高发展水平地区相邻的正向空间自相关集群,即一个地区的服务业发展对周边地区具有正向带动作用,辐射(极化)效应较强,如北京、天津、河北、辽宁、上海、江苏、浙江等 13 个省市;散点图落于第三象限代表“低—低”集聚型,表示服务业发展水平较低的地区与同为发展水平较低地区相邻的正向空间自相关集群,即一个地区及其周边地区的服务业发展水平均较低,如广西、云南、西藏、陕西、甘肃、青海等 8 个省(区、市);散点图落于第二象限代表“低—高”集聚型,表示一个服务业发展水平较低的地区被较高地区包围的负向空间自相关集群,如山西、吉林、江西、重庆等 6 个省(区、市);散点图落于第四象限表示“高—低”集聚型,表示一个服务业发展水平较高的地区被较低地区包围的负向空间自相关集群,如内蒙古、黑龙江、广东、四川这 4 个省(区)。

通过对比不同年份局部 Moran's I 指数散点图的变化,不仅可以深入分析各个省市的空间动态变化特征,还可以总结出不同集聚类型省市的空间集聚结构特征。因此,接下来本文对这 4 个时点的散点图进行对比研究,为便于分析,这里将各个象限不同集聚特征的具体省市名称列出(见表 2),以考察不同地区在近年来的时空变迁路径。

在这 4 个时点上,31 个省(区、市)中共有 28 个省(区、市)所属象限一直未发生变化,占所有省份的 90.3%,说明这些省份的服务业发展水平在不同时期中的稳定性较强,表现出了较为明显的服务业发展“路径依赖”特征,具有高度的凝固性和较低的流动

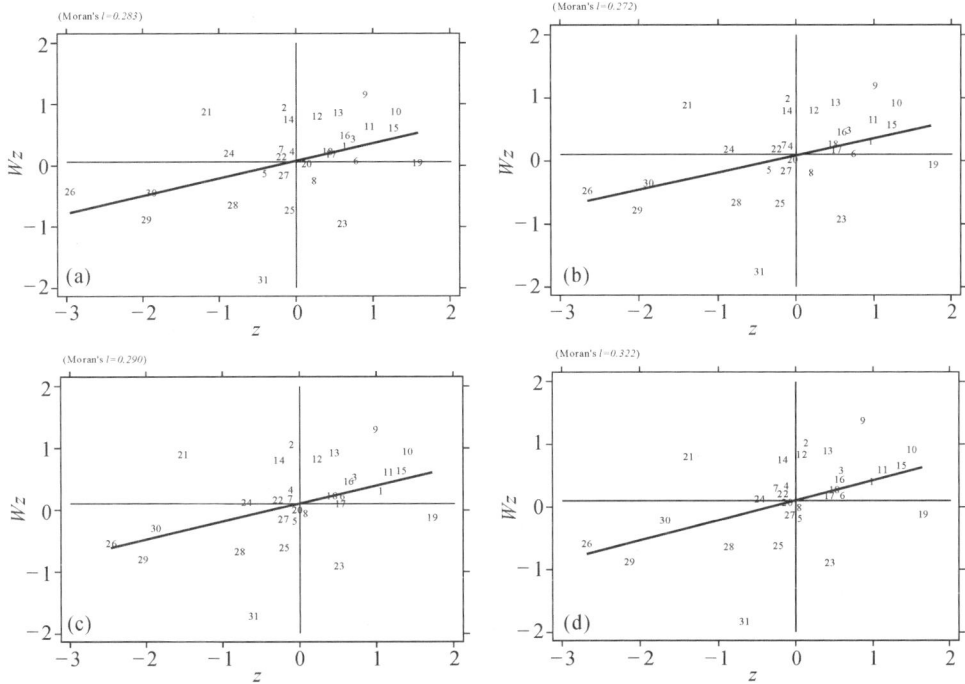

图 2　1996 年(a)、2001 年(b)、2007 年(c)和 2012 年(d)服务业集聚的局部 Moran's *I* 散点图

性(徐建军和汪浩瀚,2013)。具体来说,"高—高"集聚型有北京、河北、辽宁、上海、江苏、浙江、安徽、福建、山东、河南、湖北、湖南共 12 个省市,表明中国东部沿海省份在服务业发展上遥遥领先,辐射效用较强;"低—高"集聚型有山西、吉林、江西、海南、重庆、贵州共 6 个省市,表示这些服务业发展暂时落后的地区与服务业发达的地区相邻,具有良好的承接产业转移的空间地理优势;"低—低"集聚型有云南、西藏、陕西、甘肃、青海、宁夏、新疆共 7 个省(区),反映出中国西部地区尤其是边疆地区的服务业发展还比较落后,但发展潜力巨大;"高—低"集聚型有黑龙江、广东、四川共 3 个地区,说明这些服务业较为发达的地区与服务业欠发达的地区相邻,可以通过"外溢效用"来激励其他地区服务业的发展,对于地区间的均衡发展具有至关重要的作用。

对于 3 个所属象限有所变化的省份来说,天津从第二象限转移到第一象限中,表明通过承接相邻省份的产业转移及人员流动等方式,其服务业发展水平得到了较大幅度的提升,且与周边省份的服务业正向集聚效应更为显著。内蒙古从第三象限转移到第四象限,表明在研究期间该地区从服务业发展落后地区间的正向空间自相关集群变为了被较低地区包围的负向空间自相关集群,其自身的服务业发展水平其实是有提高的,并脱离了"抱团式落后"的队伍。而广西与内蒙古的变化情况正好相反,说明近年来广西的服务业发展水平呈现出下滑的趋势,进入了落后集群。

服务经济与管理 评论

第1辑

表2　局部Moran's I散点图中各个省份所在的象限

年份	第一象限	第二象限	第三象限	第四象限
1996	北京、河北、辽宁、上海、江苏、浙江、安徽、福建、山东、河南、湖北、湖南	天津、山西、吉林、江西、海南、重庆、贵州	内蒙古、云南、西藏、陕西、甘肃、青海、宁夏、新疆	黑龙江、广东、广西、四川
2001	北京、河北、辽宁、上海、江苏、浙江、安徽、福建、山东、河南、湖北、湖南	天津、山西、吉林、江西、海南、重庆、贵州	内蒙古、广西、云南、西藏、陕西、甘肃、青海、宁夏、新疆	黑龙江、广东、四川
2007	北京、河北、辽宁、上海、江苏、浙江、安徽、福建、山东、河南、湖北、湖南	天津、山西、吉林、江西、海南、重庆、贵州	内蒙古、广西、云南、西藏、陕西、甘肃、青海、宁夏、新疆	黑龙江、广东、四川
2012	北京、天津、河北、辽宁、上海、江苏、浙江、安徽、福建、山东、河南、湖北、湖南	山西、吉林、江西、海南、重庆、贵州	广西、云南、西藏、陕西、甘肃、青海、宁夏、新疆	内蒙古、黑龙江、广东、四川

四、结论及政策建议

(一)结论

本文从近年来热议的服务业集聚体话题出发，结合空间统计学的方法，对中国31个省(区、市)1996—2012年的服务业发展水平进行了现状描述，试图在空间地理范畴上探讨这些地区服务业之间的相互关系。从空间统计分析结果可以得出以下结论：

第一，从全局来看，全局Moran's I指数为0.271～0.333，且通过了5%的显著性水平，表明中国省际服务业发展存在显著的空间集聚现象，即服务业发展良好的地区在地理上相互邻近，而服务业发展落后的地区也趋于集聚。由中国省际服务业集聚的发展历程可知，在1996—2012年研究期间，服务业空间自相关趋势经历了螺旋式上升的发展态势，全局Moran's I指数在2002年下降到最低点，降至0.271；在2008年上升到最高点，升至0.333。

第二，从局部来看，在所研究的截面数据中，均有超过60%的省份落在了局部Moran's I指数散点图的第一象限和第三现象，说明了中国省际服务业集聚存在正向空间自相关性的非均衡发展格局，且呈现正向空间自相关性的省份主要集中在东部沿海和西部。在这31个省(区、市)的4个不同时点上，共有28个省(区、市)所属象限从未发生过变化，表明这些地区的服务业发展具有明显的"路径依赖"特征。具体到各个省(区、市)的集聚类型来说，北京等12个地区属于"高—高"集聚型，即一个地区的服务业发展对周边地区具有正向带动作用，辐射效应较强；云南等7个地区属于"低—低"集聚型，即服务业发展水平较低的地区与同为水平较低地区相邻的正向空间自相关集群；山西等6个地区属于"低—高"集聚型，即一个服务业发展水平较低的地区被较高地区包

22

围的负向空间自相关集群;黑龙江、广东、四川这 3 个地区属于"高—低"集聚型,即一个服务业发展水平较高的地区被较低地区包围的负向空间自相关集群。在另外 3 个具有类型变动的省(区、市)中,天津从"低—高"集聚型转变为"高—高"集聚型,内蒙古从"低—低"集聚型进入到"高—低"集聚型,而广西则与内蒙古相反。

(二)政策建议

本文的研究结论对于各省份服务业发展的政策制定者有以下启示:由于中国省际服务业发展存在显著的正向空间集聚现象以及明显的"马太效应"特征,各地区应该充分重视这种省际服务业的空间关联,突破地区行政区划的固有制度约束,走出国内市场严重分割的困境,打破地区"晋升竞标赛"的观念,通过加强地区间的经济联系,加大省际的合作交流力度,加快区域间的人员流动,逐渐实现中国国内服务业集聚的利益共享、共同进步、全面发展的目标。另外,各个省份的服务业发展存在个体上的特殊性、地理上的固定性、空间上的异质性,每个地区的服务业集聚有其相应的集聚类型,因此,在各个省份的服务业发展规划上,需要根据各自的集聚类型特征,结合资源禀赋、产业结构、科学技术、人员配置等要素,采取"私人定制"化的差别性战略。例如,"高—高"集聚型省份可充分发挥辐射效应,带动周边地区的服务业发展;"低—高"集聚型省份可通过承接周边地区的产业转移,通过技术外溢及干中学效应来促进本地的服务业发展;"高—低"集聚型省份可通过"外溢效用"来激励周边地区服务业的发展,从而形成地区间服务业的均衡式发展模式,争取集体进入到"高—高"集聚类型;"低—低"集聚型省份则需要付出更大的努力,通过提高自身的服务质量与效率,争取摆脱"低—低"非良性循环的集聚类型。

总之,想要通过地区服务业集聚来带动整体经济的发展,就需要根据地区的实际情况,制定相应的政策措施,发挥各个集聚类型中心增长极的辐射作用,根据地区间的空间关联性,带动周边地区的发展,充分发挥集聚效应,从而形成服务业地区发展的联动局势,最终促进整体经济的协调发展。

参考文献

[1] 杨勇.中国服务业集聚实证分析.山西财经大学学报,2008(10):64—68.

[2] 陈立泰,张祖姐.服务业集聚与区域经济增长的实证研究.山西财经大学学报,2010(10):65—71.

[3] 龚晨,吴传清.服务业集聚测度方法述评与展望.统计与决策,2014(7):30—33.

[4] 陈建军,陈国亮,黄洁.新经济地理学视角下的生产性服务业集聚及其影响因素研究——来自中国 222 个城市的经验证据.管理世界,2009(4):83—95.

[5] 盛龙,陆根尧.中国生产性服务业集聚及其影响因素研究——基于行业和地区层面的分析.南开经济研究,2013(5):115—129.

[6] 王晶晶,黄繁华,于诚.服务业集聚的动态溢出效应研究——来自中国 261 个地级及以上城市的经验证据.经济理论与经济管理,2014(3):48—58.

[7] 侯淑霞,王雪瑞.生产性服务业集聚与内生经济增长——基于空间联立模型的经验研究.财经论丛,2014(5):3—8.

[8] 童馨乐,杨向阳,陈媛.中国服务业集聚的经济效应分析:基于劳动生产率视角.产业经济研究,2009

(6):30—37.

[9] 魏浩,王宸.中国对外贸易空间集聚效应及其影响因素分析.数量经济技术经济研究,2011(11):
66—82.

[10] 徐建军,汪浩瀚.我国省域贸易开放的空间相关性及其驱动因素的实证分析.国际贸易问题,2013
(8):107—118.

[11] Moran P,Venue. A test for the serial independence of residuals. Biometrika, 1950,37(6):178-181.

长江经济带服务业全要素生产率的实证研究[①]

吴传清　董　旭

（武汉大学经济与管理学院　武汉　430072）

【内容摘要】　本文选取服务业全要素生产率指标衡量1998—2013年长江经济带服务业发展水平和质量。采取非参数的DEA方法，结合Malmquist指数测度长江经济带服务业全要素生产率，构建计量回归模型验证长江经济带服务业全要素生产率的影响因素。研究结果显示：长江经济带服务业全要素生产率总体呈下降趋势，地区差异显著；人力资本、城市化和政府行为是影响服务业全要素生产率及其地区差异的主要因素。促进长江经济带服务业进一步持续健康发展的着力点是实施创新驱动发展战略、加快新型城镇化进程、转变政府职能和加强区域协同发展。

【关键词】　长江经济带　服务业　全要素生产率　影响因素

沿长江通道是优化全国国土空间开发格局的重要发展轴线，长江经济带正在成为构筑中国区域发展新棋局的重点战略区域。横贯东中西三大经济地带的长江经济带涵盖云南、贵州、四川、重庆、湖北、湖南、江西、安徽、江苏、浙江、上海等11省市。长江经济带要建设成为促进中国经济转型发展的新支撑带，必须发展结构优化的现代产业体系，把推进服务业大发展作为产业结构优化升级的战略重点。服务业全要素生产率（service industry total factor productivity，STFP）是衡量服务业发展水平和质量的重要指标，长江经济带服务业全要素生产率的定量评价结果如何？有何变动特征？影响因素主要有哪些？对上述论题进行研究，既具理论价值，也具实践指导意义。

纵观学术界关于中国服务业全要素生产率的实证研究文献，研究维度涉及服务业整体、生产性服务业和服务业具体细分行业全要素生产率的测算，以及行业和地区差异分析；研究尺度包括国家尺度、跨省域尺度、省域尺度和城市尺度；研究方法主要采用随

①　**【基金项目】**国家发展和改革委员会地区经济司资助课题"促进长江中游城市群区域一体化协同发展的思路和政策研究"（2012—28）；武汉大学中央高校基本科研业务费资助项目"中国服务业发展问题研究"（105-274048）。

本文已发表在《学习与实践》2014年第12期。

机前沿模型、数据包络分析等方法，少量文献采取计量回归方法。目前，学术界有关长江经济带服务业全要素生产率的专题研究成果尚属空白。

一、长江经济带服务业全要素生产率测度

（一）测度方法、指标与数据来源说明

1. 测度方法

采取索洛余值法和C-D生产函数回归法测度全要素生产率，因其理论假设条件苛刻，很难满足现实分析的需要。近年来，随机前沿模型（SFA）和数据包络分析（DEA）在全要素生产率测度研究文献中应用频率较高，但随机前沿模型使用先定函数形式并假设随机误差服从特定的概率分布，难以规避主观因素干扰。因此，本文采取非参数的DEA方法，结合Malmquist指数测度长江经济带服务业全要素生产率。DEA-Malmquist方法的基本思想是通过线性规划估算产出距离函数，无须假定生产函数形式，从而避免了新古典模式对生产函数极强的理论约束。基于DEA理论的Malmquist指数的计算公式如下：

$$M^k(x_{t+1}^k,y_{t+1}^k;x_t^k,y_t^k)=\left[\frac{D_t^k(x_{t+1}^k,y_{t+1}^k)}{D_t^k(x_t^k,y_t^k)}\times\frac{D_{t+1}^k(x_{t+1}^k,y_{t+1}^k)}{D_{t+1}^k(x_t^k,y_t^k)}\right]^{\frac{1}{2}}$$

$$=\frac{D_{t+1}^k(x_{t+1}^k,y_{t+1}^k)}{D_t^k(x_t^k,y_t^k)}\left[\frac{D_t^k(x_{t+1}^k,y_{t+1}^k)}{D_{t+1}^k(x_{t+1}^k,y_{t+1}^k)}\times\frac{D_t^k(x_t^k,y_t^k)}{D_{t+1}^k(x_t^k,y_t^k)}\right]^{\frac{1}{2}} \quad (1)$$

其中，D^k表示产出距离函数，下标t代表不同的参照期，上标k代表研究区域内某个样本单位。若将式（1）两边分别记为TFPch、TEFch和TEPch，则样本单位k在单位时期内的全要素生产率可表示为：

$$TFPch=TEFch\times TEPch \quad (2)$$

其中，TFPch代表t到$t+1$期全要素生产率的变动，TEFch代表t到$t+1$期的技术效率变化指数，TEPch代表t到$t+1$期的技术进步指数。若这三个指标大于1，则分别表示全要素生产率、技术效率和技术进步得到改善，反之表明三者恶化。

2. 测度指标

采用DEA-Malmquist方法，测度服务业全要素生产率所需指标包括"产出""要素投入"（含资本和劳动投入）两类指标。

"产出"指标通常选取"服务业增加值"。本文选取11省（市）相应年份的服务业增加值作为衡量指标，并根据当年价格进行换算。

"劳动投入"指标通常选取"服务业从业人员数"，这一指标仅考虑了劳动力数量，而忽略了劳动力质量对服务业全要素生产率的影响。本文选取11省（市）相应年份的服务业人力资本存量作为衡量指标。"人力资本存量"不仅考虑服务业从业人员数，同时加入受教育水平进行综合量化。

"资本投入"指标相对复杂，DEA-Malmquist方法要求的资本投入指标是严格的服

务业"资本存量",但中国目前缺乏这一指标的统计数据。国际上通常采取戈德斯密斯(Goldsmith,1951)提出的永续盘存法对资本存量进行核算,公式如下:

$$K_{i,t}=I_{i,t}+(1-\delta_{i,t})K_{i,t-1} \qquad (3)$$

其中,$K_{i,t}$表示研究区域内第i个样本单位在t期的资本存量,$K_{i,t-1}$代表前一期的资本存量,$I_{i,t}$则表示t期的固定资产投资;$\delta_{i,t}$是相应时期的资本折旧率。使用这种方法核算服务业资本存量的关键是确定基期资本存量K_0和年度资本折旧率δ。对于K_0,本文参考 Hall and Jones(1999)的方法,即$K_{i,0}=I_{i,0}/(\delta+r)$,其中,$K_{i,0}$和$I_{i,0}$分别是样本单位$i$在基期的服务业资本存量和固定资产投资,$r$为相应的固定资产投资增长率。对于$\delta$,本文借鉴张军等(2004)的研究成果,取值为9.6%。本文选取11省(市)相应年份的服务业资本存量作为衡量指标,依据永续盘存法进行核算。

3. 数据来源

鉴于重庆自1997年起升格为直辖市,该市此前的统计数据包含在四川省内,考虑到数据的可获得性和完整性,本文将研究时段界定为1998—2013年。1998—2012年数据整理自长江经济带沿线11省(市)相关年份的统计年鉴和《中国第三产业统计年鉴》。2013年数据主要整理自11省(市)2014年公布的国民经济和社会发展统计公报,缺失数据根据递推回归进行估算。

(二)测度结果与分析

基于上述方法和整理后的统计数据,1998—2013年长江经济带沿线11省(市)服务业全要素生产率指数(STFP)的测度结果见表1。

表1 1998—2013年长江经济带11省(市)服务业全要素生产率指数

年份	上海	江苏	浙江	下游	安徽	江西	湖北	湖南	中游	重庆	四川	贵州	云南	上游	均值
1998	1.057	1.020	1.029	1.035	1.064	0.953	0.987	1.058	1.014	0.860	1.035	1.047	1.046	0.994	1.034
1999	1.080	0.991	1.005	1.025	1.058	0.946	0.980	1.105	1.020	0.906	1.019	1.089	1.034	1.010	1.018
2000	1.053	1.021	1.109	1.037	1.038	0.973	1.018	1.149	1.043	0.921	1.038	1.087	0.988	1.007	1.012
2001	1.018	1.023	1.080	1.038	1.044	0.940	0.996	0.942	1.001	0.941	1.025	1.094	1.025	1.020	1.010
2002	1.021	1.029	1.063	1.040	1.052	0.915	1.001	1.006	0.992	0.944	1.014	1.082	1.021	1.014	1.013
2003	1.039	1.046	1.058	1.042	1.039	0.852	1.005	1.001	0.971	0.919	1.003	1.074	1.014	1.001	1.003
2004	1.082	1.009	1.048	1.048	1.030	0.902	0.997	1.060	0.997	1.007	1.093	1.069	1.019	1.016	
2005	1.092	1.108	1.005	1.060	0.926	0.905	1.015	1.016	0.972	0.946	0.960	1.122	1.047	1.016	1.010
2006	1.075	1.032	1.019	1.067	0.922	0.933	0.993	0.943	0.980	0.930	0.978	1.120	0.998	1.004	0.993
2007	1.153	1.021	1.045	1.071	0.924	0.983	1.019	0.966	0.947	0.897	0.967	1.166	1.011	1.006	1.011
2008	1.061	1.002	1.001	1.034	0.976	1.031	1.031	0.969	0.964	0.959	0.965	1.083	0.978	0.995	1.004
2009	1.030	0.973	0.966	1.021	0.850	0.868	0.904	0.905	0.881	0.921	0.852	0.940	0.911	0.905	0.995
2010	1.043	1.024	1.035	0.989	0.881	0.924	0.925	0.936	0.916	0.927	0.909	0.927	0.913	0.919	0.948

续表

年份	上海	江苏	浙江	下游	安徽	江西	湖北	湖南	中游	重庆	四川	贵州	云南	上游	均值
2011	1.016	0.999	0.991	1.002	0.972	1.036	0.961	0.939	0.976	1.043	0.948	0.998	1.051	1.009	0.915
2012	1.048	0.933	0.916	0.977	0.911	0.944	0.921	0.920	0.924	1.017	0.957	0.866	0.926	0.940	0.940
2013	1.066	0.944	0.928	0.964	0.902	0.942	0.915	0.923	0.920	0.961	0.905	0.863	0.927	0.913	0.933
均值	1.058	1.008	1.016	1.027	0.972	0.939	0.979	0.987	0.969	0.937	0.972	1.037	0.996	0.985	0.990

注：①表中的"均值"是相关数据的几何均值；②数值大于 1 意味着 STFP 提高，小于 1 意味着 STFP 下降；③表中的长江上游包括滇黔川渝四省(市)，中游包括湘鄂赣皖四省，下游包括苏浙沪三省(市)。

1. 长江经济带服务业全要素生产率的变动趋势

表 1 显示，研究期内长江经济带服务业全要素生产率指数总体呈下降趋势，年均下降 1.0%。如图 1 所示，2008 年前长江经济带 STFP 值大于 1，意味着 STFP 逐年提高，但提高速度逐渐变缓；自 2008 年起，STFP 值小于 1，并急剧下降。造成这一变动趋势的主要原因可能是 2008 年爆发的金融危机使得要素和产品市场供需疲软，造成服务业发展缺乏充分的资源流动和创新激励。

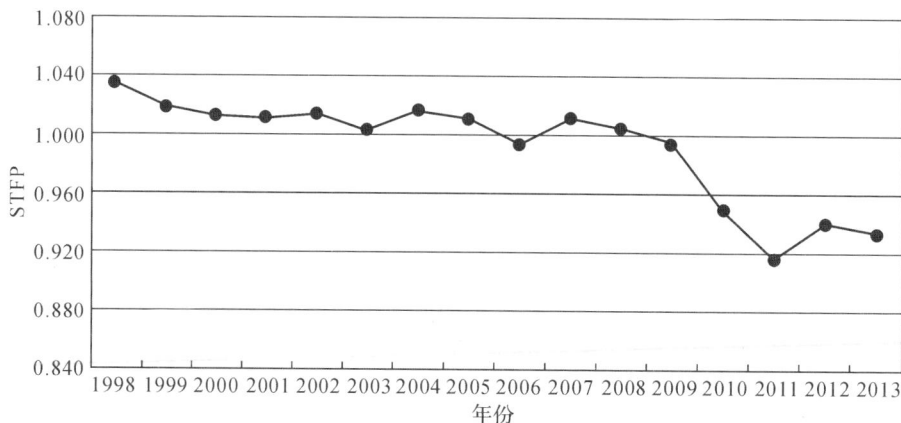

图 1　1998—2013 年长江经济带服务业全要素生产率变动趋势

表 1 同时显示了长江经济带省(市)际和上、中、下游服务业全要素生产率变动趋势。就省(市)际而言，变动趋势并无明显规律可循；就上、中、下游而言，可大致分两个阶段，并总体呈下降趋势(见图 2)。以 2007 年为界，下游地区 STFP 值趋势较为平缓；中游和上游先是保持 STFP 值的总体平稳，随后出现剧烈波动下行，中游地区的波动尤为明显。造成后一阶段服务业全要素生产率变动有所差异的主要原因可能是地区经济发展水平和承受风险冲击能力的不同：下游地区市场经济发展较为成熟，在遇到金融危机时承受能力较强，虽然也会造成服务业发展效率下降，但表现不会过于剧烈；中、上游地区则由于自身发展水平不足，难以有效抵抗金融危机的冲击，从而造成服务业效率剧烈波动下行。

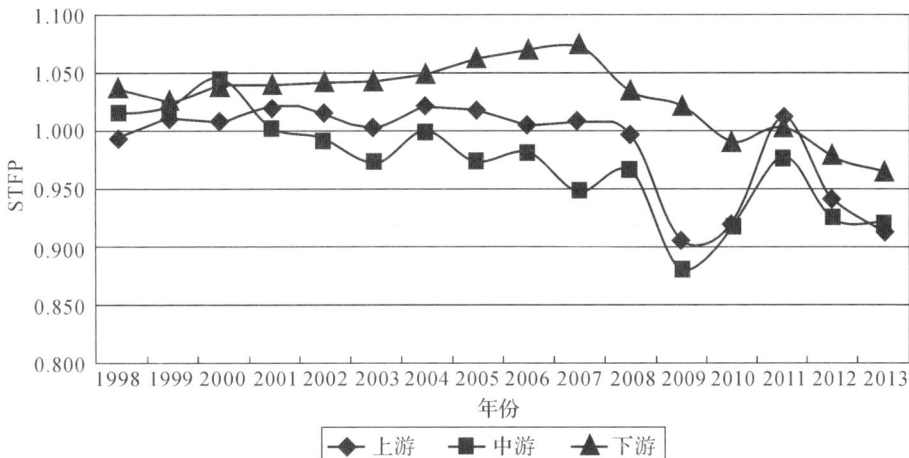

图2　1998—2013 年长江经济带上、中、下游服务业全要素生产率变动趋势

2. 长江经济带服务业全要素生产率的地区差异

表 1 显示,1998—2013 年间长江经济带全要素生产率指数存在一定程度的地区差异。就省(市)际层面而言,除上海、江苏、浙江和贵州外,其他省(市)STFP 值均低于 1,且极差较大;从上、中、下游层面来看,下游 STFP 值大于 1 且远远超过中、上游,而中、上游差异较小。图 3 直观地反映了 1998 年以来长江经济带服务业全要素生产率的地区差异。

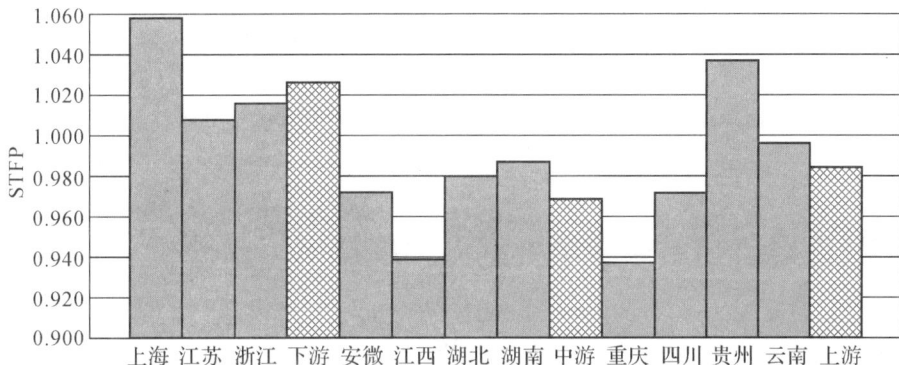

图3　1998—2013 年长江经济带服务业全要素生产率的地区差异

但图 3 无法反映地区差异随时间的动态变化趋势。为定量分析长江经济带服务业全要素生产率的地区差异的动态变化规律,本文选取地区变异系数作为衡量指标。用 $STFP_{it}$ 表示长江经济带第 i 个省(市)第 t 年的服务业全要素生产率指数,$STFP_t$ 和 S_t 分别表示同期所有省(市)服务业全要素生产率的均值和标准差,则地区变异系数 σ 定义为:

$$\sigma = \frac{S_t}{STFP_t} \tag{4}$$

服务经济与管理 评论

$$STFP_t = \frac{1}{n}\sum_{i=1}^{n} STFP_{it}$$

$$S_t = \sqrt{\frac{\sum_{i=1}^{n}(STFP_{it} - STFP_t)^2}{n}}$$

根据式(4),分别计算长江经济带省(市)际及上、中、下游服务业全要素生产率 σ 值,并做简要处理,图4显示了处理后的 σ 值。研究期内长江经济带省(市)际服务业全要素生产率 σ 值均高于 0.4,表明省(市)际差异较大且起伏不定,拟合趋势无特定规律可循;相比而言,上、中、下游 σ 值整体低于省(市)际 σ 值,平均值约 0.3。2010 年前,长江经济带上、中、下游变异系数逐渐增大,随后逐步下降,表明近年来上、中、下游服务业全要素生产率地区差异呈不断缩小趋势。

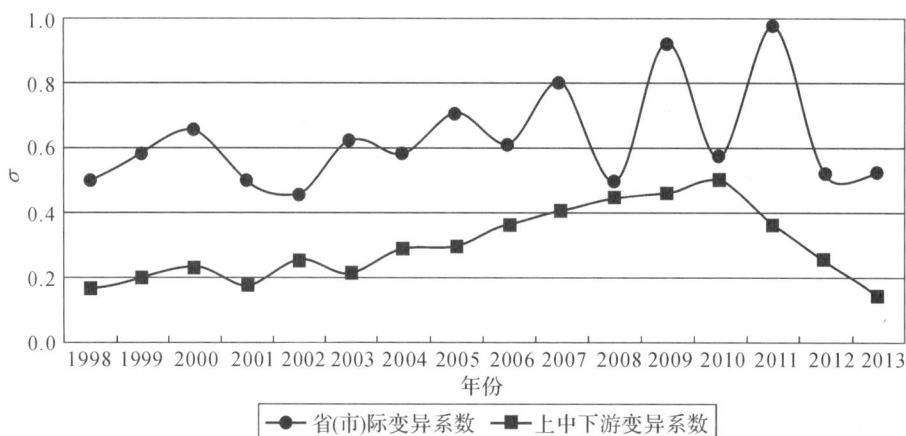

图 4 1998—2013 年长江经济带服务业全要素生产率地区差异的变动趋势

二、长江经济带服务业全要素生产率影响因素分析

(一)研究假设

(1)服务业从业人员的素质高低常常导致服务品质的巨大差异,因此,服务业人力资本水平是影响服务业全要素生产率的关键因素。人力资本的缺乏会限制服务业技术的进步(张自然,2010),人力资本水平的提高对服务业 TFP 具有明显的促进作用(纪明辉,2013)。据此,本文提出:

假设 H1:长江经济带服务业全要素生产率与人力资本水平存在正相关关系。

(2)已有研究表明,随着中国市场化改革的深入,在资源配置更加有效的激励约束机制下,服务业 TFP 可得到极大的提升(顾乃华,2008);市场化水平较低是限制服务业效率提升的重要因素(黄莉芳等,2011),较低的市场开放度对服务业 TFP 增长具有负面作用(王美霞,2013)。据此,本文提出:

假设 H2：长江经济带服务业全要素生产率与市场化水平存在正相关关系。

（3）关于服务贸易对服务业 TFP 的影响研究表明，二者存在长期稳定的关系，服务出口对服务业 TFP 的增长有着明显的推动作用，而服务进口则具有负面效应（李雪梅等，2009）。服务业 FDI 可视为服务出口的一项指标，已有学者通过随机前沿面板数据模型证明了这一因素对服务业 TFP 具有显著的促进作用（胡朝霞，2010）。据此，本文提出：

假设 H3：长江经济带服务业全要素生产率与服务贸易的量化指标存在正相关关系。

（4）一般而言，工业化程度越高，即国民经济发展水平越高，服务业发展水平通常越高，其发展效率也随之提高。虽然尚未有充分的研究成果表明经济发展水平对服务业 TFP 具有明显的推动作用，但现实情况却是经济发展水平越高的地区，其服务业效率越高。据此，本文提出：

假设 H4：长江经济带服务业全要素生产率与经济发展水平存在正相关关系。

（5）相比其他产业，服务业具有生产和消费同时发生且服务产品不可储存的特点（顾乃华，2011），这就要求服务对象具有集聚性。学术界普遍认为，城市化是服务业发展的源泉，只有加快城市化进程，才能创造更大的服务需求，从而促进服务业 TFP 提高。据此，本文提出：

假设 H5：长江经济带服务业全要素生产率与城市化水平存在正相关关系。

（6）服务业的健康发展离不开政府的宏观调控。但政府对市场的过度干预在相当程度上制约了市场作用的发挥，导致服务业缺乏充分的自由竞争，从而不利于生产效率的提升。政府行为对服务业发展的负面作用已被大量研究证实（汪德华等，2007）。据此，本文提出：

假设 H6：长江经济带服务业全要素生产率与政府行为的量化指标存在负相关关系。

（二）模型构建

本文以长江经济带 11 省（市）服务业全要素生产率指数（STFP）为因变量，并按前一期＝100 进行处理。在整理相关资料和仔细分析后，筛选出 6 项影响 STFP 的指标，并做定量处理，具体指标如下：

（1）人力资本水平（Human）。人力资本水平包含劳动力数量和质量，服务业 TFP 更多地受劳动力质量的影响。本文选取 11 省（市）劳动力"平均受教育年限"作为衡量指标。

（2）市场化水平（Market）。衡量市场化水平主要有两种方法，一种是以非国有经济比重来衡量，另一种是以"市场化指数"（樊纲等，2011）来衡量。相比而言，后者更具科学权威性，本文选取 11 省（市）市场化指数作为衡量指标。

（3）服务贸易（Trade）。根据研究假设，本文选取 11 省（市）实际外商直接投资（FDI）作为衡量指标。

服务经济与管理 *评论*

（4）经济发展水平（Economic）。本文选取 11 省（市）的工业化发展程度作为替代指标，计算公式为"工业增加值/GDP"。

（5）城市化水平（Urban）。选取 11 省（市）的"城市化率"作为衡量指标。

（6）政府行为（Govern）。学术界多采用"财政支出占 GDP 的比重"衡量政府行为对市场的干预，本文沿用此法。

基于以上指标的选择，构建影响长江经济带服务业全要素生产率的回归模型为：

$$STFP_{it} = a_0 + a_1 Human_{it} + a_2 Market_{it} + a_3 Trade_{it} + a_4 Economic_{it}$$
$$+ a_5 Urban_{it} + a_6 Govern_{it} + e \quad (5)$$

其中，下标 i 和 t 分别表示样本单位和年份，假定随机项 e 服从零均值等方差的正态分布。

（三）实证分析结果

运用式（5）对长江经济带服务业全要素生产率整体水平的影响因素进行时间序列分析。根据变量 t 检验值的大小，逐项剔除不显著的变量，直至变量的检验值都达到较高水平才停止回归，结果见表 2。

表 2 长江经济带服务业全要素生产率整体水平影响因素回归结果

次数 变量	1	2	3	4
C	105.55	96.79	106.72	100.86
	$t=4.86$	$t=8.45$	$t=7.56$	$t=7.66$
Human	1.65	2.27	1.28	1.58
	$t=2.68$	$t=2.36$	$t=2.98$	$t=4.98$
Market	1.03	—	—	—
	$t=0.48$	—	—	—
Trade	−0.16	−0.17	—	—
	$t=-3.54$	$t=-1.87$	—	—
Economic	0.65	0.73	0.33	—
	$t=2.23$	$t=3.13$	$t=1.05$	—
Urban	0.98	0.69	0.41	0.56
	$t=-2.37$	$t=-2.77$	$t=-2.57$	$t=-2.53$
Govern	−0.18	−0.29	−0.75	−0.83
	$t=2.29$	$t=-2.71$	$t=-2.35$	$t=-3.42$
R^2	0.76	0.89	0.91	0.92
F-statistic	10.31	13.27	16.76	21.75

由表 2 可知，在 5% 的显著性水平下，剔除变量 Market、Trade 和 Economic 后，其余变量均满足 $|t| \geq t_{0.025}(14)$，且 F-statistic 也远远大于 $F(6,14)=2.85$。这表明，变量

Market、Trade 和 Economic 与长江经济带服务业全要素生产率整体水平没有必然的联系,由此推翻了本文的假设 H2、假设 H3 和假设 H4;而变量 Human、Urban 和 Govern 对长江经济带服务业全要素生产率影响显著,回归结果与假设 H1、假设 H5 和假设 H6 吻合。由此,可得出如下研究结论:人力资本、城市化和政府行为是影响长江经济带服务业全要素生产率的主要因素。人力资本作为劳动者技能水平的反映,对服务业全要素生产率具有显著的促进作用;城市化通过影响劳动力流动和转移,可为服务业发展提供巨大的市场供给和需求,推动服务业全要素生产率的提高;政府对服务业领域的干预程度越高,越不利于服务业市场作用发挥和资源配置,从而抑制服务业全要素生产率的提高。

市场化水平、服务贸易和经济发展水平已被证明与长江经济带服务业全要素生产率没有必然联系,因此,不能用于对服务业全要素生产率地区差异的影响分析。本文运用长江经济带 1998—2013 年 11 省(市)的面板数据对剩余三个因素进行回归分析。为避免伪回归的出现,首先对面板数据进行平稳性检验,发现因变量和自变量序列均存在一阶差分,分别对其取对数继续进行检验。Hausman 检验应采取固定效应模型,F 检验显示方程应为变系数形式。由此,式(5)需调整为:

$$\ln STFP_{it} = b_0 + b_1 \ln Human_{it} + b_2 \ln Urban_{it} + b_3 \ln Govern_{it} + e \tag{6}$$

运用 EViews 6.0 软件对式(6)进行面板分析,考察这三个因素对长江经济带省(市)际和上、中、下游服务业全要素生产率及其地区差异的影响,回归结果见表 3。

表 3　长江经济带服务业全要素生产率地区差异影响因素回归结果

地区\变量	C	Human	Urban	Govern	地区\变量	C	Human	Urban	Govern
上海	3.94	1.86***	1.61***	−0.30***	重庆	3.36	1.03***	0.95**	−0.14***
		t=2.77	t=2.83	t=−2.66			t=2.65	t=−2.26	t=2.50
江苏	3.69	1.65***	1.53**	−0.22**	四川	3.42	0.86**	0.76**	−0.13***
		t=−2.67	t=2.12	t=2.09			t=2.26	t=−2.08	t=2.87
浙江	3.87	1.54***	1.59**	−0.23**	贵州	3.75	0.27**	0.29**	−0.10**
		t=−3.06	t=−2.72	t=2.37			t=2.09	t=−2.26	t=2.33
安徽	3.41	0.78**	0.83***	−0.17***	云南	3.45	0.29**	0.38**	−0.28***
		t=2.02	t=2.98	t=−2.99			t=2.34	t=−2.18	t=−2.68
江西	3.34	0.70***	0.72***	−0.17**	上游	4.02	0.83**	0.86**	−0.19**
		t=−2.51	t=−2.84	t=2.40			t=2.17	t=−2.54	t=−2.11
湖北	3.46	0.94**	0.92**	−0.26**	中游	3.98	1.05**	1.09**	−0.54***
		t=2.32	t=3.03	t=−2.86			t=2.22	t=−2.57	t=2.95
湖南	3.53	0.91***	0.84***	−0.37**	下游	4.14	1.33**	1.17***	−0.40**
		t=−2.46	t=2.87	t=−2.42			t=2.09	t=−2.84	t=2.60

注:**、*** 分别表示回归系数在 5% 和 1% 置信水平下显著。

回归结果显示,Human、Urban 和 Govern 三个变量均高度显著,与之前的研究结果相吻合,说明人力资本、城市化和政府行为的确对长江经济带服务业全要素生产率具有显著影响。

就省(市)际差异而言,Human 和 Urban 的系数显著为正,且数值较高的省(市)STFP 值普遍较高,这表明人力资本和城市化水平的差异显著地导致了长江经济带省(市)际服务业全要素生产率的差异;而各省(市)Govern 的系数显著为负,但总体差距不大,表明政府行为对服务业的干预并没有明显地导致服务业全要素生产率的省(市)际差异。由此,可得出如下结论:人力资本和城市化是导致长江经济带服务业全要素生产率省(市)际差异的主要原因。人力资本水平越高的地区意味着技术进步越快,对服务业效率产生的促进作用越显著;城市化进程较快的地区可通过需求效应,促进服务业更快发展。

就上、中、下游差异而言,Human 和 Urban 具有与省(市)际差异相同的影响机制,不同的是上、中、下游 Govern 的系数也具有相当大的差异,这表明政府行为对长江经济带上、中、下游服务业全要素生产率差异的影响要远远大于省(市)际差异。由此,可得出如下结论:除人力资本和城市化外,政府对服务业的干预也是导致长江经济带上、中、下游服务业全要素生产率差异的重要原因。长江下游市场化程度相对较高,政府对服务业的干预和限制较小,有利于服务业效率的提高;中、上游地区正处于工业化加速阶段,政府对产业发展的干预程度较高,在一定程度上抑制了服务业效率的提升。

三、结论与政策启示

综上分析,本文的研究结论如下:①研究期内长江经济带服务业全要素生产率总体呈下降趋势,尤其是 2008 年以来,服务业全要素生产率指数低于 1,服务业发展质量亟待提升。②长江经济带服务业全要素生产率存在一定程度的地区差异,省(市)际差异较大但动态波动剧烈,无特定规律可循;上、中、下游差异较小,近年来有不断缩小之势。③人力资本水平、城市化进程和政府干预是影响长江经济带服务业全要素生产率整体水平的主要因素。人力资本水平、城市化进程对服务业全要素生产率具有正向促进作用,过度的政府干预则主要起负面制约作用。④人力资本和城市化同时是影响长江经济带省(市)际和上、中、下游服务业全要素生产率差异的主要原因,二者发展水平越高,服务业全要素生产率也越高;政府干预也是造成上、中、下游服务业全要素生产率差异的一个重要因素,但对省(市)际服务业全要素生产率差异的影响正不断弱化。

本文实证研究蕴含以下政策启示:①长江经济带沿线省(市)服务业的发展必须践行创新驱动发展战略,加大人力资本投入,加速人力资本积累,提升人力资本对服务业发展的贡献率,提高服务业的创新能力和发展质量。②加快推进长江经济带新型城镇化进程,通过城镇基础设施建设和公共服务体系构建,促进劳动力资源的自由流动和配置,扩大服务业发展的供需空间,促进服务业发展。③进一步转变政府职能,积极构建服务型政府,不断优化服务业发展环境。④加强长江经济带沿线省(市)际和上、中、下游服务业协同发展,不断缩小长江经济带服务业全要素生产率的地区差异。

参考文献

[1] Hall R,Jones C. Why do some countries produce so much more output per worker than others? The Quarterly Journal of Economics,1999(2):83-115.

[2] 张军,等.中国省际物质资本存量估算:1952—2000.经济研究,2004(10):35—44.

[3] 张自然.考虑人力资本的中国生产性服务业的技术进步.经济学(季刊),2010(1):153—168.

[4] 纪明辉.中国服务业的全要素生产率研究.长春:吉林大学,2013.

[5] 顾乃华.我国服务业发展的效率特征及影响因素——基于 DEA 方法的实证研究.财贸研究,2008(4):60—67.

[6] 黄莉芳,等.基于随机前沿模型的中国生产性服务业技术效率测算及影响因素探讨.数量经济技术经济研究,2011(6):120—132.

[7] 王美霞.中国生产性服务业细分行业全要素生产率异质性与影响因素研究.经济经纬,2013(3):75—79.

[8] 李雪梅,等.服务贸易与中国服务业全要素生产率增长.技术与创新管理,2009(5):616—618,635.

[9] 胡朝霞.FDI 对中国服务业全要素生产率的影响——基于随机前沿面板数据模型的分析.厦门大学学报(哲学社会科学版),2010(4):115—122.

[10] 顾乃华.城市化与服务业发展:基于省市制度互动视角的研究.世界经济,2011(1):126—142.

[11] 汪德华,等.政府规模、法治水平与服务业发展.经济研究,2007(6):51—64,118.

[12] 樊纲,等.中国市场化指数.北京:经济科学出版社,2011.

北京生活性服务业发展模式的中外比较分析

唐少清　姜鹏飞　眭雅婷

（北京联合大学商务学院　北京　100025）

【内容摘要】　生活性服务业与生产性服务业的发展并重，它不仅能提高北京的宜居功能，而且能建立有效的消费需求的长效机制。本文通过生活服务业的研究综述，提炼生活性服务业的概念、内涵、分类，然后对生活性服务业的发展模式进行中外比较，得出国际一流的生活服务业的目标是：建设合理的生活服务业布局和空间形态，不断优化和提高生活服务业的"质"，即实现生活服务业的便利性，提高生活服务业的文化与特色，推广生活服务业的网络模式。

【关键词】　生活性服务业　发展模式　中外比较

一、问题的提出

研究生活性服务业的发展模式、扩大居民服务消费、提高首都的生活质量，既是贯彻落实习近平总书记的"加快发展服务业，坚持生产性服务业和生活性服务业并重、现代服务业和传统服务业并举，提高服务业的比重和水平，形成与现代化大都市地位相适应的服务经济体系"讲话精神；又是贯彻落实党的十八大报告提出的"要牢牢把握扩大内需这一战略基点，加快建立扩大消费需求长效机制，释放居民消费潜力"的重大精神的具体体现；更是实施《国内贸易发展"十二五"规划》和《服务业发展"十二五"规划》提出的"生活服务行业集聚创新示范工程"的必然要求。本文通过对中外服务业的比较分析，从中找出可供北京发展生活性服务业的模式。

二、研究综述

（一）国内生活性服务业研究分析

俞华（2012）认为生活性服务业是国民经济的基础性支柱产业，无论是拉动内需促消费、扩大就业提高收入,还是增进社会和谐方面,它都具有非常重要的作用。申朴和刘康兵(2014)认为,国民经济中的各服务行业与部门都不同比例地分别为生产者和最终消费者提供产品或者服务,同时具有生产性和最终消费的特征。而王凤宏和洪涛(2013)认为目前我国生活服务业已达到一定规模,但也存在人才供求失衡、成本过高和税费负担过重、行业法规标准缺乏、政府管理观念和手段滞后等问题。路红艳(2013)指出生活性服务业作为我国现代服务业的重要组成部分,因其在扩大消费、促进就业、保障民生等方面发挥着重要作用,已日益受到了中央和地方政府的高度重视。

王瑶(2013)认为"社区商业"是一种具有中国特色、符合我国国情的商业形态,其概念是中国所特有的。邢世博等(2013)具体指出:社区商业中心是相对集中的社区服务网点所形成的集商业、餐饮、休闲、文化、娱乐、体育、卫生等生活服务为一体的服务业综合体,其典型特征是拥有大型超市主力店或社区型百货店、社区便利零售品牌店、餐饮店,洗染、摄影、美容、健身、物资回收站等基础设施以及儿童教育、音乐培训、舞蹈培训等教育设施,既能满足传统的衣、食、住、行需求,又能适应新型的消费需求。黄振波、王先庆(2013)提出随着中国城镇化的快速发展,未来中国商业的发展空间和机会,将逐步从中心城区转向社区,社区商业将成为未来主导整个消费行业最重要的一环。

(二)国外生活性服务业研究分析

Hubbard and Nutter(1982)、Daniels(1985)等最早将服务业分为与产业高度关联的"生产性服务业",以及与日常民生有关的"生活性服务业"两大部分。1987年,美国学者Day完全从满意度的角度对美国生活质量进行了研究,他调查了美国居民对生活总体的看法以及对生活13个具体领域的满意程度,包括家庭生活、社会生活、与工作有关的生活领域、个人健康、娱乐、精神生活、自我、健康、物品与服务的购买与消费、物质拥有、联邦政府的工作表现以及当地政府的工作表现等。

坎贝尔(1976)的研究发现,客观指标对主观生活指标的解释最大只能达到17%左右。他提出了关于主观生活质量的"差距解释理论",即人们心目中的理想或期望与现实差距越远,主观满意度就越低,两者呈负相关;而现实状况的改善与过去状况、他人状况等比较,参照标准的差距越大,主观满意度就越高,两者呈负相关。国内外学者研究情况比较见表1。

表1 生活性服务业国内、外学者研究分析

区域	作者	年份	观点
国内	俞华	2012	生活性服务业是国民经济的基础性支柱产业
	申朴、刘康兵	2014	国民经济中的各服务行业与部门都为生产者和最终消费者提供产品或者服务
	王凤宏、洪涛	2013	我国生活服务业已达到一定规模
	路红艳	2013	生活性服务业已日益受到了中央和地方政府的高度重视

续表

区域	作者	年份	观点
国外	Hubbard、Nutter	1982	将服务业分为生产性服务业与生活性服务业
	Daniels	1985	将服务业分为生产性服务业与生活性服务业
	坎贝尔	1976	客观指标对主观生活指标的解释最大只能达到17％左右
	Day	1987	完全从满意度的角度对美国生活质量进行研究

三、生活性服务业概念、内涵及行业分类

生活性服务业是指面向人们提供物质和精神生活的消费以及服务的产业,其产品、服务用于解决消费者在生活中的各项需求,为物质、精神产品生产和消费之间提供了渠道。在以往的文献中,多将"生活性服务业"称作"消费者服务业"进行研究。现把有关学者对生活服务业的概念及内涵进行归纳和分析(见表2)。

表2　生活性服务业概念及内涵界定

研究者	项目来源	文献来源	生活性服务业的内涵	研究者单位
程大中、陈宪(2006)	国家自然科学基金项目	上海经济研究	从内涵来看,消费者服务,即生活性服务,是市场化的最终消费服务,对应着作为消费品的服务和作为"消费资料"而存在的消费产出;在外延上,消费者服务被称为"面向生活的服务"	程大中:复旦大学教授;陈宪:上海大学教授
杨旭(2010)	辽宁省社科规划项目	现代管理科学	生活性服务业是向个人及家庭提供最终消费品的服务业,直接向最终消费者提供服务,在现实生活中包括家政服务、旅游、餐饮、娱乐休闲	东北财经大学工商管理学院教师
邹坦永(2011)	河南省哲社规划项目	商业时代	生活性服务业从属于最终需求性服务业,服务对象是消费者。将现代消费者服务业分为营利性的市场化现代消费者服务业和非营利性的非市场化现代消费者服务业	河南工程学院教师
丁秋实(2013)	中国社会科学院博士论文	生产者服务业的服务领域和生活性服务业的服务领域不是完全独立的,依据我国的服务行业划分标准,二者之间存在一定的重合服务对象,如金融业、物流与速递业、电子商务、信息传输、法律服务等	中国社会科学院博士

生活性服务业是国民经济的基础性支柱产业,作为服务经济的重要组成部分,它直接向居民提供物质和精神生活消费产品及服务,其产品、服务用于解决购买者生活中(非生产中)的各种需求。从内涵来看,消费者服务即生活性服务,是市场化的最终消费服务,对应着作为"消费品"的服务和作为"消费资料"而存在的消费产出;在外延上,消

费者服务被称为"面向生活的服务"。狭义的生活性服务业的范围只涉及居民日常生活涉及的服务内容,其范围与传统中界定的社区商业的范围高度重合。

从生活品质视角来看,日常生活服务业主要包括社区商业,满足了居民日常生活的基本需要,是保证居民生活品质的基本保障;零售业和教体文卫事业满足了居民体现个体生存和发展的要求,是生活质量的基本内核;而酒店宾馆业、餐饮业、旅游业、休闲娱乐业等服务业满足了居民的休闲娱乐需求,也是构成生活品质的重要组成部分。因此要提高人民的生活品质,在发展生活性服务业时要注重层次关系,发展社区服务业为主的日常生活服务业是基础保障,发展"教、科、卫、体、娱"是全面提升人民生活品质的关键(见表3)。

表3　生活性服务业的分类

研究者	项目来源	文献来源	生活性服务业的内涵	研究者单位
周勇,等(2006,2008,2009)		生产力研究、商业现代化	生活性服务业分为劳动密集型、信息密集型和资本密集型三大类,其中劳动密集型生活服务业包括餐饮、零售业、洗染、浴池、装卸搬运、物流快递、装饰装修、保姆、清洁、陪老、导医、导路、养老、护理、报关、旅馆、美体美容美发、按摩足疗、保安、礼品回收、废品回收等行业;信息密集型生活服务业包括婚介业、住宅中介业、律师业、出国留学和移民中介、家务中介、保险中介等;资本密集型生活服务业包括金融业、保险业、交通运输业、住宅业、典当业及其他产业	广东金融学院教师
陈秋玲、李怀勇,等(2010)	上海市教委重点研究项目基金项目	经济师	文化、体育与教育培训服务、租赁和维修服务、零售业、旅游和娱乐服务、社区服务业	上海大学
洪涛,等(2011)	商务部政策研究室课题	中国生活服务业发展报告(2011)	住宿和餐饮业、居民服务和其他服务业,他们首次将生活性服务业分为9大体系:餐饮与早点、住宿业、美容美发美体、沐浴、家政服务、再生资源回收、洗染业、照相业、维修服务	北京工商大学
宣烨(2012)	教育部人文社科规划基金项目		批发和零售业,住宿和餐饮业,居民服务和其他服务业,教育,卫生、社会保障和社会福利业,文化、体育和娱乐业,公共管理和社会组织等七类行业	南京财经大学教授
申朴、刘康兵(2014)	国家哲学社会科学基金青年项目	世界经济文汇	教育、科研和医疗卫生、房地产、公共服务、金融与保险、批发零售、交通运输及仓储等行业	华东理工大学

基于以上文献,结合北京市的具体情况,从服务品质、生活品质提升视角对生活性服务业进行分类。可把生活服务业分为四大类:一是满足百姓日常需求的日常生活服务业;二是满足百姓消费需求的零售业;三是为百姓提供公共服务的教体文卫事业;四是满足人们休闲娱乐需求的娱乐服务业(见表4)。

表 4　生活性服务业行业分类

行业分类	亚类	服务功能
日常生活服务业	社区卫生、家政服务、社区保安、养老托幼、食品配送、修理服务、废旧物品回收、租赁和维修服务、房屋建筑、建筑材料、装潢装饰材料	满足日常生活的基本需求
零售业	汽车零售、服装零售、百货商场、折扣商店、电子用品商店、食品批发、家具零售、连锁超市、网上零售、专业商店	满足消费需求
教体文卫	教育培训业、体育产业、文化产业、医疗卫生	满足健康、教育、文化需求
娱乐服务	酒店宾馆业、餐饮业、旅游业、休闲娱乐业	满足休闲娱乐需求

四、生活性服务业发展模式及国内外借鉴

(一)生活性服务业发展模式

目前,生活性服务业主要有四种发展模式,即社区商业模式、集聚区发展模式、融合嵌入模式和生活服务网络团购模式。

1. 社区商业模式

社区商业是一种以社区范围内的居民为服务对象,以满足社区居民的日常生活服务需求为主的模式。目前,在北京、上海等一线城市中,60%以上的城市消费及一般性生活服务活动在社区完成,且集中在餐饮、个人及家庭服务等领域。一般认为,社区商业是"为一定地域范围内居民提供生活消费品和生活服务的商业经营活动",这种商业经营活动又被称为属地型商业。对于社区商业发展的类型,吴晓辉(2013)提出,我国社区商业的建设因城市住宅变迁而动态发展,社区商业在结构上形成了传统社区商业(在旧城和老城中现存的社区商业)和新建社区商业(在新开发的住宅区建成的社区商业)两大类型。传统社区商业基本上是在原城区建设的框架内保留的商业网点格局,近年来虽通过地方商业主管部门的大力投入与升级改造而有所改善,但仍存在严重的网点缺位、设施陈旧、经营不景气、管理不规范等问题。多数传统社区商业网点布局仍保留沿街小店或老商业街格局,网点发展空间狭小。新建社区商业则是随着 20 世纪 90 年代中后期中国房地产市场的发展,在以开发商为主体开发建设的新住宅区内建成并逐渐成熟起来的。新建社区商业的模式可以分为三个层次:一是一些成熟新社区底商和散落小店,满足居民日常生活基本消费所需;二是在小区内道路交叉、交通比较便利的地方,建有 1000 平方米以上的标准化菜市场,周边聚集了大众餐厅、社区医院、邮政、银行、汽车美容店等配套设施,形成了满足居民多样化需求的社区商业综合体;三是在社区集中的交接处、道路畅通的中心地建有社区购物中心,形成满足居民综合消费和一站式购物需求的商业聚集群。新建社区商业的模式基本与新加坡的"邻里中心"相似。

2. 集聚区发展模式

集聚区模式的主要体现形式为生活服务街区(路红艳,2013)。如许多城市都根据

当地的消费习惯、文化习俗或城市特色等规划建设了美食一条街、摄影一条街、特色步行街、老字号街等,将本地特色品牌企业聚集在一起。其中,已形成一定规模和成效的主要是餐饮集聚区。比较典型的如北京前门地区的鲜鱼口美食街、成都宽窄巷子美食街、重庆南滨路的火锅一条街、武汉吉庆街饮食文化街、长沙坡子街、南京1912街区等。

3. 融合嵌入模式

融合嵌入模式是以生产性服务业为主体、生活性服务业配套发展的表现形式。在城市商业中心(包括CBD)、区域商业中心以及商业综合体和商业街中,生活性服务业与生产性服务业融合在一起。例如,在中央商务区或总部经济区,住宿、餐饮等生活性服务业作为配套服务,与金融总部、物流总部、商务总部等生产性服务企业总部融合在一起,主要为总部经济区、中央商务区、服务业集聚区、城市商业中心做配套支撑。这种发展模式下的生活服务企业多为连锁经营的品牌店,服务质量好、经营档次高,商业信誉也较好,一般不需要政府单独规划。

4. 生活服务网络团购模式

随着我国网民数量的快速增长,网络体现出来的价值也得到快速提升,尤其是在生活服务方面,生活服务网络化已成为一种必然趋势。目前,不仅出现了以58同城、赶集网等为代表的生活服务类网站,而且产生了一批生活服务团购网站,形成了"网上团购＋实体店消费＋点评"模式。从生活服务团购模式来看,团购网集中了餐饮、美容美发、足浴、摄影、休闲娱乐等各种生活性服务业态,网站为商户提供促销活动和广告,消费者可以在网站上购买商户服务进行消费并点评。这种模式不仅能够满足消费者低价、优质生活服务类商品的消费需求,也能满足消费者生活服务类多样性的消费需求,同时,可以为入驻商户提供品牌和服务的担保,帮助他们创造更多的社会价值,达到促销和分销的双重目的。随着电子商务的快速发展,这种生活服务团购模式将逐渐成为生活性服务业的发展趋势。这种模式的发展要求电子商务法律法规体系建设较为完善,能够保障消费者的支付安全。根据统计分析,北京2014年网络营销已占总营销额的30％左右,说明网络营销的发展空间会越来越大(见图1和表5)。

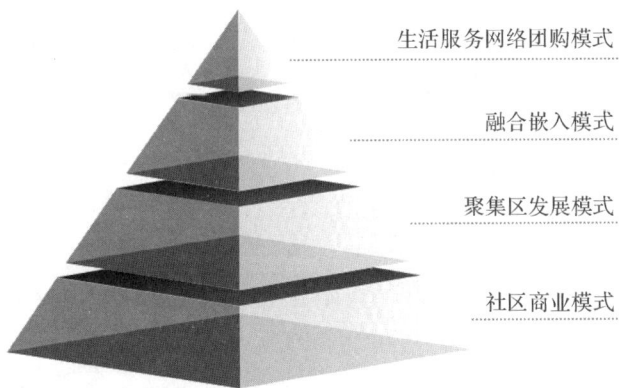

图1 服务业发展模式

从图1中可以看出:社区商业模式是最基本、最基础的生活性服务业的发展模式,大约占 50％以上，网络消费模式则是一种基于信息技术的发展而产生的新的消费模式，并且是年轻人的偏好消费方式，比例将会越来越大。

表 5　生活性服务业的发展模式分类

基本模式	具体模式	适用条件
社区商业模式	沿街小店或老商业街格局	传统小区、成熟新小区底商
	标准化菜市场	新建小区
	大型超市主力店或社区型百货店、社区便利零售品牌店	新建小区
	主题购物商业中心、街组式社区商业中心、邻里中心	郊区新建小区
集聚区发展模式	特色一条街	主要是餐饮聚集区
融合嵌入模式	为生产性服务业提供辅助的生活性服务业	总部经济区、中央商务区、服务业集聚区、城市商业中心
生活服务网络团购模式	"网上团购＋实体店消费＋点评"模式	符合消费者生活服务类网络化消费趋势

(二)国外生活性服务业发展的经验借鉴

1. 政策制定

各个国家均制定了发展生活性服务业的政策、法规、规划。法国制定了引领生活性服务业发展的规划和许可证制度；俄罗斯出台了《俄罗斯联邦生活性服务业管理办法》；韩国出台了《观光住宿设施扩建特别对策》和《观光住宿设施扩建特别法》；2007 年，新加坡宣布推出"餐饮业能力发展计划"；意大利旅游发展与竞争部规定了意大利酒店的最低服务标准；日本于 1947 年建立了美发美容业的专门法规——《美容师法》。各国在生活服务业政策制定方面的经验见表 6。

表 6　各国在生活服务业政策制定方面的经验

国家	生活服务业经验借鉴	具体做法
法国	国家统筹管理，签署一份"关于促进发展个人服务业的全国协议"	召开个人服务业发展促进大会，政府与协会网络、企业、个人雇主联合会、公共组织、投资机构、互助保险等组织和机构代表共同签署了一份全国协议
	制定法律规范	实施许可证制度
	发展扶持政策	以社会援助政策的名义，对残疾人、老年人和幼童等个人服务业给予财政补贴
		鼓励雇主购买"通用家政服务支票"，采取了一系列优惠措施
		制定个人服务业发展纲要，为"通用家政服务支票"预融资
		调节社会保险金提取率，调节税收政策，降低行业成本

国家	生活服务业经验借鉴	具体做法
韩国	制定法律规范	出台《观光住宿设施扩建特别对策》和《观光住宿设施扩建特别法》,管理和规范观光住宿业发展
	开展行业资助、扶持计划	遴选、资助优秀餐饮业区
		出台《观光住宿设施扩建特别法》,对符合条件的宾馆设施提供资金支持
		同金融机构合作,向生活性服务企业提供低息贷款
		生活性服务业的中小企业可以通过地方政府成立的"扶持小企业贷款基金"进行融资,小企业可以以优惠价格租赁国有资产作为办公场所,租赁价格为市场价格的40%
俄罗斯	制定法律规范	出台《俄罗斯联邦生活性服务业管理办法》,明确行业主管部门和行业协会职责、经营者的资质和消费者权益等
新加坡	制定行业发展规划	2007年推出"餐饮业能力发展计划"
	职业促进计划、培训计划	新加坡政府对生活服务业管理较严,要求餐饮住宿、家庭服务、美容保健、洗浴、洗染、摄影等行业的从业人员在上岗之前必须经过严格的培训,只有具备了从业人员资格,才可以上岗

2. 社区商业发展的措施与模式

近年来欧美盛行大型新兴社区商业中心。如英国伦敦东南郊区的Bluewater购物中心,营业面积达13.9万平方米,有57家国际零售商入驻。购物中心包括众多的大型百货店、专卖店、餐厅酒吧、电影放映厅等,能够满足周边60分钟汽车车程内10余万居民的日常消费需求。美国的社区商业中心有两大发展特点:一种是在"中心"内有一主题,如以一家大超市为主,附带折扣店、专卖店、厂家直销店等;另一种是突破传统观念,呈块状,与周围的文化娱乐等设施结成联盟,且不一定只位于一幢建筑,而是扩展为一个较大的消费空间。

日本社区商业模式最具传统特色的是"商业街协同组合"。如日本东京都神乐坂商业街就是东京一条极为普通但又富有日本特色的典型社区商业街。在100多米长的步行街两侧,散落着连户商铺、中型超市、24小时便利店以及传统杂货店等248家店铺,花店、迷你高尔夫馆、蔬果铺、美容店乃至证券所应有尽有。

新加坡社区商业中心称为"邻里中心(Neighborhood Center)",即按照社区建设的配套建设指标,根据物业的规模、类型以及居住人口需求配备相应的商业配套设施,由开发商或物业方进行集中经营与管理,不以营利为主要目的,而是为社区居民提供商品和服务的社区生活服务中心。邻里中心以经营中档商品为主,商店组合为普通日常商品商店、诊疗所、餐馆和小贩中心。

新加坡发展局将社区商业规划成三个层面,相应地配置和设置不同层面的社区商业:1000~1500户配置一个邻里商店,8000~10000户建立一个小区商业,40000户配套一个大型购物中心。邻里中心是政府调控下的商业行为,在政府的支持下,邻里中心为社区居民提供教育、文化体育、生活福利等服务。

邻里中心把商业和服务设施集于其中,既缩短了这些设施与社区居民的距离,又满足了人们多样化的需求;既便民利民,又提高了居民的生活质量和城市环境质量;同时,对新加坡的经济社会发展和人群素质的提高起到了根本的保障作用,引起许多发达国家的关注,也值得我国在制定提升生活性服务品质的措施时予以深入研究与借鉴。各国社区商业发展的措施与模式见表7。

表 7　各国社区商业发展的措施与模式

地区	社区商业模式	所属都市圈
美国纽约	在社区商业中心内有一主题,如以一家大超市为主,附带折扣店、专卖店、厂家直销店等	纽约都市圈
	突破传统观念,呈块状,与周围的文化娱乐等设施结成联盟	
英国伦敦	能够满足周边 60 分钟汽车车程内 10 余万居民的日常消费需求	伦敦都市圈
日本东京	商业街协同组合	东京都市圈
	造镇计划	
新加坡	邻里中心:按照社区建设的配套建设指标,根据物业的规模、类型以及居住人口需求配备相应的商业配套设施,由开发商或物业方进行集中经营与管理	

(三)国内生活性服务业的经验借鉴

1. 上海生活服务业

上海生活服务业结构布局:形成"以点带线""以线带面"的社区商业网络结构。"以点带线"指以大型购物中心为节点带动社区主要商业街的发展。"以线带面"指主要商业街连同渗透至邻里组团的一般商业街区共同构成社区商业网络。上海生活服务业空间布局:社区商业也应与交通空间结合,宜布置于社区组团出入口,特别是与社区交通节点如地铁站等结合布置,而且生活服务业呈现出商业内容丰富多样、业态复合多元的特点。社区商业中心在发展社区商业街、一站式社区商业服务中心、国际性社区商务中心方面具有一定的创新性。

2. 深圳生活服务业

深圳中心区域服务业产业集聚优势:以福田为核心,空间集聚程度较高。从空间布局看,特区内福田、罗湖、南山三区的地理集中趋势显著,只占深圳市域面积的 16%,但服务业就业却占据 58%;特区外服务业空间较为分散,多数地区的服务业比重小于1%,服务业高度集中在特区内,呈现出大集中趋势。福田区作为深圳综合性 CBD,其服务功能的规模和种类都占据绝对优势,南北交汇、东西通达的地理区位使福田区成为城市发展核心,并且福田还是深圳市人民政府办公所在地,独特的行政服务职能能够辐射整个深圳市,种种因素造就福田区服务业的快速发展。

国内外生活性服务业的发展特点和现状,可为北京提高生活性服务业的水平和质量提供有益的借鉴。评价国际一流的生活服务业的品质标准是:便利店每店覆盖 1500

户,或 4500 人;社区商业每店覆盖 10000 户,或 30000 人。社区商业规范化管理和服务水平的提高,可以使社区商业更好地服务于社区。调整城市用地结构,合理确定生活性服务业用地的比例,在大中城市重点打造生活服务业集聚区和 15 分钟便民服务圈,可以让居民洗澡、理发、购买生活日用品、家电维修、废旧物品回收之类的居家日常生活需求在 15 分钟内得以满足。

五、小结

北京围绕"宜居之都"的目标,计划在未来 5 年达到国际一流的生活品质,可供借鉴和比较的是新加坡等地区。因此,可描述的国际一流的生活服务业的目标是建立合理的生活服务业布局和空间形态,不断优化和提高生活服务业的"质",即实现生活服务业的便利性,提高生活服务业的文化与特色,推广生活服务业的网络模式。

参考文献

[1] 俞华.高度关注采取措施加快生活性服务业发展.中国经贸导刊,2012(5):27—30.

[2] 申朴,刘康兵.学习东京和新加坡生活服务业.东方早报,2014-03-25(3).

[3] 王凤宏,洪涛.我国城市生活服务业的发展与对策研究.北京劳动保障职业学院学报,2013(1):25—28.

[4] 路红艳.加快创新我国生活性服务业发展模式.中国经贸导刊,2013(5 上):38—40.

[5] 王瑶.中国现代社区商业发展模式研究.商业经济,2013(10):12—13.

[6] 邢世博,等.加快创新沈阳市生活性服务业发展模式的对策研究.时代经贸,2013(4):76—77.

[7] 黄振波,王先庆.新城镇化背景下社区商业的业态选择及发展趋势.广州城市职业学院学报,2013(6):13—17.

[8] 吴晓辉.中国社区商业发展现状及对策研究.北京财贸职业学院学报,2013(4):12—14.

现代服务业引导浙江省经济转型升级[①]

王跃华

（浙江树人大学浙江省现代服务业研究中心 杭州 310015）

【内容摘要】 本文论述浙江经济进入了转型升级的时期,转型升级的关键是提高要素投入的效率,而提高服务业的占比是必然的路径;并采用区域经济学中的偏离份额分析法(Shift-Share Analysis)对浙江服务业 2008—2012 年的发展情况进行分析,得出结论:浙江的经济发展方式开始转型升级,第二产业增速趋缓,而第三产业增速加快,占比上升;服务业的发展空间仍很大;服务业中的交通运输、仓储和邮政业,金融业,公共管理和社会组织的竞争力较弱,亟待发展。

【关键词】 转型升级 服务业 偏离份额分析法

一直以来,浙江经济的发展基本是靠要素投入来发展工业,从而推动经济增长的。当经济发展到一定程度,原有的发展模式开始遇到增长空间的限制。2008 年全球金融风暴以来,世界需求不振、劳动力成本上升、人民币升值,在成本上升、要素趋紧、市场竞争、技术瓶颈等多重压力下,很多浙江民营企业原有熟悉的传统产品市场的盈利空间逐渐变得"狭小",效益下降,产能过剩。究其原因,主要是民营企业创新能力不够、产业技术升级不快,造成产品逐渐被同质化,原有依赖低价策略、一味依赖扩展传统产品生产能力抢占市场这种"粗放型"的扩展模式受到挑战。实际上,近十年浙江制造业一直受困于"大而不强",关键在于要素投入效率低下、市场竞争力趋弱,投入的边际效益递减趋势明显。浙江经济要持续发展就必须进行转型升级,关键是要加快服务产业发展,提高要素投入的效率。

一、服务业的发展空间

经过三十多年的发展,浙江经济已经走到了罗斯托的经济发展五阶段所称的"成熟阶段"门槛面前了。"起飞准备阶段"是一个转型时间,靠的是计划经济转入市场经济,

---

[①] 本文已发表在《浙江经济》2014 年第 11 期。

浙江人民抓住了这个转型的机会,投入了市场经济的洪流之中,从而让经济开始起飞。现在要迈入"成熟阶段"的门槛,又到了转型升级的关键期。按照罗斯托理论,起飞阶段,传统产业实现了工业化,步入了现代化进程,新的价值结构已经形成并占据了主导地位,生活的服务化开始深入人心,服务业的发展进入了一个全新的阶段,即"成熟阶段",也可以说是一个"纯技术阶段"。在这一阶段,高科技的发展使各个行业都受益匪浅,服务产业的发展也进入飞速发展时期,成为国民经济发展中占主导地位的产业。服务产业已经超过了工业和农业,成为三次产业的主体。

一个产业部门扩张的空间最终取决于市场的大小。浙江在过去几年,由于制造行业的大规模发展造成了一定的污染,浙江正在重新调整经济结构的过程之中。这时,浙江服务产业比例与其他大的经济体相比,空间更大:浙江服务业只占 41.00%,远低于发达国家,也低于全国水平(41.82%)。这就显示浙江服务业发展还有很大的潜力。

服务业劳动力密度特别高。每个单位的 GDP 增长,第三产业所产生的就业机会比第二产业高出 30%,发展服务业有助于在城镇化过程之中产生的富余劳动力就业。发展服务业也有利于环保,因为与工业活动相比,服务业产生的污染要少得多。

服务业的发展空间取决于其在经济中对于物质资料生产部门的作用的大小或功能的多少。随着基本物质资料供给量趋于饱和,需求弹性下降,商品价值的实现更加困难,服务部门可以帮助物质资料生产部门实现产品的价值。浙江经济的转型升级要抓住提高经济的全要素的关键,而服务业发展的专业化有助于提高经济效益,也有助于对就业、工业减少能耗和污染做出贡献。

二、从结构偏差分析浙江的服务业

金融危机以来,浙江经济的转型情况如何?本文通过对 2008—2012 年期间浙江第一、二、三产业的产值的变化情况,特别是通过对服务业的变化情况的统计数据进行分析,对浙江第一、二、三产业的结构分量与竞争力分量做比较,以期了解服务业中行业的相对优劣状况,为浙江经济转型升级决策提供理论依据。为此,我们采用区域经济学中的偏离份额分析法(Shift-Share Analysis)对浙江服务业 2008—2012 年的发展情况进行分析。

偏离份额分析法是由美国经济学家丹尼尔·B.克雷默于 1942 年提出的,后被广泛应用于区域经济的比较分析,其基本思路是将被研究区域的增长与标准区域的增长差异分解成同步发展分量(N)、产业结构分量(S)和竞争力分量(C),其中产业结构分量和竞争力分量可以解释造成被研究区域与标准区域存在不同增长率的原因。产业结构分量反映的是由产业结构不同带来的增长差异。竞争力分量反映的是由研究区域内各部门的增长与标准区域相应各部门的增长情况不同引起的差异,反映的是竞争力的高低。具体的分析模型如下。

设 $G_{ij}(t)$ 为报告期研究区域的 ij 行业(或企业)的产值,而 $G_{ij}(t_0)$ 则是对应的基期产值,所以 ΔG_{ij} 就是被研究区域的 ij 行业(或企业)产值的增量:

$$\Delta G_{ij} = G_{ij}(t) - G_{ij}(t_0) = N_{ij} + S_{ij} + C_{ij} \tag{1}$$

$N_{ij} = G_{ij}(t_0)\left[\dfrac{G(t)}{G(t_0)} - 1\right]$ 为同步增长分量，$G(t)$ 和 $G(t_0)$ 分别是标准区域报告期和基期的产值。所以，同步增长分量就是按照标准区域的增长率发展，表示研究区域内的行业（或企业）基期规模为 $G_{ij}(t_0)$ 时应该达到的产值增量。

$S_{ij} = G_{ij}(t_0)\left[\dfrac{G_i(t)}{G_i(t_0)} - \dfrac{G(t)}{G(t_0)}\right]$ 为产业结构分量，$G_i = \sum\limits_{j=1} G_{ij}$ 为被研究区域部分的产值，所以 $\left[\dfrac{G_i(t)}{G_i(t_0)} - \dfrac{G(t)}{G(t_0)}\right]$ 表示被研究区域第 i 部分产值的增长速度与标准区域的增长速度之间的差异，可以显示哪些被研究区域的增速高于标准区域发展速度，哪些低于标准区域的发展速度。通过这方面的分析，可以了解被研究区域中部分产值高、低增长率的情况。

$G_{ij} = G_{ij}(t_0)\left[\dfrac{G_{ij}(t)}{G_{ij}(t_0)} - \dfrac{G_i(t)}{G_i(t_0)}\right]$ 为竞争力分量。$\left[\dfrac{G_{ij}(t)}{G_{ij}(t_0)} - \dfrac{G_i(t)}{G_i(t_0)}\right]$ 表示被研究区域某行业（或企业）的 ij 产值增长率与 i 部分的增长率的差异。竞争分量的正负表明了 j 行业（或企业）在 i 产业的相对竞争力的优劣情况。

我们先利用全国 GDP 和第一、二、三产业的数据与浙江相应的数据，分析浙江第一、二、三产业的同步增量、产业结构和竞争力分量；然后再利用浙江省的数据分析第三产业中的 14 个行业的同步增量、产业结构和竞争力分量（见表 1）。分析的数据全部来自《中国统计年鉴 2013》和《浙江统计年鉴 2012》。

表 1　2008 年和 2012 年的中国和浙江第一、二、三产业产值的数据　　　（单位：亿元）

	2008 年	2012 年
中国 GDP(G)	314045.40	518942.10
第一产业产值(G1)	33702.00	52373.60
第二产业产值(G2)	149003.40	235162.00
第三产业产值(G3)	131340.00	231406.50
浙江生产总值(ZG)	21462.69	34665.33
第一产业产值(ZG1)	1095.96	1667.88
第二产业产值(ZG2)	11567.42	17316.32
第三产业产值(ZG3)	8799.31	15681.13
交通运输、仓储和邮政业(G31)	843.20	1278.91
信息传输、计算机服务和软件业(G32)	482.28	918.63
批发和零售业(G33)	1899.02	3684.34
住宿和餐饮业(G34)	388.01	655.74
金融业(G35)	1653.45	2762.24

续表

	2008 年	2012 年
房地产业(G36)	1052.03	1927.93
租赁和商务服务业(G37)	338.74	657.61
科学研究、技术服务和地质勘查业(G38)	182.85	345.16
水利、环境和公共设施管理业(G39)	77.25	161.61
居民服务和其他服务业(G310)	266.11	472.9
教育(G311)	523.63	877.64
卫生、社会保障和社会福利业(G312)	294.18	589.94
文化、体育和娱乐业(G313)	121.99	254.15
公共管理和社会组织(G314)	676.56	1094.33

资料来源:《中国统计年鉴》和《浙江统计年鉴》。

按照以上偏离份额法计算的主要结果见表 2 和表 3。

表 2　浙江 GDP 和第一、二、三产业按偏离份额分析法计算的结果　　（单位:亿元）

	2008 年	2012 年	N_{ij}	S_{ij}	C_{ij}	$S_{ij}+C_{ij}$
浙江 GDP	21462.69	34665.33	497479.41	−2112.41	−690.60	−2803.01
浙江第一产业	1095.96	1667.88	25403.04	−107.87	−35.26	−143.13
浙江第二产业	11567.42	17316.32	268118.92	−858.42	−939.76	−1798.18
浙江第三产业	8799.31	15681.13	203957.45	963.05	177.72	1140.77

表 3　浙江第三产业 14 行业按偏离份额分析法计算的结果　　（单位:亿元）

	2008 年	2012 年	N_{ij}	S_{ij}	C_{ij}	$S_{ij}+C_{ij}$
交通运输、仓储和邮政业(G31)	843.20	1278.91	518.69	140.77	−223.75	−82.98
信息传输、计算机服务和软件业(G32)	482.28	918.63	296.67	80.51	59.17	139.68
批发和零售业(G33)	1899.02	3684.34	1168.17	317.03	300.12	617.15
住宿和餐饮业(G34)	388.01	655.74	238.68	64.78	−35.73	29.05
金融业(G35)	1653.45	2762.24	1017.11	276.03	−184.35	91.68
房地产业(G36)	1052.03	1927.93	647.15	175.63	53.12	228.75
租赁和商务服务业(G37)	338.74	657.61	208.37	56.55	53.95	110.50
科学研究、技术服务和地质勘查业(G38)	182.85	345.16	112.48	30.53	19.31	49.84
水利、环境和公共设施管理业(G39)	77.25	161.61	47.52	12.9	23.94	36.84
居民服务和其他服务业(G310)	266.11	472.90	163.7	44.43	−1.33	43.10
教育(G311)	523.63	877.64	322.11	87.42	−55.51	31.91
卫生、社会保障和社会福利业(G312)	294.18	589.94	180.96	49.11	65.69	114.80
文化、体育和娱乐业(G313)	121.99	254.15	75.04	20.37	36.75	57.12
公共管理和社会组织(G314)	676.56	1094.33	416.18	112.95	−111.36	1.59

从表 2 的数据可知,浙江省的生产总值和第一、二、三产业产值不断增长(同步增长分量均为正)。但是浙江 GDP 及第一、二产业的结构分量和竞争力分量为负,总偏离量分别达到－2803.01 亿元、－143.13 亿元和－1798.18 亿元,导致浙江省的生产总值和第一、二产业产值的增长速度低于全国的平均值。实际上,在 2008—2012 年期间,中国的 GDP 增长率是 65.24%,第一、二、三产业产值的增长率分别是 55.40%、57.82%和76.19%,而浙江的生产总值和第一、二、三产业产值的增长率分别是 61.19%、52.18%、49.70%和78.21%。从结构分量来说,浙江第一、二产业经过了高速扩张期,增长率放缓了,低于了全国的平均增速,而且竞争力下降,说明浙江的先发优势已经失去。与第一、二产业的情况相反,第三产业产值的增长率高于全国平均的增长率,且产业结构分量与竞争力分量均为正,表明浙江第三产业在结构上和竞争力上都处于优势。

浙江服务业中的 14 个行业的同步增长分量、结构分量和竞争力分量的分析结果显示同步增长分量和结构分量均为正;竞争力分量为正的有 8 个,分别为信息传输、计算机服务和软件业,批发和零售业,房地产业,租赁和商务服务业,科学研究、技术服务和地质勘查业,水利、环境和公共设施管理业,卫生、社会保障和社会福利业,文化、体育和娱乐业。竞争力分量为负的有 6 个,分别为交通运输、仓储和邮政业,住宿和餐饮业,金融业,居民服务和其他服务业,教育,公共管理和社会组织。总偏离量为负的只有一个,即交通运输、仓储和邮政业。

三、结论

浙江原有的发展方式受到了空间的限制,开始转型升级。转型升级的关键是提高全要素效率,也就是要从要素驱动向提高全要素效率驱动发展,而促进现代服务是提高全要素效率的转型的必要方式。从 2008—2012 年的数据分析可以得出一些结论:

(1)浙江的经济发展方式已经开始了转型升级,三个产业的结构发生了变化。第一产业产值继续增长,但其 GDP 占比继续下降;第二产业产值仍占据经济的主导地位,占比最大,但第二产业发展的增速趋缓,产值的占比下降;第三产业(服务业)的发展很快,且增速开始加大,产值的占比上升。

(2)浙江经济发展转型升级刚起步,转型升级的路途还很长。从第三产业的产值占GDP 的比重来看,浙江第三产业的产值只占 GDP 的 41%,与发达国家的 60%以上相比,浙江服务业发展的空间仍很大,所以,还要继续发展现代服务业。

(3)按照新兴古典经济学理论,服务业的发展是社会分工不断深化的结果,所以经济的社会专业化和协助化的程度提高得越快,与此相应的服务业的发展也会越快。但交易费用是影响分工,从而阻碍现代服务业发展的制约因素。为此,要发展现代服务业就要提高交易效率,放松规制,深化社会分工。

(4)服务业发展与分工演进是互为因果的关系。斯密定理指出,市场的范围决定分工程度。服务业的核心部门是流通服务业,如商业、金融、交通、信息、物流等,都是通过建立市场网络来提供服务的,服务业将分割的市场在空间和时间上连接起来。上述分析显示浙江服务业中的交通运输、仓储和邮政业,金融业,居民服务和其他服务业,教育,公共管理和社会组织的竞争力分量为负,特别是交通运输、仓储和邮政业的总偏离量为负,说明这些行业竞争力弱,亟待不断发展。

参考文献

[1] Rostow W W. The Stage of Economic Growth. Cambridge:Cambridge University Press,1960.

[2] 西蒙·库兹涅兹. 现代经济增长. 北京:经济科学出版社,1982.

[3] 杨小凯,张永生. 新兴古典经济学与超边际分析. 北京:社会科学文献出版社,2003.

[4] 杜国荣. 现代服务业发展动力研究. 河南工程学院学报(社会科学版),2011(3):13—16.

[5] 李佳川,刘见. 基于新兴古典经济学的服务经济与产业分工的关联分析. 平顶山学院学报,2013(4):75—78.

商业银行供应链金融服务风险的影响因素研究

娄淑珍　　闫怡瑾

（浙江树人大学管理学院　杭州　310015）

（支付宝(中国)网络技术有限公司　杭州　310013）

【内容摘要】　供应链金融是连接银行、供应链节点企业、中间机构的资金通路。相对于传统信贷业务而言,由于参与主体众多、操作流程复杂、涉及面广,商业银行面临着更大的供应链金融风险。因此,探究供应链金融风险控制的影响因素具有重大现实意义。本研究将商业银行供应链金融风险控制的影响因素作为研究对象,通过文献梳理,提出基本假设与模型,对杭州、宁波、上海、兰州地区有代表性的 7 家商业银行信贷业务部的供应链金融从业人员(约 350 人)进行问卷调查,运用信度效度检验、描述性统计、相关性分析、方差分析、回归分析等统计分析方法逐步验证假设。研究结果显示:①基于客户层面、中介机构层面、银行层面的影响因素与风险控制均存在正向相关;②客户层面的三因素对供应链金融的风险控制影响力不相上下;③中介机构层面对于供应链金融的风险控制存在一定影响,但是影响力较弱;④银行层面的三因素对于供应链金融的风险控制影响最大,其中贷中审查占最大比重。最后针对各层面影响因素为商业银行进行供应链金融的风险控制提出对策与建议。

【关键词】　供应链金融　风险控制　商业银行　影响因素

近年来,国家技术条件和经济环境在不断发展,供应链金融业务是商业银行的重要利润增长点,市场竞争也演变成各供应链间的竞争。供应链金融业务的出现促进了供应链企业间的合作,带来了参与主体的多方共赢,整合了物流、资金流、信息流,突破了以产品为中心的传统贸易融资模式,依靠对企业融资行为的创造性诠释,供应链金融成了银行的新宠。但是在国内,供应链金融作为新生事物,发展不过数年时间,银行大多都还停留在业务探索和试行阶段,市场份额也远低于传统授信,而且还存在诸如法律制度、商业银行组织架构、监管政策等多方面条件不完善的制约,因而风险控制是业务开展的主要着眼点。而供应链金融涉及的主体及影响因素十分复杂,供应链金融对风险控制的能力要求更高。本文以商业银行的供应链金融风险为研究对象,按照参与主体从客户层面提出信用状况、供应链质押物、信息共享度与风险控制的假设关系,从中介机构层面提出监管力度、内部约束与风险控制的假设关系,从银行层面提出贷前甄别、贷中审查、贷后监督与风险控制的假设关系,据此构建研究框架。根据问卷调查的数据,运用信度效度检验、描述性统计、相关性分析、方差分析、回归分析等统计分析方法逐步验证假设,探讨如何有效控制业务风险,进而为商业银行拓展供应链金融业务提供理论指导。

一、文献梳理与模型构建

(一)供应链金融风险的研究

杨晏忠(2007)认为供应链金融风险是在融资过程中产品的实际收益受到各种不确定因素的影响而与预期收益发生偏离。商业银行内在的脆弱性是风险产生的理论根源,供应链金融业务的特点构成了供应链金融业务特殊的风险起因。石汉祥(2003)认为银行信贷风险的成因主要来自内外两部分,内部因素有银行的风险管理能力、内部员工素质、企业文化等,外部因素有国家政策、市场环境等。乐佳超、谭建伟(2008)提到供应链金融业务尚未普及,潜在的风险是一个重要的影响因素;胡跃飞、黄少卿(2009)认为供应链金融要把控每一环节上的风险,因此操作起来比较复杂;熊熊等(2009)指出供应链金融改变了传统的单一的财务报表静态分析,通过对资金流、物流的动态控制将主体评级和债项评级融合在风险评价体系中,更加注重各种资源在整条供应链上的把控。刘士宁(2007)指出要想顺利拓展供应链金融业务,就要在每个参与方层面做好风险控制工作。

(二)供应链金融风险的影响因素研究

章文燕(2011)提出操作风险的影响因素来自制度、人员、系统、社会等多方面。涂妍妍(2007)运用信息经济学进行了国有银行信用风险的成因分析。Buzacott and Zhang(2004)考虑企业效益来选择具体的供应链金融模式,定量分析了行业指标对信贷业务风险的影响,率先将资产质押运用到生产决策中;Gupta and Dutta(2011)建立了整数规划模型,研究了如何有效控制整条供应链上的资金流通;Guillen et al.(2007)建立了一个供应链金融的实证模型,并证明这种融资方式可以提高企业效益;尹海丹(2009)提出不同的操作模式有不同的供应链金融风险控制点,并有针对性地提出了防范措施,并在此基础上进一步研究风险因子和风险评价方法。在这一方面,汪守国(2009)进行了突破性研究,是少有的定量研究,采取了层次分析法将风险因子划分为核心企业风险、合作风险以及供应商风险。

服务经济与管理 评论

表 1　风险管理方面的研究成果

研究内容	代表性文献	研究现状
风险识别	高能斌(2008); 冯净生(2009); 李毅学(2011)	将供应链金融风险分为系统风险和非系统风险,前者分为宏观风险、供应链风险、行业风险;后者分为信用风险、操作风险、变现风险
风险度量	Guillen(2007); 王春峰,等(1999); 张浩(2008); 胡海清,等(2011); 白少布(2009); 熊熊,等(2009); 马中华、何娟(2008); 陈钦、施丽娟(2014); 于辉,等(2014)	介绍的风险评估方法:财务风险评估方法、神经网络法、专家判别法、模糊综合评价法、主体评级、债项评级、Logistic 回归分析 列举的风险模型:Z-Score 模型、Credit Metrics 模型、KMV 模型、Credit Risk＋模型、Credit Portfolio View 模型
风险控制	Ritchie and Brindley(2007); 陶凌云,等(2009); 黄秋萍,等(2014)	提出了风险控制的要素;整合信息流的重要性;融资信用的保障等

资料来源:根据相关文献整理。

依据客户、中介机构、银行三个层面提出相关假设如下:

H1a:供应链参与企业的信用状况的优化对风险控制有正向影响。

H1b:供应链质押物的选择对风险控制有正向影响。

H1c:供应链上的信息共享程度对风险控制有正向影响。

H2a:中介机构的供应链监管力度对风险控制有正向影响。

H2b:中介机构的内部约束力对风险控制有正向影响。

H3a:银行进行有针对性的贷前风险甄别对风险控制有正向影响。

H3b:银行及时进行贷中审查对风险控制有正向影响。

H3c:银行贷后监控能力对风险控制有正向影响。

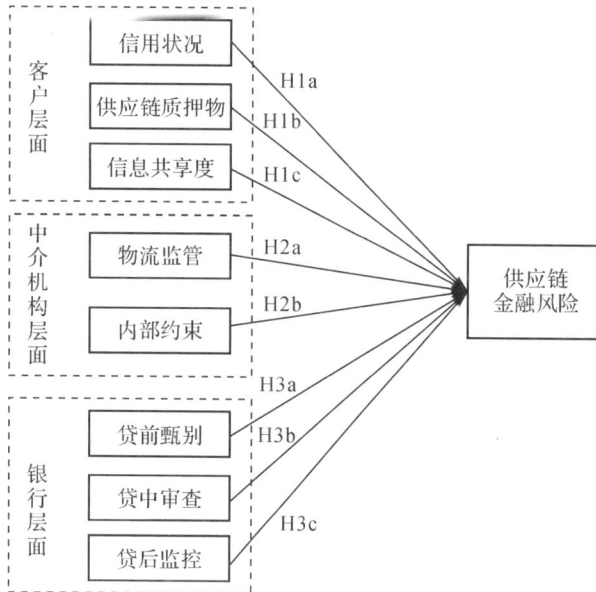

图 1　研究模型

二、研究设计

(一)变量描述

本文采用的是问卷调查法,根据文献梳理的每个层面的影响因素分别确立变量,设计了这一问卷搜集数据。考虑到商业银行对问题的敏感程度,本文采用封闭式问卷,便于调查对象从自身角度出发清楚作答。问卷采用李克特五点量表对变量打分,分数与态度呈正方向记分。非常不同意得"1"分,不同意得"2"分,不确定得"3"分,同意得"4"分,十分同意得"5"分。分数越高,表明测试人对题项的评价越高。

表 2   测量变量及问题项设计

测量目标	测量因素	题项
客户层面	信用状况	A11 本行更愿意与行业内水平较好的供应链企业建立稳定交易关系
		A12 本行可以通过了解融资企业的财务状况更好地判断其还款能力(常用财务指标:存货周转率、销售利润率、流动比率、增长率等)
		A13 本行可以通过核心企业的状况更好地预测融资企业的还款能力
	供应链质押物	A21 本行会考虑质押物的价格稳定性
		A22 本行会考虑质押物的变现能力
		A23 本行会考虑质押物的易损程度
	信息共享	A31 我认为银企之间的信息传递真实有效
		A32 我认为银企之间有畅通的信息反馈渠道
中介机构	物流监管	B11 日常经营中,中介机构会对生产过程进行监督
		B12 物流企业拥有对质押物进行监督的便利条件
	内部约束	B21 中介机构可以采用一定的控制手段预防融资企业的违约行为(如对物流、资金流、信息流的控制,对销售渠道的控制)
		B22 中介机构可以通过奖(如价格优惠)惩(如限制订单规模)措施控制融资企业的行为
银行层面	贷前甄别	C11 本行有健全的综合授信评估体系
		C12 本行经常能有效识别出可能发生风险的类别
	贷中审查	C21 本行有专门的风险管理部门进行定期的风险评估
		C22 本行能够针对每一类型的风险提出风险反应方案(规避风险、减少风险、共担风险、接受风险)
	贷后监控	C31 本行不存在未经正常业务流程的信贷审批
		C32 本行有标准的定期内部报告制度

续表

测量 目标	测量 因素	题项
金融 风险 供应链	违约 贷款率	Y1 与同行业相比,本行能够更快地识别风险发生的可能性
		Y2 与同行业相比,本行的贷款违约率更低
	违约 损失率	Y3 与同行业相比,本行能更准确地度量出可能造成损失的大小
		Y4 与同行业相比,本行的贷款损失率更低

(二)样本选取

本研究主要以商业银行为调查对象,调查样本主要来源于杭州、宁波、上海、兰州的国有银行、股份制银行、城市商业银行、信用合作社等不同性质的商业银行,主要包括中国农业银行、招商银行、交通银行等 7 家银行。在商业银行信贷业务部中从事、接触及了解供应链金融业务的工作人员约 350 人对调查问卷假设的各题项分别进行打分。本研究共发放问卷 350 份,回收的问卷为 306 份,回收率为 87.4%,其中有效问卷 242 份,有效率为 79.1%。

三、实证分析与结果讨论

(一)样本的信度和效度分析

本文运用 SPSS 19.0 对问卷数据进行处理,由表 3 可以看到,该问卷信度良好。

表 3　样本的信度分析

构念	Cronbach's α	题项数
客户层面	0.881	7
中介层面	0.862	4
银行层面	0.895	5
风险控制	0.920	4
总体样本	0.937	20

本文大样本效度检验依然运用因子分析法中的 KMO 样本检验、Bartlett's 球形检验以及观察主因子解释总变异量的百分比来进行问卷的效度检验,结果见表 4 和表 5。

表 4　KMO 及 Bartlett's 检验

KMO 和 Bartlett's 检验		
取样足够度的 Kaiser-Meyer-Olkin 度量		0.885
Bartlett's 球形度检验	近似卡方	1636.726
	Df	190
	Sig.	0.000

表5　总方差分解表

成分	初始特征值			提取平方和载入			旋转平方和载入		
	合计	方差的 %	累积 %	合计	方差的 %	累积 %	合计	方差的 %	累积 %
1	9.422	47.109	47.109	9.422	47.109	47.109	5.058	25.289	25.289
2	2.095	10.477	57.586	2.095	10.477	57.586	4.510	22.549	47.838
3	1.878	9.391	66.977	1.878	9.391	66.977	3.828	10.887	58.725
4	1.032	5.325	72.302	1.032	5.325	72.302	3.147	13.577	72.302

解释的总方差

问卷的 KMO 值为 0.885,高于 0.7,表明适合做因子分析。并且 Bartlett's 球形检验卡方统计值的显著性概率为 0,小于 0.01,表示相关系数矩阵不是一个单位矩阵。同时,主因子解释总变异量的百分比为 72.302%,大于 70%。因此,问卷具有良好的结构效度。

(二)相关分析

由表6可知,客户层面的因素与供应链金融风险控制的相关性都显著,即信用状况、供应链质押物、信息共享的显著水平都达到了 0.01。其中,信用状况的显著性水平最高,与风险控制的相关系数达到 0.446,相关性最大;供应链质押物与供应链金融风险控制的相关系数为 0.379;信息共享与风险控制的相关系数则达到 0.424。

表6　变量相关性分析(客户层面)

		信用状况	供应链质押物	信息共享	风险控制
信用状况	Pearson 相关性	1			
	显著性(双侧)		0.000		
供应链质押物	Pearson 相关性	0.660	1		
	显著性(双侧)	0.000		0.000	
信息共享	Pearson 相关性	0.487	0.472	1	
	显著性(双侧)	0.000	0.000		
风险控制	Pearson 相关性	0.446	0.379	0.424	1
	显著性(双侧)	0.000	0.000	0.000	

由表7可知,中介机构层面的因素与供应链金融风险控制的相关性都显著,即物流监管、内部约束的显著水平都达到了 0.01。其中,内部约束的显著性水平略高,与风险控制的相关系数达到 0.400,相关性较大;物流监管与风险控制的相关系数为 0.364。

服务经济与管理 评论

表 7　变量相关性分析(中介机构层面)

		物流监管	内部约束	风险控制
物流监管	Pearson 相关性	1		
	显著性(双侧)		0.000	
内部约束	Pearson 相关性	0.816	1	
	显著性(双侧)	0.000		
风险控制	Pearson 相关性	0.364	0.400	1
	显著性(双侧)	0.000	0.000	

由表 8 可知,银行层面的因素与供应链金融风险控制的相关性都显著。其中,贷前甄别的显著性水平最高,与风险控制的相关系数达到 0.524,相关性最大;贷中审查与风险控制的相关系数为 0.501;贷后监控与风险控制的相关系数则达到 0.506。客户层面、中介机构层面和银行层面共 8 个因素都与因变量供应链金融的风险控制之间存在相关性。

表 8　变量相关性分析(银行层面)

		贷前甄别	贷中审查	贷后监控	风险控制
贷前甄别	Pearson 相关性	1			
	显著性(双侧)		0.000		
贷中审查	Pearson 相关性	0.786	1		
	显著性(双侧)	0.000		0.000	
贷后监控	Pearson 相关性	0.611	0.696	1	
	显著性(双侧)	0.000	0.000		0.000
风险控制	Pearson 相关性	0.524	0.501	0.506	1
	显著性(双侧)	0.000	0.000	0.000	

(三)控制变量单因素方差分析

为进一步分析控制变量(宏观经济状况)对供应链金融风险控制的影响,本文通过单因子方差分析来探讨控制变量对各变量是否存在显著差异。分析显示了 F 统计检验结果及 Scheffe 法多重比较分析结果(见表 9)。

表 9　控制变量单因素方差分析

		信用状况	供应链质押物	信息共享	物流监管	内部约束	贷前甄别	贷中审查	贷后监控	风险控制
宏观经济状况	F 值	0.631	1.277	1.835	1.620	2.733	3.746	3.425	1.761	3.689
	P	0.597	0.286	0.145	0.189	0.047	0.013	0.020	0.159	0.014
	比较					1>2,3>1,4>3	1>3,3>2	1>3>2		1>2

注:显著性水平为 0.05(1 指 GDP 增长率;2 指通货膨胀率;3 指基准利率;4 指其他)。

从表 9 可以看出,宏观经济状况对供应链金融风险控制的影响在 0.05 水平上存在显著差异,说明商业银行供应链金融风险控制受到了宏观经济状况的影响。宏观经济状况与信用状况、供应链质押物、信息共享、物流监管、贷后监控之间不存在显著性差异,即受宏观经济状况的影响不显著。而中介机构的内部约束、银行的贷前甄别、贷中审查与宏观经济状况之间存在显著性差异。对于贷前甄别和贷中审查,GDP 增长率的影响>基准利率>通货膨胀率,但是同时也有大部分人认为尚有其他因素对其产生影响,且影响力很大。

(四)回归分析

1. 回归分析的三大问题检验

(1)客户层面,皆符合标准,见表 10。

表 10   多重共线性检验(客户层面)

共线性诊断[a]							
模型	维数	特征值	条件索引	方差比例			
				(常量)	信用状况	供应链质押物	信息共享
1	1	3.949	1.000	0.00	0.00	0.00	0.00
	2	0.032	11.083	0.10	0.01	0.02	0.92
	3	0.012	18.441	0.79	0.05	0.42	0.07
	4	0.011	23.790	0.11	0.93	0.56	0.01

a. 因变量:风险控制。

(2)中介机构层面,皆符合标准,见表 11。

表 11   多重共线性检验(中介机构层面)

共线性诊断[a]						
模型	维数	特征值	条件索引	方差比例		
				(常量)	物流监管	内部约束
1	1	2.963	1.000	0.00	0.00	0.00
	2	0.029	10.183	0.94	0.15	0.05
	3	0.016	18.861	0.06	0.85	0.95

a. 因变量:风险控制。

(3)银行层面,皆符合标准,见表 12。

表 12　多重共线性检验(银行层面)

共线性诊断[a]

模型	维数	特征值	条件索引	方差比例			
				（常量）	贷前甄别	贷中审查	贷后监控
1	1	3.970	1.000	0.00	0.00	0.00	0.00
	2	0.015	16.144	0.91	0.02	0.10	0.04
	3	0.012	20.154	0.00	0.23	0.05	0.86
	4	0.010	28.487	0.09	0.75	0.84	0.10

a. 因变量:风险控制。

本研究中,各阶段回归模型中的 DW 值分别接近于 2,模型中不存在序列相关问题。进行回归分析得出的散点图大体呈无序状态,不存在异方差问题。

2. 客户层面与供应链金融风险控制的回归分析

回归模型以客户层面三个维度为自变量,以供应链金融风险控制为因变量,分析了客户层面的三个维度与风险控制之间的关系,见表 13。客户层面的信用状况、供应链质押物以及信息共享与供应链金融风险控制有显著关系,显著性水平分别为 0.022、0.021 和 0.010,均小于 0.05,表明假设 H1a、H1b 和 H1c 成立。

表 13　客户层面与供应链金融风险控制的回归分析

系数[a]

模型		非标准化系数		标准系数	t	Sig.	判定系数	共线性统计量	
		B	标准误差	试用版			R^2	容差	VIF
1	（常量）	1.809	0.432		4.184	0.000	0.259		
	信用状况	0.291	0.125	0.268	2.330	0.022		0.524	1.908
	供应链质押物	0.218	0.112	0.226	2.732	0.021		0.532	1.871
	信息共享	0.179	0.069	0.255	2.609	0.010		0.723	1.383

a. 因变量:风险控制。

3. 中介层面与供应链金融风险控制的回归分析

回归模型以供应链金融风险控制为因变量,以中介机构层面的两个维度为自变量构建了回归模型,结果见表 14。中介机构层面的内部约束与供应链金融风险控制有显著关系,回归系数达到 0.309,并且显著性水平小于 0.05,表明假设 H2b 成立。物流监管对供应链金融风险的回归系数为正,这说明回归结果与研究假设提出的方向一致,但是并不显著,这说明假设 H2a 并不成立。

表 14　中介层面与供应链金融风险控制的回归分析

模型		非标准化系数		标准系数	t	Sig.	判定系数	共线性统计量	
		B	标准误差	试用版			R^2	容差	VIF
1	（常量）	2.853	0.299		9.533	0.000	0.164		
	物流监管	0.084	0.116	0.111	0.731	0.466		0.335	2.989
	内部约束	0.256	0.126	0.309	2.034	0.044		0.335	2.989

a. 因变量：风险控制。

4. 银行层面与供应链金融风险控制的回归分析

回归模型以供应链金融风险控制为因变量，以银行层面三维度为自变量，结果见表15。贷前甄别、贷中审查以及贷后监控与金融风险控制均有显著关系，回归系数分别为0.295、0.351和0.268，并且显著性水平都小于0.05，表明假设H3a、H3b和H3c成立。

表 15　银行层面因素与供应链金融风险的回归分析表

模型		非标准化系数		标准系数	t	Sig.	判定系数	共线性统计量	
		B	标准误差	试用版			R^2	容差	VIF
1	（常量）	1.370	0.393		3.482	0.001	0.332		
	贷前甄别	0.307	0.134	0.295	2.286	0.024		0.374	2.672
	贷中审查	0.381	0.132	0.351	2.452	0.015		0.308	3.247
	贷后监控	0.251	0.104	0.268	2.408	0.018		0.505	1.979

a. 因变量：风险控制。

四、结论与政策建议

（一）研究结论

本文提出的研究假设检验结果见表16。

表 16　假设验证结果

参与主体	研究假设	验证结果
客户层面	H1a:供应链参与企业信用优化对风险控制有正向影响	Y
	H1b:供应链质押物选择对风险控制有正向影响	Y
	H1c:供应链信息共享程度对风险控制有正向影响	Y

续表

参与主体	研究假设	验证结果
中介机构层面	H2a:中介机构监管力度对供应链金融风险控制有正向影响	N
	H2b:中介机构的内部约束力对风险控制有正向影响	Y
银行层面	H3a:银行贷前风险甄别对风险控制有正向影响	Y
	H3b:银行及时进行贷中审查对风险控制有正向影响	Y
	H3c:银行有力的贷后监控对风险控制有正向影响	Y

相关的研究结论,现总结如下:

(1)基于客户层面、中介机构层面、银行层面三个维度的风险控制影响因素分析框架是现实可行的。假设模型的研究结果表明,客户层面的信用状况、供应链质押物、信息共享,中介机构层面的内部约束,银行层面的贷前甄别、贷中审查、贷后监控,这七个自变量对供应链金融的风险控制有正向影响。

(2)客户层面的三因素对供应链金融的风险控制影响力不相上下。客户层面的变量因素在授信环节中具有极强的针对性,故对供应链金融的风险控制存在一定影响。

(3)中介机构层面对于供应链金融的风险控制有一定影响,但是影响力较弱。中介机构存在一定的独立性,但是第三方内部的监管能力与内部管理会间接影响银行对供应链金融风险的控制,因此也是不容忽视的一个层面。

(4)银行层面的三因素对于供应链金融的风险控制影响最大,其中贷中审查占最大比重。贷中审查是风险控制的直接手段与表现形式,本论文研究的风险控制主要在贷中审查阶段得以体现,贷前甄别对风险控制的影响力次之,贷后监督也对风险控制有一定的影响力。

(二)政策建议

(1)协助政府稳定国家宏观环境,以培育良好的信用环境与法制环境。一方面,协助政府营造公正的法制环境。为了有效地控制供应链金融的风险,一定要全面认识当下所处的宏观经济状况,熟悉国家宏观调控政策,积极应对市场竞争;另一方面,构建一个综合服务网络平台,将银行服务平台与政府监督平台相结合以培育良好的信誉环境。

(2)加强对客户层的监管力度。第一,尽量在授信合同中明确供应链企业各方的权利义务,降低法律风险。在业务开展过程中,银行应该规范授信合同,明确各方的权利义务,降低法律风险。第二,针对质押物,建立灵活快速的市场商品信息收集和反馈体系,规避产品市场风险。银行应该建立销售情况、价格变化趋势的监控机制以控制市场风险。第三,及时跟踪供应链交易,保证资金的安全性和收益性。

(3)建立中介机构合作和评估体系,规范动态监管机制。建立规范化的动态监管机制,防范供应链的金融风险。实施远程监控与现场监管相结合的监管方式,收集综合类、行业类商品价格信息,根据供应链的结构、环境等分析风险因素,运用各种风险控制工具区分风险类别,对潜在的损失进行识别、衡量和分析,以最小成本、最优组合对风险进行有效规避、实时监控,以保证供应链金融的安全。

(4)针对自身授信阶段制定相应策略。贷前阶段,组建专业的供应链融资操作队伍。银行应该引进人才建立一支覆盖前、中、后台的专业化队伍,并且通过在职培训等方式开展有针对性的学习,提升从业人员的业务素质。另外,要注意在实际工作中不断总结、积累经验,密切关注市场动态,完善对供应链融资的风险管理,增强风险识别能力。贷中阶段,创建独立的风险管理体系,审慎选择给予授信的供应链群,逐步构建完善的供应链金融风险评估模型。贷后阶段,建立应急处理机制,强化内部控制以防止操作风险,优化业务流程以提高业务处理效率。

参考文献

[1] Cebenoyan A S, Strahan P E. Risk management, capital structure and lending at banks. Journal of Banking & Finance, 2004, 28(1):19-43.

[2] Guillen G, Badell M, Puigjaner L. A holistic framework for short-term supply chain management integrating production and corporate financial planning. International Journal of Production Economics, 2007, 106(1):288-306.

[3] Gupta S, Dutta K. Modeling of financial supply chain. European Journal of Operational Research, 2011, 21(1):47-56.

[4] Buzacott J A, Zhang R Q. Inventory management with asset-based financing. Management Science, 2004, 50(9):1274-1292.

[5] 胡海青,张琅,张道宏,等.基于支持向量机的供应链金融信用风险评信研究.软科学,2011,25(5).

[6] 李毅学.供应链金融风险评估.中央财经大学学报,2011(10):36—41.

[7] 熊熊,马佳,赵文杰,等.供应链金融模式下的信用风险评价.南开管理评论,2009,12(4):92—98.

[8] 张浩.基于供应链金融的中小企业信用评级模型研究.东南大学学报(哲学社会科学版),2008(S2).

[9] 石汉祥.论国有商业银行的信贷风险管理.武汉大学学报(社会科学版),2003(1):13.

[10] 胡跃飞.供应链金融——极富潜力的全新领域.中国金融,2007(22):38—39.

[11] 杨晏忠.论商业银行供应链金融的风险防范.金融论坛,2007(10):42—45.

[12] 张纯,吕伟.信息披露、市场关注与融资约束.会计研究,2007(11):32—38.

[13] 马中华,何娟.物流企业参与下的库存质押融资中的委托代理问题研究.中国管理科学,2008(16):455—459.

[14] 陈钦,施丽娟.基于 Logistic 模型的供应链金融信用风险实证研究.重庆工商大学学报(自然科学版),2014(7):14—20.

[15] 于辉,刘鹏飞,孙彩虹.信息可信与贷款利率确定问题的供应链鲁棒模型分析.中国管理科学,2014(8):64—71.

[16] 黄秋萍,赵先德,杨君豪,梁超杰.供应商关系管理中的金融关系行为研究.南开管理评论,2014(4):66—77.

区域金融服务体系运行效率研究：以浙江为例[①]

吴婵君　　黄玉英

（浙江树人大学浙江省现代服务业研究中心　　杭州　　310015）

【内容摘要】　一个地区的金融发展水平、金融服务体系的运行效率将对经济增长产生深远影响。本研究以区域金融服务体系运行效率为研究对象，构建了区域金融服务体系运行效率的评价模型，以浙江为例，以北京、上海、广东、江苏四个地区作为比较，评价浙江金融服务体系的运行效率，并分析浙江金融服务体系存在的问题，提出了优化对策。这对研究区域金融服务体系运行效率、提升区域金融发展水平，推动区域经济增长具有较大的现实意义。

【关键词】　区域金融服务体系　　运行效率　　浙江　　伴随性

金融发展有利于长期经济增长（周立，2002），而金融体系的资金运用及金融深度又与经济正相关，是经济增长的根本原因（周波，2007）。R. I. Mckinnon（1973）研究指出金融市场的扭曲造成了资本利用效率低下，抑制了经济增长。国内外学者的研究普遍表明，一个地区的金融发展水平、金融体系的运行效率将对其经济增长产生深远影响。因此，本研究以区域金融服务体系运行效率为研究对象，界定概念、整理研究综述，并构建区域金融服务体系运行效率的评价模型，以浙江为例，以北京、上海、广东、江苏四个地区作为比较，评价浙江金融服务体系的运行效率，并分析浙江金融服务体系存在的问题，提出优化对策。这对研究区域金融服务体系运行效率、提升区域金融发展水平，推动区域经济增长具有较大的现实意义。

---

①　**【基金项目】**本文为浙江省哲学社会科学规划项目（12JCGL18YB）、浙江省重点学科"应用经济学"学科重点课题（YYJJX2013ZD03）阶段性研究成果。

一、相关概念界定

(一)区域金融服务体系的概念

刘雪莲和王丹红(2008)指出区域金融服务体系是该地区资金融通关系的总和,包括融资主体、融资机构体系、融资渠道、融资方式、融资价格形成机制及相关法律规则、政策和宏观调控机制。与传统金融体系的概念相比,区域金融服务体系更侧重伴随性、服务性的功能,即指以服务某地区实体经济和产业为核心导向的一种金融服务体系(樊燕和蔡亮,2013),是某一地区资金融通关系的总和,应该包括:资金供需主体、中介机构和监管机构、资金均衡价格形成机制、相关政策法规和监管机制等。浙江是民营企业众多的经济大省,其金融体系与北京、上海等地区"金融主导型模式"的金融体系不同,是一种伴随性、服务性的金融服务体系。

(二)金融服务体系运行效率的概念

金融服务体系运行效率中的"效率"采用萨谬尔森的观点,是指最有效地使用社会资源以满足人类的愿望和需求,而如何使经济资源产生的效用满足程度最大化,是效率问题的核心(罗斯基,1993)。因此,金融服务体系的运行效率,就是指金融服务体系使用金融资源实现其承担社会经济职能的好坏与实际效果。根据金融对经济的影响,这些社会经济职能应该包括稳定经济、发展经济、控制风险和优化金融资源配置这四大职能(谢平,2001)。评价这些职能的实现效果需要从金融服务体系自身、金融生态环境及资源配置效率这三个方面进行评价。

二、金融服务体系运行效率研究综述

目前,大多学者主要从某一方面来研究金融服务体系的运行。钟伟、钟根元(2006)运用PS法研究金融服务体系的稳定性,王颖(2012)、潘阳春(2012)也对金融服务体系的稳定性进行了研究,高志勇(2009)、朱敏(2011)、段军山(2012)研究了金融服务体系的脆弱性。也有部分学者对金融服务体系运行效率进行了比较综合的评价与探讨,沈军(2009)、樊燕和蔡亮(2013)构建了金融服务体系效率的综合评价指标体系,包括反映金融结构、金融脆弱性、金融生态等;袁云峰和曹旭华(2007)测算了金融服务体系的配置效率;郭艳玲(2013)对县域金融服务体系的运行效率进行了研究。纵观现有的研究,虽取得了一定的成就,但对金融服务体系运行效率的评价仍缺乏系统性与全面性,也没有专门针对以促进"区域实体经济增长"为目标的伴随性金融服务体系运行效率的研究。可见,从金融服务体系自身、金融生态环境及资源配置效率(含促进实体经济增长)等方面出发,综合、系统、全面地评价金融服务体系的运行效率至关重要。

三、区域金融服务体系运行效率评价模型构建

(一)模型构建和指标选取

区域金融服务体系更侧重伴随性,该体系运行效率的评价模型必须从伴随性金融的特性出发,即以服务和促进区域实体经济增长为原则来选取评价指标。考虑到备选指标之间可能存在相关性,本文运用 Saaty(1979)提出的网络分析法(ANP),构建一个综合的多层次的区域金融服务体系运行效率评价模型。根据区域金融服务体系运行效率评价的特点,各项指标分为三层:区域金融服务体系运行效率作为目标层 A;金融服务体系自身、金融生态环境和资源配置效率评价作为控制层 B,B 为决策准则,相互独立;网络层 C 由所有受控制层支配的指标组成,内部结构互相影响。

为了使评价更准确,在选择网络层指标时,采用了定量指标和定性指标相结合的方法。金融服务体系的自身评价主要从规模、完善性、创新性、安全性出发选取了 4 个一级指标,其中规模(B_1)包括总体规模和分业规模,选取了金融发展规模(C_{11})、银行业规模(C_{12})、上市公司规模(C_{13})、保险业规模(C_{14})作为二级指标,完善性(B_2)主要从市场体系(C_{21})、组织体系(C_{22})、产品体系(C_{23})、监管体系(C_{24})这四方面的完善性来评价,创新性(B_3)主要从机构创新(C_{31})、产品创新(C_{32})、体制创新(C_{33})三方面来评价,安全性(B_4)评价选取金融市场风险(C_{42})、银行业风险(C_{42})、证券公司风险(C_{43})、基金公司风险(C_{44})、保险业风险(C_{45})作为二级指标。金融生态环境(B_5)评价选择金融法律制度(C_{51})、社会信用水平(C_{52})、金融人才指标(C_{53})和产业活力(C_{54})作为二级指标。资源配置效率评价指标的选取至关重要,直接决定了区域金融服务体系运行效率的高低,本文选取了吸储效率(C_{61})、储蓄投资转化效率(C_{62})、资本投资效率(C_{63})、保险业服务效率(C_{64})、协调度(C_{65})这些二级指标来反映效率性指标(B_6)。具体见表1。

表 1　区域金融服务体系运行效率评价指标体系

评价内容	一级指标 B	二级指标 C	具体衡量标准
金融服务体系的自身评价	规模指标 B_1	金融发展规模 C_{11}	金融相关比率(金融资产总量/GDP)
		银行业规模 C_{12}	银行数目/人口总数、年存款总额/GDP、年贷款总额/GDP
		上市公司规模 C_{13}	地区内上市公司数量与市值
		保险业规模 C_{14}	保险公司数目、保险保费收入
	完善性指标 B_2	金融市场体系 C_{21}	层次性、各子市场发展的平衡性情况
		金融组织体系 C_{22}	金融机构是否门类齐全
		金融产品体系 C_{23}	金融产品多样化程度
		金融监管体系 C_{24}	是否存在与地区内金融市场、机构和产品等相应的监管机构以及监管条令

评价内容	一级指标 B	二级指标 C	具体衡量标准
金融服务体系的自身评价	创新性指标 B_3	金融机构创新 C_{31}	"本土化"金融机构种类与数目
		金融产品创新 C_{32}	产品多样化程度、衍生品数目与种类
		监管体制创新 C_{33}	监管机制灵活性、适宜性
	安全性指标 B_4	金融市场风险 C_{41}	系统性风险大小、金融体系稳定性
		银行业风险 C_{42}	参照中国银监会发布的商业银行主要监管指标中的风险指标设定
		证券公司风险 C_{43}	净资本/各项风险资本准备之和、净资本/净资产、净资本/负债、净资产/负债、操作风险
		基金公司风险 C_{44}	风险准备金比例、操作风险
		保险业风险 C_{45}	最低偿付能力指标、资产负债率、流动比率、所有者权益风险率指标、不良资产率指标、操作风险
金融生态环境	生态环境指标 B_5	金融法律制度 C_{51}	完善性、国际化程度
		社会信用水平 C_{52}	金融机构、地区企业以及个人信用水平
		金融人才指标 C_{53}	财经类重点院校数目、博士以上学历金融人才数目
		产业活力 C_{54}	优势产业发展水平及其与金融市场的连通程度
资源配置效率	效率性指标 B_6	吸储效率 C_{61}	人均储蓄存款增加额/人均可支配收入
		储蓄投资转化效率 C_{62}	金融体系贷款增加额/存款增加额
		资本投资效率 C_{63}	行业固定资产增加值/行业增加值、上市公司总市值/金融资产总量
		保险业服务效率 C_{64}	地区内保险机构总体赔付比例
		协调度 C_{65}	金融发展水平和速度与实体经济协调程度

其中,$B_2(C_{21},C_{22},C_{23},C_{24})$,$B_3(C_{31},C_{32},C_{33})$,$B_4(C_{41},C_{43},C_{44})$,$B_5(C_{51},C_{52},C_{53},C_{54})$这 14 个难以量化的定性指标主要采用专家打分进行模糊评价。其余计算定量指标的原始数据主要收集自《中国统计年鉴》《中国金融年鉴》及近年的统计年报。

同时,为减少样本间差异,B_1 和 B_6 下的二级指标(C_{63} 除外)均选取平均值与相对值进行衡量。C_{63} 采用许涤龙(2010)的方法,运用主成分分析法计算地区金融发展水平后,构建协调度模型,协调度的计算公式为:

$$D(f,e)=\sqrt{C\times T}$$

其中,

$$C(f,e)=\frac{gk(f)+gk(e)}{\left[\frac{g(f)+g(e)}{2}\right]},T(f,e)=\alpha g(f)+\beta g(e)$$

其中,$g(f)$、$g(e)$分别为经济发展综合因子和金融发展综合因子,k 取值为 2,$\alpha+\beta=1$,

采用因子分析法测算出两个变量的系数均为 0.5。协调发展度模型的约束条件为：最优极值为 1，最差极值为 0。

(二)权重的确定方法

首先以控制层元素为准则 B_i，网络层 C_{ij} 为次准则，比较网络层元素之间的影响度，构造判别矩阵。其次，利用 Super decision 软件求解各评价指标权重，并对矩阵的一致性进行检验。计算公式为：

$$CI=(\alpha_{max}-n)/(n-1)$$

其中，n 为判别矩阵的阶数，α_{max} 为判断矩阵的最大特征根。若 CI<0.1RI，则判别矩阵合理。

同时，对判别矩阵进行归一化处理，得到特征向量 $(W_{i1},W_{i2},\cdots,W_{in})^T$，构造为超矩阵；以控制层 B_i 为准则，对 B_i 下各组元素与准则 $C_{ij}(j=1,2,\cdots,n)$ 的重要性进行比较，得到加权矩阵；将加权矩阵与超矩阵相乘，得到加权超矩阵，并极限化处理加权超矩阵的乘幂，得到极限矩阵，即所有元素的最终权重值。

四、浙江金融服务体系运行效率评价

(一)指标计算

1. 可量化指标计算

通过对原始数据进行计算，控制层 B_1 下的网络层指标：金融发展规模(C_{11})、银行业规模(C_{12})、上市公司规模(C_{13})、保险业规模(C_{14})计算结果见表 2。为了便于比较，本文同时计算相关可比地区(江苏、广东、北京、上海)的指标。

表 2　规模指标

指标名称	计算公式	浙江	广东	江苏	北京	上海
金融发展规模 C_{11}	金融资产总量/GDP	3.64	3.02	2.40	7.16	5.18
银行业规模 C_{12}	银行数目/人口总数	2.35	1.49	1.53	1.82	1.50
	年存款总额/GDP	1.92	1.84	1.40	4.75	3.15
	年贷款总额/GDP	1.72	1.18	1.01	2.42	2.03
上市公司规模 C_{13}	地区内上市公司数量(家)	246.00	369.00	236.00	217.00	203.00
	地区内上市公司市值(万亿元)	1.52	3.53	1.30	9.31	2.60
保险业规模 C_{14}	保险公司数目(家)	115.00	100.00	94.00	141.00	128.00
	保险保费收入(亿元)	984.58	1692.12	1301.28	923.09	820.64

注：计算结果保留两位小数。

同理，控制层下的网络层指标银行业风险(C_{42})、保险业风险(C_{45})和控制层 B_6 下的网络层指标吸储效率(C_{61})、储蓄投资转化效率(C_{62})、资本投资效率(C_{63})、保险业服务效率(C_{64})、协调度(C_{65})计算结果见表3和表4。

表3 安全性指标

指标名称	浙江	广东	江苏	北京	上海
银行业风险(不良贷款率)C_{42}	0.0168	0.0093	0.0104	0.0059	0.0074
保险业风险(保险赔付率)C_{45}	0.3480	0.2866	0.2974	0.3100	0.3117

注:计算结果保留四位小数。

表4 效率性指标

指标名称	具体公式	浙江	广东	江苏	北京	上海
吸储效率 C_{61}	人均储蓄存款增加额/人均可支配收入	0.08	0.17	0.14	0.07	0.06
储蓄投资转化效率 C_{62}	金融体系贷款增加额/存款增加额	0.89	0.64	0.72	0.51	0.65
资本投资效率 C_{63}	行业固定资产增加值/行业增加值	0.12	0.16	0.15	0.27	0.18
	上市公司总市值/金融资产总量	0.12	0.21	0.10	0.73	0.25
保险业服务效率 C_{64}	地区保险机构总体赔付比例(%)	34.80	28.66	29.74	31.00	31.17
协调度 C_{65}	金融与实体经济协调程度	0.85	0.88	0.84	0.92	0.95

注:计算结果保留两位小数,协调度按许涤龙(2010)提出的协调度模型进行计算。

2. 难以量化的指标计算

如前所述,B_2(C_{21},C_{22},C_{23},C_{24}),B_3(C_{31},C_{32},C_{33}),B_4(C_{41},C_{43},C_{44}),B_5(C_{51},C_{52},C_{53},C_{54})这14个难以量化的定性指标主要采用专家打分进行模糊评价,打分赋值规则为:安全性指标 B_4(C_{41},C_{43},C_{44})为反向指标,设高、中、低三个等级,每个等级对应区间为小于0.6、0.6~0.8、大于0.8;其余指标均为正向指标,设定优、良、差三个等级,对应分值区间为大于0.8、0.6~0.8、小于0.6。为了便于比较,本研究邀请了来自不同领域(金融业界、高校等)及不同地区(浙江、北京、上海、江苏、广东等地)的21位专家,对浙江、广东、江苏、上海、北京五个地区金融服务体系的运行效率进行了评价,评价结果见表5。

表5 各地区金融服务体系运行效率评分

指标	浙江	广东	江苏	北京	上海
金融市场体系 C_{21}	0.67	0.68	0.61	0.78	0.83
金融组织体系 C_{22}	0.72	0.69	0.63	0.83	0.86
金融产品体系 C_{23}	0.71	0.77	0.72	0.74	0.82
金融监管体系 C_{24}	0.71	0.73	0.64	0.78	0.74
金融机构创新 C_{31}	0.68	0.68	0.65	0.77	0.74
金融产品创新 C_{32}	0.75	0.82	0.72	0.80	0.74
监管体制创新 C_{33}	0.67	0.75	0.65	0.69	0.72
金融市场风险 C_{41}	0.72	0.74	0.72	0.79	0.77

服务经济与管理 *评论*

续表

指标	浙江	广东	江苏	北京	上海
证券公司风险 C_{43}	0.75	0.76	0.73	0.75	0.79
基金公司风险 C_{44}	0.75	0.70	0.67	0.73	0.79
金融法律制度 C_{51}	0.74	0.73	0.71	0.78	0.76
社会信用水平 C_{52}	0.65	0.70	0.65	0.75	0.79
金融人才指标 C_{53}	0.73	0.68	0.65	0.75	0.80
产业活力 C_{54}	0.77	0.71	0.66	0.76	0.78

注:计算结果保留两位小数。

(二)权数的确定

以 B_1,B_2,$\cdots$,B_6 为准则,C_{11},C_{12},$\cdots$,C_{65} 为次准则,构造判别矩阵。利用 Super decision 软件对矩阵一致性进行检验。由于 CI<0.1RI,判别矩阵合理。同时,对判别矩阵进行归一化处理,构造为超矩阵。在进行专家模糊评价时,上述 21 位专家以控制层 B_i 为准则,对 B_i 下各组元素 C_{ij}($i=1,2,\cdots,6,j=1,2,\cdots,5$)对准则的重要性进行比较,得到加权矩阵;将加权矩阵与超矩阵相乘,得到加权超矩阵权重值及极限矩阵权重值。结果见表 6。

表 6   区域金融服务体系运行效率评价指标权重值

控制层 B	网络层 C	加权超矩阵权重值	极限矩阵权重值
规模指标 B_1	金融发展规模 C_{11}	0.1113	0.0818
	银行业规模 C_{12}	0.0639	0.0533
	上市公司规模 C_{13}	0.0511	0.0570
	保险业规模 C_{14}	0.0274	0.0545
完善性指标 B_2	金融市场体系 C_{21}	0.0699	0.0277
	金融组织体系 C_{22}	0.0410	0.0573
	金融产品体系 C_{23}	0.0410	0.0487
	金融监管体系 C_{24}	0.0248	0.0431
创新性指标 B_3	金融机构创新 C_{31}	0.0430	0.0444
	金融产品创新 C_{32}	0.0492	0.0278
	监管体制创新 C_{33}	0.0188	0.0389
安全性指标 B_4	金融市场风险 C_{41}	0.0618	0.0578
	银行业风险 C_{42}	0.0401	0.0351
	证券公司风险 C_{43}	0.0193	0.0307
	基金公司风险 C_{44}	0.0180	0.0279
	保险业风险 C_{45}	0.0193	0.0267

续表

控制层 B	网络层 C	加权超矩阵权重值	极限矩阵权重值
生态环境指标 B_5	金融法律制度 C_{51}	0.0172	0.0203
	社会信用水平 C_{52}	0.0232	0.0152
	金融人才指标 C_{53}	0.0127	0.0123
	产业活力 C_{54}	0.0091	0.0145
效率性指标 B_6	吸储效率 C_{61}	0.0877	0.0766
	储蓄投资转化效率 C_{62}	0.0231	0.0323
	资本投资效率 C_{63}	0.0570	0.0448
	保险业服务效率 C_{64}	0.0132	0.0145
	协调度 C_{65}	0.0565	0.0572

注:为保持计算结果的精确性,保留四位小数。

将表2~5中各指标的数值按表6的权重进行加权,四舍五入后得到各地区金融体系运行效率的最终得分,见表7。

表7 地区金融服务体系绩效评价表

地区	浙江	广东	江苏	北京	上海
金融服务体系运行效率	0.71	0.82	0.73	0.79	0.72

从表7可以看出,从横向比较来看,浙江省金融体系运行效率低于广东、北京、江苏、上海等地。

五、研究结论与对策

(一)研究结论

研究显示,浙江省金融服务体系的运行效率低于广东、北京、江苏、上海等地。虽然北京、上海是金融主导型的金融服务体系,其可比性受到限制,但浙江与广东、江苏等伴随性金融服务体系相比也明显偏低。究其原因,主要包括以下三方面:

1. 金融服务体系自身

就规模比较来看,浙江无论是金融资产总体规模还是银行业规模均优于广东和江苏,但上市公司规模和保险业规模较小。体系的完善性比较,浙江的金融市场的评分优于江苏,金融组织的评分优于广东和江苏,但金融产品的评分低于广东和江苏,金融监管的评分虽稍高于江苏,但低于广东。在整个金融服务体系的创新方面,金融产品和监管体制的创新落后于广东。整个金融服务体系的风险,无论是银行业风险还是保险业风险均高于广东、江苏,特别是银行业,银行的不良贷款率在五个地区中浙江最高。

2. 金融生态环境

总体而言,浙江金融生态环境与北京、上海等金融主导型城市相比还存在一定的差距,但优于广东和江苏,具体表现在金融法律制度、金融人才和产业活力三方面。在社会信用水平方面,浙江与北京、上海相比差距明显,与广东也存在一定差距。

3. 资源配置效率

作为伴随性金融服务体系,浙江金融与实体经济的协调度稍低于广东、优于江苏,但三个地区的差距不大。从整个区域金融服务体系的资源配置效率来看,浙江的吸储效率明显低于广东和江苏,但储蓄投资转化效率较高,弥补了吸储效率不足的缺陷。但由于资本投资效率偏低,影响了金融资源的配置效率。从金融业的分业经营情况来看,浙江保险业的服务效率较高,优于其他四个地区,但银行业和证券公司的金融资源配置效率有待提高。

(二) 对策

1. 促进金融产品和金融监管体制的创新

浙江的金融服务体系是伴随性的金融服务体系,它的特性就是服务实体经济,促进实体经济发展。浙江的实体经济以制造业为主,多以中小制造业企业形式存在。浙江金融服务体系金融产品和监管体制的创新也应为中小企业融资服务,如创新投资基金产品和信托产品。目前,浙江设有科技型中小企业创业投资引导基金、科技型中小企业技术创新基金,这些基金的受众面仅限于科技型中小企业,受众面较广的有浙商产业投资基金等,但现有的基金产品还不能满足广大中小企业的融资需求。可考虑根据浙江产业集群的特点,设立专门的有针对性的产业投资基金产品或信托产品,以提升资本投资效率。

2. 加大风险控制力度

同样是伴随性金融服务体系,浙江金融服务体系的风险,无论是银行业风险、保险业风险还是证券公司风险均高于广东、江苏,银行业的风险尤其明显。银行、证券公司、基金公司、信托公司及保险公司等资金提供方所面临的风险主要可以分为三种:第一种是环境风险,这种风险是客观存在的,超出了资金提供方的控制范围;第二种风险是资金供需双方信息不对称和评估方法缺陷所带来的风险;第三种风险是道德风险。后两种风险是资金提供方控制的重点。例如:资金供给方应加大事前筛选项目的强度,这样可挑选更多高成功率的项目,减少低成功率项目的入选机会,提高项目履约的可能性,降低事后审查成本和抑制风险的产生。同时利用好大数据时代背景,尽快打造综合征信平台,切实破解信息不对称问题引发的风险。

3. 提升社会信用水平

浙江社会信用水平与北京、上海相比差距明显,与广东也存在一定差距。这与浙江是中小企业大省,也是小微企业大省有关。基于此,首先应打造促进企业和个人提升信用水平的社会文化环境,使企业和个人努力提升自身的征信水平。其次,创造条件,增强浙江中小微企业的自身实力,拓宽其融资渠道。第三,加强社会信用体系建设。浙江早在 2002 年就提出"信用浙江"建设,以企业为突破口带动社会信用体系的全面建设,但该体系仍存在信息不完善、信息征集和共享机制缺乏、征信服务市场机制缺乏等问题,应尽快予以改进和完善,防止对区域金融生态环境产生不利影响。

4. 提高金融资源配置效率

浙江的储蓄投资转化效率优于其他四个地区,但资本投资效率却偏低,银行的不良贷款率位于五地区之首。提高资本投资效率、提升金融资源的配置效率是目前浙江金融服务体系要解决的首要问题。这就要求银行和基金、信托等投资公司提高项目的评估水平,建立完善、有效的项目收益和风险评估体系。在提供资金时,不能仅简单地关注抵押物的价值,必须对项目的收益和风险进行客观有效的评估。

参考文献

[1] Saaty T L, Vargas L G. Estimating technological coefficients by the analytic hierarchy process. Socio-Economic Planning Sciences,1979,13(6):333-336.

[2] 刘雪莲,王丹红. 黑龙江省农村金融服务体系宏观经济效率分析.哈尔滨师范大学自然科学学报,2008(4):44—46.

[3] 高志勇.美国金融体系脆弱性的测度与分析.亚太经济,2009(4):2.

[4] 沈军.金融体系效率的综合指标体系构建.统计与决策,2009(10):129—130.

[5] 袁云峰,曹旭华.金融发展与经济增长效率的关系实证研究.统计研究,2007(5):6.

[6] 樊燕,蔡亮.海南伴随金融体系运行效率评价.海南大学学报(人文社会科学版),2013(7):115—123.

[7] 郭艳玲.县域金融发展、金融体系效率与县域经济增长——基于山东省91个县的实证研究.理论研究,2013(1):46—51.

[8] 赵志凌.上海、浙江、深圳社会信用体系建设模式及其启示.现代经济探讨,2007(10):45—49.

基于 DEA 方法的中小企业信贷前景分析[①]

——以浙江制造业为例

余舫笛　吴婵君

（杭州电子科技大学信息工程学院　杭州　310018）

（浙江树人大学浙江省现代服务业研究中心　杭州　310015）

【内容摘要】　中国企业尤其是中小企业的融资问题始终未能解决。商业银行认为给中小企业贷款存在很大风险而惜贷，但国外专门从事中小企业信贷的金融机构以及国内民间金融的主体能够长期存在并且盈利。可见用资产负债率判定企业偿债能力不够全面。应当认为：企业运用其资产创造价值的效率越高，则对其放贷的风险就越小，反之则风险越大。用 DEA 方法对浙江制造业 10 年的数据进行断面分析和历史分析的结果表明：中小企业信贷并不会给金融机构带来比大型企业信贷更大的风险。如果金融机构给予中小企业与大型企业同等待遇，将为金融机构本身和中小企业带来巨大利润，进而为经济社会发展做出更大贡献。

【关键词】　DEA　中小企业信贷

一、问题提出

在中国经济飞速发展的同时，中国企业尤其是中小企业的融资问题却始终未能解决。浙江省作为社会主义市场经济实践的先锋，中小企业融资难度比其他省份相对小。但是，2008 年在人民币升值、原材料价格上涨等一系列因素的共同作用下，许多企业都遭遇到了一定的困难，而其中中小企业由于规模小、可抵押的资产少而难以得到银行贷款支持，处境更加困难。目前一些地方政府采取的"抓大放小"政策，客观上必定形成排斥中小企业的局面。2011 年在沿海发达地区发生的因企业资金链断裂而引起企业高管集体出走等事件，再次突显企业融资难问题。

---

①　**【基金项目】**浙江省哲学社会科学规划课题"经济转型期企业外部融资环境优化研究：以浙江为例"（12JCGL18YB）；浙江省重点学科"应用经济学"学科重点课题（YYJJX2013ZD03）。

各级政府认识到中小企业发展的重要性和巨大潜力,制定了若干支持中小企业发展的信贷政策,并再三要求各大商业银行加强和改进对中小企业的金融服务。这些措施和政策的确在一定程度上缓解了部分中小企业的融资难问题,但受到诸多因素的限制,其融资难问题并未得到根本解决。商业银行对中小企业惜贷的原因主要在于规避风险,即认为相比大企业,向中小企业放贷有更大的风险。

但与此形成鲜明对照的是,国外中小企业信贷有许多成功的经验,中小企业融资已经不再成为问题。

美国对中小企业的贷款援助以贷款担保形式为主,美国中小企业局(SBA)的主要任务就是以担保方式诱使银行向中小企业提供贷款。法国政府十分重视中小企业发展,专门成立了独立于一般商业银行的金融机构,解决中小企业融资难问题,比如国家控股的法国中小企业发展银行。日本对中小企业的贷款援助以政府设立的专门的金融机构为主,它们向中小企业提供低于市场 2～3 个百分点的较长期的优惠贷款。日本政府还设立"信用保证协会"和"中小企业信用公库"为中小企业从民间银行所借信贷提供担保。

此外,浙江等中国沿海发达地区的民间金融长期以来十分活跃,规模巨大的民间资本为地方经济的发展起到了非常重要的作用。

那么,为什么国外专门从事中小企业信贷的金融机构以及国内民间金融的主体能够长期存在并且盈利呢?

二、理论回顾

金融活动主体在判定放贷风险时,主要的依据是放贷对象的偿债能力。判定企业偿债能力最常用的指标是其资产负债率,即总负债在总资产中的占比。但资产负债率指标完全不考虑企业的经营活动和经营绩效,因而以此作为判定标准,这是不全面的。实践中,中小企业通过信用担保机构向银行贷款时,要向担保机构支付担保费。我国实务中担保机构采用的担保定价方法主要是经验法,也称专家评估法,一般是按某一固定比率收取担保费,通常是担保额的 1％～3％。这种方法依赖评估人员的经验,主观性比较强,缺乏科学性。为解决这一问题,一些学者试图通过建立信用担保定价模型,从不同角度对担保定价方法展开探索研究,力求逼近真实价值,使其更加准确与有效。其中,陈晓红(2005)、钟田丽和尉玉芬(2008)基于 VaR 模型的信用担保定价方法更具合理性。

VaR 是指一定置信水平下和一定目标期间内的预期最大损失,可以分为绝对 VaR 和相对 VaR。绝对 VaR 是相对于 0 的损失,与期望值无关:

$$VaR(绝对) = W_0 - W^* = W_0 - W_0 \times (1 + R^*) = -W_0 R^* = -W_0(c\sigma + \mu)$$

其中,W_0 为某一资产的初始价值,R^* 为资产最低收益率($R^* < 0$),μ 为在目标期间内资产的平均收益率,c 为标准正态偏差,σ 为资产价值波动率,W^* 是该资产期末的最低价值。

相对 VaR 是资产收益率期望值或均值的损失:

$$VaR(相对) = E(W) - W^* = -W_0(R^* - \mu) = -W_0 c\sigma$$

在考虑两期债务风险的情况下,假设参数 σ 以年为基础,时间间隔为 T(单位是年），T 期相对 VaR 的公式如下：

$$\mathrm{VaR}_T = W_0(R^* - \mu) = -\sqrt{T}W_0 c\sigma$$

不论上述哪一种 VaR 模型都支持这样的观点：代表风险的 VaR 值与资产的价值（原值）和该资产的收益能力呈反相关关系。进一步引申，企业运用其资产创造价值的效率越高，则对其放贷的风险就越小，反之则风险越大。

三、浙江制造业中小企业资产效率分析

鉴于上述判断，对中小企业资产效率进行客观评价十分必要。本文对浙江制造业的相关数据进行分析，应当具有代表性。以下选取浙江 1999—2008 年的数据（见表 1）用 DEA 方法分析大型企业、中型企业和小型企业的资产效率。采用这 10 年的数据，出于以下原因：第一，意在避免全球金融危机爆发后的特定环境因素可能造成的偏差。采用宏观统计数据进行分析，意在将中小企业作为整体进行评价，更接近金融活动主体面对整个中小企业市场的现实。第二，2009 年和 2011 年统计部门对相关统计指标做出了调整，采用调整前的数据进行统计分析才具有意义。

数据分析分为三个步骤：第一，同一时间点大型企业、中型企业和小型企业之间的资产效率比较，由此判定中小企业与大型企业资产效率的高低，解决可比性问题；第二，分别对大型企业、中型企业和小型企业的 10 年数据做包络分析，考察其发展状况及趋势；第三，对全球金融危机爆发后的情况做专门的考察分析，对 2009 年以后年份大型企业、中型企业和小型企业工业总产值进行比较分析。

表 1　浙江省 1999—2008 年资产数据　　　　　　　　　　（单位：亿元）

年份	固定资产净值年平均余额			流动资产年平均余额			工业总产值			利税总额		
	大型企业	中型企业	小型企业	大型企业	中型企业	小型企业	大型企业	中型企业	小型企业	大型企业	中型企业	小型企业
1999	861.68	472.76	1016.78	871.03	547.28	1395.74	1335.92	956.51	2899.13	205.54	83.71	233.14
2000	1005.22	461.96	1157.45	961.88	561.18	1684.69	1649.88	1086.27	3867.50	239.51	114.55	333.01
2001	1068.05	479.43	1404.93	1038.03	598.70	2143.60	1700.83	1154.37	5027.26	280.89	129.62	444.04
2002	1039.79	510.95	1796.07	1055.74	655.92	2784.95	1939.07	1274.14	6565.84	322.14	146.06	615.43
2003	665.83	1486.50	1872.12	1103.83	2421.66	2463.33	2300.14	4903.18	5660.92	275.82	608.88	516.07
2004	772.22	2235.74	2533.72	885.85	3299.43	4145.49	2230.36	7100.47	9398.25	244.57	755.06	773.94
2005	879.71	2539.65	3098.95	1710.95	4040.87	4553.61	3803.69	8289.28	11013.79	337.74	805.97	812.21
2006	967.87	3162.55	3715.52	1921.42	5070.28	5661.54	4527.34	10778.96	13823.65	360.72	1049.66	983.49
2007	1686.44	3537.18	3748.81	2461.20	6298.99	7139.38	6820.05	13546.39	15707.49	591.66	1270.89	1143.36
2008	1946.98	3953.73	4537.88	2821.69	7429.71	8841.20	7399.10	15117.26	18315.74	456.44	1351.22	1193.94

数据来源：由浙江省统计局提供，笔者整理。

（一）大型企业、中型企业和小型企业资产效率比较

分别以大型企业、中型企业和小型企业作为 3 个决策单元（DMU）；以固定资产净值年平均余额和流动资产年平均余额为两个输入项；以工业总产值和利税总额为两个

输出项,分别代表对国民经济的贡献和对企业自身发展的贡献;采用 C^2R 模型,已经能够说明资产效率。表 2 为 2007 年的 DEA 结果,其他年份结果也类似。

由表 2 可知,3 个 DMU 均为 DEA 有效,且为技术有效。这表明浙江的中型企业和小型企业的资产效率与大型企业相当,即中小企业的实际经营绩效并不逊于大型企业。

(二)大型企业、中型企业和小型企业的历史比较

以年份为 DMU,仍以固定资产净值年平均余额和流动资产年平均余额为两个输入项,以工业总产值和利税总额为两个输出项,采用 C^2R 模型,考察三大类企业资产效率的历史变动。

表 3、表 4 和表 5 分别为大型企业、中型企业和小型企业的 DEA 结果。

由表 3、表 4 和表 5 可知,中小企业的资产效率与大型企业相比是稳定的,并且截至 2008 年,它们的资产效率总体上有向好趋势。图 1 则进一步显示中小企业历年的资产效率与大型企业是相当的,某些年份还优于大型企业。影响 2008 年小型企业效率的因素为投入不足,这与笔者调研得知金融危机全面爆发前,政府实施宏观调控的背景下浙江小型企业融资已经很困难的实际相吻合。

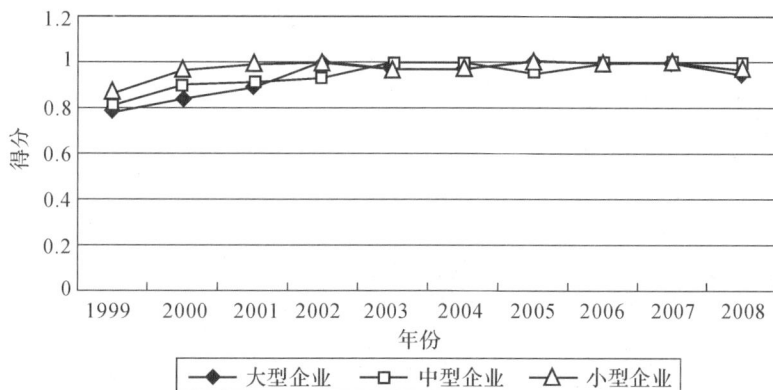

图 1　大型企业、中型企业和小型企业资产效率历史比较

(三)"后金融危机时期"状况考察

全球金融危机全面爆发后,浙江制造业受到一定的影响,但仍然保持了较好的发展势头。2009 年完成工业总产值,大型企业为 7348.65 亿元,同比下降 2.1%;中型企业为 14851.53 亿元,同比下降 0.7%;小型企业为 18835.12 亿元,同比增长 5.9%。2010 年完成工业总产值,大型企业为 9483.63 亿元,同比增长 29.05%;中型企业为 18906.70 亿元,同比增长 27.30%;小型企业为 23003.87 亿元,同比增长 22.13%。2011 年 1—10 月完成工业总产值,大型企业为 8177.02 亿元,同比增长 22.9%;中型企业为 13734.59 亿元,同比增长 20.3%;小型企业为 18135.72 亿元,同比增长 23.3%。

服务经济与管理 评论

表 2　2007 年大型企业、中型企业和小型企业资产效率比较

（单位：亿元）

决策单元	得分	固定资产净值年平均余额			流动资产年平均余额			工业总产值			利税总额		
		投入冗余值	产出不足值	投影值	投入冗余值	产出不足值	投影值	投入冗余值	产出不足值	投影值	投入冗余值	产出不足值	投影值
大型企业	1	-0	-0	1686.44	-0	-0	2461.20	0	0	6820.05	0	0	591.66
小型企业	1	-0	-0	3748.81	-0	-0	7139.38	0	0	15707.49	0	0	1143.36
中型企业	1	-0	-0	3537.18	-0	-0	6298.99	0	0	13546.39	0	0	1270.89

表 3　大型企业 10 年资产效率

（单位：亿元）

年份	得分	固定资产净值年平均余额			流动资产年平均余额			工业总产值			利税总额		
		投入冗余值	产出不足值	投影值	投入冗余值	产出不足值	投影值	投入冗余值	产出不足值	投影值	投入冗余值	产出不足值	投影值
1999	0.785952	-184.440	-16.044	661.195	-183.442	-0	684.588	0	0	1335.92	0	0	205.540
2000	0.840119	-160.716	-76.145	768.360	-153.786	-0	808.094	0	0	1649.88	0	0	239.510
2001	0.887904	-119.724	-41.909	906.417	-116.359	-0	921.671	0	0	1700.83	0	0	280.890
2002	1	-0	-0	1039.790	-0	-0	1055.740	0	0	1939.07	0	0	322.140
2003	1	-0	-0	665.830	-0	-0	1103.830	0	0	2300.14	0	0	275.820
2004	1	-0	-0	772.220	-0	-0	885.850	0	0	2230.36	0	0	244.570
2005	0.999506	-1.315	-0	878.395	-2.557	-46.269	1662.124	0	0	3803.69	0	0	337.740
2006	1	-0	-0	967.870	-0	-0	1921.420	0	0	4527.34	0	0	360.720
2007	1	-0	-0	1686.440	-0	-0	2461.200	0	0	6820.05	0	0	591.660
2008	0.946300	-104.552	-12.802	1829.626	-151.524	-0	2670.166	0	0	7399.10	0	185.454	641.894

表 4　中型企业 10 年资产效率

（单位：亿元）

年份	得分	固定资产净值年平均余额			流动资产年平均余额			工业总产值			利税总额		
		投入冗余值	产出不足值	投影值	投入冗余值	产出不足值	投影值	投入冗余值	产出不足值	投影值	投入冗余值	产出不足值	投影值
1999	0.812142	−88.812	−82.770	301.178	−102.811	−0	444.469	0	0	956.51	0	18.005	101.715
2000	0.899472	−46.440	−73.484	342.036	−56.415	−0	504.765	0	0	1086.27	0	0.963	115.513
2001	0.914736	−40.878	−79.576	358.976	−51.047	−0	547.653	0	0	1154.37	0	0	129.620
2002	0.929035	−36.26	−80.431	394.259	−46.548	−0	609.372	0	0	1274.14	0	0	146.060
2003	1	−0	−0	1486.500	−0	−0	2421.660	0	0	4903.18	0	0	608.880
2004	1	−0	−0	2235.740	−0	−0	3299.430	0	0	7100.47	0	0	755.060
2005	0.953496	−118.104	−0	2421.546	−187.917	−0	3852.953	0	0	8289.28	0	31.595	837.565
2006	0.988175	−37.397	−0	3125.153	−59.956	−0	5010.324	0	0	10778.96	0	33.945	1083.605
2007	1	−0	−0	3537.180	−0	−0	6298.990	0	0	13546.39	0	0	1270.890
2008	0.998389	−6.371	−0	3947.359	−11.971	−388.303	7029.435	0	0	15117.26	0	67.045	1418.265

表 5　小型企业 10 年资产效率

（单位：亿元）

年份	得分	固定资产净值年平均余额			流动资产年平均余额			工业总产值			利税总额		
		投入冗余值	产出不足值	投影值	投入冗余值	产出不足值	投影值	投入冗余值	产出不足值	投影值	投入冗余值	产出不足值	投影值
1999	0.863148	−139.148	−92.730	784.902	−191.009	−0	1204.731	0	0	2899.13	0	0	233.140
2000	0.962407	−43.512	−62.219	1051.719	−63.333	−0	1621.357	0	0	3867.50	0	0	333.010
2001	0.986555	−18.889	−16.583	1369.459	−28.820	−0	2114.780	0	0	5027.26	0	0	444.040
2002	1	−0	−0	1796.070	−0	−0	2784.950	0	0	6565.84	0	0	615.430
2003	0.970930	−54.423	−272.235	1545.462	−71.609	−0	2391.721	0	0	5660.92	0	0	516.070
2004	0.973410	−67.372	−116.048	2466.348	−110.229	−0	4035.261	0	0	9398.25	0	0	773.940
2005	0.994652	−16.573	−0	2966.329	−24.352	−0	4529.258	0	0	11013.79	0	0	812.210
2006	1	−0	−0	3715.520	−0	−0	5661.540	0	0	13823.65	0	0	983.490
2007	1	−0	−0	3748.810	−0	−0	7139.380	0	0	15707.49	0	0	1143.360
2008	0.963292	−166.575	−0	4371.305	−324.540	−191.776	8324.884	0	0	18315.74	0	139.276	1333.216

2009—2012 年浙江省大型企业、中型企业和小型企业工业总产值见表6。

表6 2009—2012 年浙江省大型企业、中型企业和小型企业工业总产值 （单位：亿元）

年份	工业总产值		
	大型企业	中型企业	小型企业
2009	7348.65	14851.53	18835.12
2010	9483.63	18906.70	23003.87
2011	17089.96	16961.51	22354.59
2012	15886.56	18522.53	24715.07

数据来源：浙江省统计局。

以上数据表明，这一时期中小企业的价值创造能力，仍然不逊于大型企业。

四、结论

通过分析，可以得出以下结论：

第一，将所有中小企业作为整体分析时，可以将企业的经营绩效具体为资本回收和价值创造的能力，并以此作为衡量标准，用 DEA 方法对大型企业、中型企业和小型企业的资产效率进行分析，研究发现中小企业整体信贷并不会给金融机构带来比大型企业信贷更大的风险。

第二，由于中小企业的整体规模远大于大型企业的整体规模，因此中小企业信贷具有广阔的前景。如果金融机构给予中小企业与大型企业同等待遇，将为金融机构本身和中小企业带来巨大利润，进而为经济社会发展做出更大贡献。

以上研究结论是以中小企业整体作为研究对象得出的。也就是说金融机构对中小企业整体信贷并不会承担比对大型企业整体信贷更大的风险。但从我国现实情况来看，由于金融体系发展不完善，单个金融机构与中小企业之间存在信息不对称的问题。不完全信息条件下，银企之间博弈的结果就是"逆向选择"和"道德风险"。这就使商业银行与中小企业在契约约束下进行资金借贷交易，具有相互转嫁成本而提高自身获利的可能性，商业银行为规避风险所采取的信贷配给对中小企业外源性贷款融资形成了硬性制约，将急需资金支持的中小企业拒之门外。美国的贷款担保、日本的信用公库等政策就是为解决这些问题专门制定的。信息不对称的消除，能使单个金融机构所面临的信贷风险约等于对中小企业整体放贷的风险，进而使中小企业信贷业务的收益得到充分体现。由此可见，建立健全信用体系和担保体系、完善金融体系建设是目前发展中小企业信贷、解决中小企业融资难问题的关键任务。

参考文献

[1] 王海.借鉴国外先进经验破解我国中小企业贷款难.金融时报,2012-2-1(5).

[2] Dietsch M,Petey J. The credit risk in SME loans portfolios:Modeling issues, pricing, and capital requirements. Journal of Banking & Finance,2002,26(2):303-322.

[3] 唐吉平,陈浩.信用贷款保险定价研究.金融研究,2004(10):77—83.

[4] 林昆辉,等.担保费的期权定价模型设计及实证研究.中南工业大学学报,2000,6(4):265—267.

[5] 陈晓红.基于 VaR 模型的信用担保定价方法.系统工程,2005(9):108—110.

[5] 钟田丽,尉玉芬.基于相对 VaR 的信用担保两期定价模型.运筹与管理,2008(2):142—145.

[7] 菲利普·乔瑞.风险价值 VAR.杨瑞琪,译.北京:中信出版社,2005.

[8] 王书贞.基于"银企博弈"视角的中小企业融资分析.南京大学学报,2007(6):132—138.

[9] Myers S C, Majluf N S. Corporate finance and investment decisions when firms have information that investors do not have. Journal of Finance Economics,1984,84(13):187-221.

腐败与税收增长:菲德模型的分析视角[①]

刘孝斌

（中共湖州市委党校经管教研室　湖州　313000）

【内容摘要】　本文将税收增长过程解读为税收的生产过程,引入菲德两部门模型建立分析腐败影响税收增长的理论框架,推导出两个回归方程,以检验腐败对税收增长的全部作用和扩散效应。以全国 30 个省级行政区 1978—2012 年的面板数据为样本,实证检验分税制改革前后,全国总体、东部地区、中部地区、西部地区腐败对税收增长的全部作用和扩散效应。结果显示:腐败对税收增长产生了显著的负向影响,并且分税制改革之后较之改革之前的负向影响程度更甚;腐败部门对其他部门的税收增长产生了显著的负向扩散效应,并且分税制改革之后的扩散效应较之分税制改革之前更为强劲;税收投入要素的边际税收产出相对差异在所有的样本中都为负,并且分税制改革之后较之分税制改革之前有扩大的趋势。

【关键词】　菲德模型　腐败　税收增长　分税制改革

一、引言

党的十八大以来,我国的反腐败形势进入一个新的历史阶段。新一代领导集体在不同的场合表达了惩治腐败的坚定决心,"腐败问题越演越烈,最终必然会亡党亡国"[②],"我们要坚定决心,有腐必反、有贪必肃,不断铲除腐败现象滋生蔓延的土壤,以实际成效取信于民"[③],"反腐败高压态势必须继续保持,坚持以零容忍态度惩治腐败"[④]。为了系统地防治腐败,中共中央在 2013 年印发了《建立健全惩治和预防腐败体

---

① 本文已发表在《江汉学术》2015 年第 1 期。

② 2012 年 11 月 17 日,习近平在十八届中共中央政治局第一次集体学习时的讲话(摘录)。

③ 2013 年 1 月 22 日,习近平在中国共产党第十八届中央纪律检查委员会第二次全体会议上的讲话(摘录)。

④ 2014 年 1 月 14 日,习近平在中国共产党第十八届中央纪律检查委员会第三次全体会议上的讲话(摘录)。

系 2013—2017 年工作规划》。腐败的巨大影响力、破坏力并非到今日才"显山露水"，而是自国家诞生之日起便已存在。人类的智慧在腐败和反腐败两个截然对立的维度上无限延伸。在经济继续高速前进，但是国家治理体系现代化刚刚启程的时代大背景下，腐败给中国带来的烦恼经历了长时间的累积后，迎来了井喷式的大爆发。从十八大到 2014 年 2 月 27 日，累计 22 位省部级高官落马[①]。省部级以下的官员被处理者不计其数。本文后面的实证检验结果证明：仅从税收增长的角度而论，腐败的抑制作用以及扩散效应均在时间维度上演绎了一条逐步恶化的轨迹。这预示着反腐高压时期的到来以及腐败案件的井喷是一种必然。本文在如此背景下探讨腐败对税收增长的影响既是解剖税收增长规律的理论需要，也是对腐败与反腐在当前时期呈现特殊变化的现实解释。

无疑，腐败会对整个社会的方方面面产生影响，涵盖政治、法律、经济等领域。例如在政治领域，Gabriella and Robert.（2002）、Sung（2004）、雷霆（2014）、龚蔚红和李虎（2012）对民主政治与腐败治理的关系图景进行了描摹；在法律领域，郭理蓉和孟祥微（2014）试图整合社会反腐机制和国家反腐机制，开辟一条能在社会和国家两个主体之间通行无碍的反腐机制，以更好地惩治腐败犯罪。

政治、法律归结为上层建筑，它们由经济基础决定，因此腐败对经济领域的影响才是所有领域中最根本和最核心的部分。腐败对经济的影响不是单向的、确定性的影响，这一点在许多学者的研究成果中得到了印证。Kaufman and Wei（1999）、Ali and Isse（2003）、Anoruo et al.（2005）研究认为腐败会给一国经济增长的轮胎装上减速带，使经济增长减速。Beenstock（1979）依据腐败的"黑箱特征"及其对市场缺陷的攻击得出推论：腐败导致经济效率的扭曲和损失。Hillman and Katz（1987）、Khan（1996）、Lien（1990）表达了同样的观点，但是他们据以得出"腐败导致经济效率损失"结论的依据有所不同，分别是寻租理论、新古典经济学、差别待遇模型。

腐败对经济发展的阻碍作用毋庸置疑，然而腐败与经济发展之间并非只有这一种单向的、确定性的关系。Lui（1985）通过"排队模型"论证了腐败对资源配置的正向激励功能。Egger and Winner（2005）认为如果腐败产生的收益（例如官员收入增加、企业因行贿而获得便利）大于腐败产生的成本（例如非行贿企业承受的损失），则腐败于经济发展有利。同时 Egger and Winner（2005）实证检验了自己的观点：腐败对 FDI 产生了促进作用。Leff（1964）、Huntington（1968）、Rock and Bonnett（2004）表达了类似的观点，被统称为"有效腐败论"。腐败与经济发展之间的不确定性关系体现最充分的研究方向是腐败与收入分配。Husted（1999）、王立勇等（2014）研究认为腐败与收入分配差距之间存在相互的因果关系，且这种因果关系并非只有 Gymiah（2002）、Rose（1978）、Porta et al.（1999）、Olken（2006）等学者发现的线性形式，Li et al.（2000）、Deininger and Squire（1996）等学者研究发现腐败与收入分配差距之间的关系还存在倒 U 型的非线性形式。

纵览现有的文献，虽然以腐败与经济发展为主题的文献以海量计，但是鲜见文献在

---

① 详情请参见中国网—中国政协：http://cppcc.china.com.cn/2014-02/27/content_31611710_6.htm。

腐败与经济发展的大框架下探讨腐败与税收增长的关系。腐败究竟会对税收增长产生怎样的影响？是直接影响还是间接影响？影响程度有多大？解答这一系列问题既可以在理论上完善腐败与经济发展的关系体系以及挖掘税收增长的深层次规律，还可以给反腐败新形势的出现提供现实溯源。

二、理论框架、样本与数据

税收增长的过程是一个类似于经济增长的过程，同样可以用生产函数来描述。将三次产业产值、企业盈利、税务部门的人力及物力等视为投入，将税收收入视为产出，生产函数描述的投入—产出过程在税收增长过程中得到完全体现（王德祥和李建军，2009；吕冰洋和李峰，2007；崔兴芳等，2006）。因此，我们将税收增长过程理解为税收的生产过程，投入要素为经济总量（影响税基）、企业盈利（影响税基）、税务部门税务人员总数（反映税收征管强度），分别用 G、P、S 来表示，产出为税收收入，用 Y 表示。同时考虑到两种情况：①腐败具有扩散效应[①]（Manski，2000；魏锋，2010；陈刚，2013），因而一个部门的腐败不但会影响本部门的税收，而且会影响其他部门的税收；②腐败部门与不存在腐败的部门之间会产生生产效率的差异（Shleifer and Vishny，1993；Beenstock，1979；Hillman and Katz，1987；Khan，1996；Lien，1990），因而腐败部门与不存在腐败的部门之间的税收也会产生差异[②]。菲德模型（Feder，1983）给我们提供了一个很好的分析工具。

（一）理论框架

菲德模型最初应用于分析出口对经济增长的作用，后来延伸到很多领域。该模型将整个社会划分为两个部门，分别建立生产函数，通过两个部门生产函数的联立对参数的外溢效应（我们称之为扩散效应）进行分析。遵循菲德模型的理论框架，我们将整个社会分成两个部门：腐败部门和不存在腐败的部门。两个部门的税收生产方程如下：

$$C = f(G_c, P_c, S_c) \tag{1}$$
$$T = h(G_t, P_t, S_t, C) \tag{2}$$

其中，C 表示腐败部门的税收，T 表示不存在腐败的部门的税收，G、P、S 是税收生产过程中的三种基本投入要素，即经济总量、企业盈利、税务部门税收人员总数，下标 c 表示腐败部门的要素投入，下标 t 表示不存在腐败的部门的要素投入。式（2）暗含的假设是：腐败部门的税收（C）会影响社会中其他部门的税收（T）。经济总量（G）、企业盈利（P）、税务部门税收人员总数（S）如下：

$$G = G_c + G_t \tag{3}$$
$$P = P_c + P_t \tag{4}$$

---

① 或者称之为传染效应、示范效应、邻居效应。
② 部门生产效率的差异导致部门之间的税基出现差异，进而导致税收的差异。

$$S = S_c + S_t \tag{5}$$

社会总税收(Y)等于两个部门税收之和:

$$Y = C + T \tag{6}$$

在菲德模型框架中,不同部门要素边际产出的相互关系如下:

$$\frac{f_g}{h_g} = \frac{f_p}{h_p} = \frac{f_s}{h_s} = 1 + \delta \tag{7}$$

其中,f_g、f_p、f_s 分别表示腐败部门经济总量、企业盈利、税务部门税收人员总数三种要素的边际产出,h_g、h_p、h_s 分别表示不存在腐败的部门的经济总量、企业盈利、税务部门税收人员总数三种要素的边际产出。δ 是腐败部门和不存在腐败的部门之间相对边际税收产出的差异,大于 0、小于 0、等于 0 都有可能。$\delta < 0$ 意味着腐败部门的边际税收产出比不存在腐败的部门的边际税收产出低。

联立式(1)至式(7),可以得出我们需要的回归方程:

$$\frac{dY}{Y} = \alpha\left(\frac{dG}{Y}\right) + \beta\left(\frac{dP}{P}\right) + \lambda\left(\frac{dS}{S}\right) + \gamma\left(\frac{dC}{C}\right)\left(\frac{C}{Y}\right) \tag{8}$$

其中,α 是不存在腐败的部门经济总量的边际税收产出(不存在腐败的部门的税收对经济总量的弹性),β 是不存在腐败的部门企业盈利的边际税收产出,λ 是不存在腐败的部门税务部门税收人员总数的边际税收产出。γ 涵盖了腐败对税收增长的所有影响(包括直接影响和扩散效应),$\gamma = \frac{\delta}{1+\delta} + h_c$,$\frac{dY}{Y}$、$\frac{dP}{P}$、$\frac{dC}{C}$ 分别表示总税收、企业盈利、腐败部门税收的增长率。$\frac{C}{Y}$ 是腐败部门税收占总税收的比重,dG 表示经济总量的增量。

式(8)中,γ 既涵盖了两个部门之间要素的边际税收产出的差异,也涵盖了腐败的扩散效应。为了对腐败的扩散效应和要素相对边际税收产出的差异(δ)进行分别估计,我们在菲德模型的框架里假设不存在腐败的部门的税收产出弹性不变,于是有:

$$T = h(G_t, P_t, S_t, C) = C_\psi^\theta(G_c, P_c, S_c) \tag{9}$$

式(9)中 θ 为腐败扩散效应的参数,对式(9)求导可得:

$$\frac{\partial T}{\partial C} = \theta\left(\frac{T}{C}\right) \tag{10}$$

联立式(8)、(9)、(10)可得:

$$\frac{dY}{Y} = \alpha\left(\frac{dG}{Y}\right) + \beta\left(\frac{dP}{P}\right) + \lambda\left(\frac{dS}{S}\right) + \left[\frac{\delta}{1+\delta} + \theta\left(\frac{T}{C}\right)\right]\left(\frac{dC}{C}\right)\left(\frac{C}{Y}\right) \tag{11}$$

对式(11)做进一步调整,可得:

$$\frac{dY}{Y} = \alpha\left(\frac{dG}{Y}\right) + \beta\left(\frac{dP}{P}\right) + \lambda\left(\frac{dS}{S}\right) + \left(\frac{\delta}{1+\delta} - \theta\right)\left(\frac{dC}{C}\right)\left(\frac{C}{Y}\right) + \theta\left(\frac{dC}{C}\right) \tag{12}$$

在式(8)和式(12)中加入常数项和误差项便可得到如下两个计量模型:

$$\left(\frac{dY}{Y}\right)_{it} = A + \alpha\left(\frac{dG}{Y}\right)_{it} + \beta\left(\frac{dP}{P}\right)_{it} + \lambda\left(\frac{dS}{S}\right)_{it} + \gamma\left[\left(\frac{dC}{C}\right)\left(\frac{C}{Y}\right)\right]_{it} + \varepsilon_{it} \tag{13}$$

$$\left(\frac{dY}{Y}\right)_{it} = A + \alpha\left(\frac{dG}{Y}\right)_{it} + \beta\left(\frac{dP}{P}\right)_{it} + \lambda\left(\frac{dS}{S}\right)_{it} + \chi\left[\left(\frac{dC}{C}\right)\left(\frac{C}{Y}\right)\right]_{it} + \theta\left(\frac{dC}{C}\right)_{it} + \varepsilon_{it} \tag{14}$$

其中，i 为截面，本文选取的截面变量为中国 30 个省级行政区（不包括西藏、香港、澳门、台湾[①]）。t 为时间，本文选取的时间变量为 1978—2012 年。A 为常数项，ε 为误差项，$\chi = \frac{\delta}{1+\delta} - \theta$。式（13）和式（14）即本文在菲德模型的理论框架下最终确定的用以进行实证检验的计量模型[②]。

（二）样本与数据

本文选取的样本为中国 30 个省级行政区 1978—2012 年的面板数据。数据来源于中国经济与社会发展统计数据库。Y 为各个地区的总税收，G 为各个地区的 GDP（进行平减处理，剔除价格因素的影响），dG 为各个地区当年的 GDP 增量，$\frac{dP}{P}$ 的取值为各个地区当年的企业盈利增长率（对企业盈利按照当年的消费价格指数进行平减处理，从而得到实际增长率），$\frac{dS}{S}$ 的取值为各个地区当年的税务部门税收人员总数的增长率。由于各类统计年鉴及数据库中并没有腐败部门税收的统计，对于 C 的取值我们采取的一个方法是：首先，估计各个地区的腐败程度（表达为一个比例的形式），然后用腐败程度作为划分腐败部门与不存在腐败的部门之间的界线，于是总税收乘以腐败程度的比例所得到的值可视为各地区腐败部门税收的估计值。对于腐败程度的估计，Mauro（1995）、Knack（2006）、Glaeser and Saks（2006）、Dincer and Gunalp（2008）、陈刚和李树（2010）、魏锋（2010）等学者已经做了探索，在综合比较的基础上，我们参照陈刚和李树（2010）的做法，用各地区每年的检察院立案侦查贪污受贿、渎职案件涉案人数与公职人员数之比作为腐败程度的衡量指标。总税收与腐败程度的乘积即各地区相应年份的腐败部门税收（即 C 值）。各变量的描述性统计见表 1。

表 1　各变量的描述性统计

变量	平均值	中位数	最大值	最小值	标准差	P 值	观测数
$\frac{dY}{Y}$	0.0963	0.0917	0.234	0.016	0.0112	0.0005	1020
$\frac{dG}{Y}$	0.9134	0.8736	3.1251	0.3527	0.0359	0.0138	1020
$\frac{dP}{P}$	0.1253	0.1362	0.2137	-0.0267	0.0416	0.0352	1020

---

　　① 西藏因为样本数据缺失严重，被排除在样本范围之外，香港、澳门、台湾因为经济体制不同于中国其他地区，也被排除。重庆在 1997 年直辖，1997 年之前的数据用四川省重庆市的数据代替。

　　② 必须承认，菲德模型存在一些缺陷：模型将整个社会简化为两个部门，不存在腐败的部门的税收既受本部门税收生产要素的影响，还受腐败部门税收的影响，因此模型暗含的假定"腐败部门对社会中其他部门的扩散效应在同一时间产生"，与现实情况存在差异。此外，模型假定不同地区的生产函数及生产函数中的参数相同，尤其是不同地区的 δ（相对边际税收产出差异）相同，这也与现实存在差距。为了弥补这些差距，我们选取时间段较长的面板数据进行估计。

续表

变量	平均值	中位数	最大值	最小值	标准差	P 值	观测数
$\dfrac{dS}{S}$	0.0217	0.0341	0.0724	-0.0136	0.0052	0.0037	1020
$\dfrac{dC}{C} \cdot \dfrac{C}{Y}$	0.00033	0.00043	0.0079	0.0012	0.0057	0.0394	1020
$\dfrac{dC}{C}$	0.1426	0.1568	0.3246	-0.0137	0.0276	0.0006	1020

数据来源:中国经济与社会发展统计数据库。

三、实证检验

(一)对式(13)的估计结果

为了全面分析腐败对税收增长的影响,我们将样本划分为四个子样本,即全国总体、东部地区、中部地区、西部地区,分两个时间段(1978—1993 年、1994—2012 年)进行实证检验。之所以划分为两个时间段,是考虑到 1994 年分税制实施是我国税收增长过程中一个重大的转折点。使用 Stata 12.0 软件进行计量分析得出的回归结果见表 2。

表 2　对式(13)的回归结果

因变量:$\dfrac{dY}{Y}$								
回归变量:	A	$\dfrac{dG}{Y}$	$\dfrac{dP}{P}$	$\dfrac{dS}{S}$	$\dfrac{dC}{C} \cdot \dfrac{C}{Y}$	R^2	F 检验	Hausman 检验
1978—1993 年 东部地区 (固定效应)	0.769** (0.027)	0.364*** (0.002)	0.537** (0.017)	0.072** (0.035)	−0.015** (0.041)	0.462	57.142	35.364
中部地区 (固定效应)	1.358*** (0.003)	0.327** (0.029)	0.436*** (0.009)	0.019** (0.046)	−0.036** (0.028)	0.351	62.752	32.887
西部地区 (固定效应)	0.368 (0.196)	0.135** (0.039)	0.628*** (0.008)	0.014 (0.261)	−0.043* (0.078)	0.149	24.184	14.527
全国总体 (固定效应)	2.365*** (0.007)	0.289** (0.019)	0.376*** (0.000)	0.061** (0.043)	−0.028*** (0.005)	0.548	74.365	68.974
1994—2012 年 东部地区 (固定效应)	0.039** (0.019)	0.427** (0.035)	0.729*** (0.000)	0.083** (0.022)	−0.027*** (0.006)	0.583	53.028	28.397
中部地区 (固定效应)	0.059** (0.046)	0.509*** (0.007)	0.596** (0.030)	0.028* (0.078)	−0.047** (0.032)	0.286	51.067	19.085
西部地区 (固定效应)	2.849** (0.021)	0.217 (0.008)	0.539 (0.041)	0.027* (0.057)	−0.089** (0.026)	0.385	16.397	16.038
全国总体 (固定效应)	1.395*** (0.006)	0.496** (0.024)	0.538** (0.011)	0.053*** (0.009)	−0.049** (0.016)	0.628	85.361	42.364

注:*、**、*** 分别表示在 10%、5%、1% 的显著性水平显著,()里的值为 P 值。

变量 $\dfrac{dC}{C}\cdot\dfrac{C}{Y}$ 的系数（γ）代表腐败对税收增长的全部作用,既包括要素边际税收产出的相对差异也包括腐败的扩散效应。γ 的经济含义是:在其他因素不变的条件下,腐败部门每增加一单位税收产出（C）,则总税收（Y）增加 γ 单位。如果 γ 的符号为负,则表示腐败部门的税收产出（C）会抑制总税收产出（Y）的增长。表 2 显示的实证检验结果有如下几点:

（1）无论是全国总体,还是东部地区、中部地区、西部地区,无论是 1978—1993 年,还是 1994—2012 年,γ 的估计值都为负,并且显著。这表明,腐败对税收增长产生了显著的抑制作用,这种抑制作用在不同时间段、不同地区表现出了一致性。仔细观察 γ 值还可以发现:西部地区的抑制作用最为明显,东部地区的抑制作用最轻微（两个时间段,西部地区 γ 的估计值分别为 -0.043、-0.089,东部地区 γ 的估计值分别为 -0.015、-0.027）。这表明在区域分布上,腐败对税收增长的抑制作用与经济发达程度呈反相关关系,经济越发达的区域,腐败对税收增长的抑制作用越小。此外,还可以进一步发现:在时间分布上,后一个时间段（1994—2012 年）腐败对税收增长的抑制作用明显比前一个时间段（1978—1993 年）强烈。前一个时间段,东部地区、中部地区、西部地区、全国总体的 γ 估计值分别为 -0.015、-0.036、-0.043、-0.028,后一个时间段东部地区、中部地区、西部地区、全国总体的 γ 估计值分别为 -0.027、-0.047、-0.089、-0.049。这个结果给我们发出了一个警示:腐败对税收增长、经济增长的危害正在不断发酵,整治腐败已经刻不容缓!

（2）在税收增长的要素投入中,企业盈利（$\dfrac{dP}{P}$）的弹性值最大,税务部门税收人员总数的弹性值最小,1978—1993 年东部地区、中部地区、西部地区、全国总体的 β 估计值分别为 0.537、0.436、0.628、0.376,1994—2012 年东部地区、中部地区、西部地区、全国总体的 β 估计值分别为 0.729、0.596、0.539、0.538。这个结果与现实情况相符:企业是税收的最重要贡献者。税务部门税收人员总数的弹性值虽然不大,但是仍然显著,这告诉我们税收征管是影响税收增加的重要因素。

（3）从时间段来看,后一个时间段的系数估计值的绝对值相较前一个时间段有不同幅度的上扬。尽管弹性值各不相同,经济总量、企业盈利、税务部门税收人员总数对税收增长都产生了显著的促进作用,这意味着分税制改革强化了税收投入要素的边际税收产出能力。与此同时,腐败对税收增长的抑制作用也被分税制改革放大,腐败对税收增长的制约日益严峻。

（二）腐败的全部作用与扩散效应的关系

γ 代表腐败的全部作用,从 γ 的表达式 $\gamma=\dfrac{\delta}{1+\delta}+h_c$ 可知,$\dfrac{\delta}{1+\delta}$ 和 h_c 组成了 γ,h_c 即腐败部门对不存在腐败的部门的边际税收产出。腐败的扩散效应参数为 θ（见前文）,$\theta=h_c\dfrac{C}{T}$。通过对式（14）中变量 $\dfrac{dC}{C}\cdot\dfrac{C}{Y}$ 的系数 $\chi(=\dfrac{\delta}{1+\delta}-\theta)$ 和变量 $\dfrac{dC}{C}$ 的系数 θ 进

行估计,可以分别将 δ 和 θ 估计出来。对式(14)的估计结果见表3。

表3 对式(14)的估计结果

回归变量:	A	$\dfrac{dG}{Y}$	$\dfrac{dP}{P}$	$\dfrac{dS}{S}$	$\dfrac{dC}{C}\cdot\dfrac{C}{Y}$	$\dfrac{dC}{C}$	R^2	F 检验	Hausman 检验
1978—1993 年 东部地区 (固定效应)	0.237** (0.049)	0.281* (0.057)	0.763*** (0.001)	0.026** (0.042)	−0.048** (0.016)	−0.023*** (0.007)	0.529	98.149	62.384
中部地区 (固定效应)	2.984 (0.193)	0.197** (0.032)	0.513** (0.012)	0.003 (0.063)	−0.058** (0.021)	−0.017*** (0.000)	0.294	29.354	19.364
西部地区 (固定效应)	0.995** (0.037)	0.264** (0.019)	0.382** (0.041)	0.028** (0.069)	−0.078*** (0.003)	−0.016* (0.073)	0.364	19.657	36.281
全国总体 (固定效应)	0.961** (0.019)	0.427** (0.025)	0.468** (0.027)	0.043** (0.038)	−0.063*** (0.000)	−0.021*** (0.000)	0.493	81.324	59.699
1994—2012 年 东部地区 (固定效应)	0.198* (0.076)	0.366** (0.042)	0.893*** (0.007)	0.033** (0.010)	−0.057** (0.018)	−0.031** (0.037)	0.493	38.127	19.657
中部地区 (固定效应)	2.194* (0.068)	0.296*** (0.000)	0.5391* (0.029)	0.013* (0.031)	−0.066** (0.047)	−0.021* (0.043)	0.391	41.977	32.017
西部地区 (固定效应)	1.624* (0.081)	0.197** (0.035)	0.493** (0.011)	0.016 (0.068)	−0.089* (0.058)	−0.024** (0.040)	0.167	20.314	10.237
全国总体 (固定效应)	0.587*** (0.004)	0.548** (0.043)	0.688** (0.029)	0.036*** (0.008)	−0.076** (0.028)	−0.028** (0.037)	0.593	60.057	83.271

注:*、**、*** 分别表示在 10%、5%、1% 的显著性水平显著,()里的值为 P 值。

表3显示的实证检验结果主要有以下几点:

(1)在两个时间段、所有地区的样本估计中,腐败的扩散效应 θ 的估计值均为负,并且显著。1978—1993 年,东部地区、中部地区、西部地区、全国总体的 θ 估计值分别为 −0.023、−0.017、−0.016、−0.021;1994—2012 年,东部地区、中部地区、西部地区、全国总体的 θ 估计值分别为 −0.031、−0.021、−0.024、−0.028。负的扩散效应表明腐败对其他部门的税收增长产生了抑制作用。

(2)分区域考察腐败的扩散效应发现,东部地区腐败的扩散效应最强劲,西部地区腐败的扩散效应最轻微。两个时间段,东部地区的 θ 估计值分别为 −0.023、−0.031,西部地区 θ 估计值分别为 −0.021、−0.024。这个结果反映的一个问题是:经济发达的地区,腐败的传播能力较之经济落后地区更强,扩散效应也更强劲,腐败对其他部门税收增长的抑制作用更为恶劣。

(3)分时间段考察腐败的扩散效应发现:分税制改革之后腐败的扩散效应较之分税制改革之前更为强劲。同一区域,1994—2012 年的 θ 估计值较之 1978—1993 年的 θ 估计值绝对值更大(例如全国总体 1978—1993 年的 θ 估计值为 −0.021,1994—2012 年的 θ 估计值为 −0.028)。这一结果表明:腐败的扩散效应在时间维度上为一条逐步上升的曲线。

(三)税收投入要素边际税收产出的相对差异估计

要素边际税收产出的相对差异(δ)的估计可以通过式(14)先估计出 χ 值和 θ 值,联立 $\begin{cases} \chi = \dfrac{\delta}{1+\delta} - \theta \\ \theta \end{cases}$,在 χ 和 θ 已知的条件下求出 δ。但是,值得关注的一个问题是,式(14)中的变量 $\dfrac{dC}{C}$ 是变量 $\dfrac{dC}{C} \cdot \dfrac{C}{Y}$ 的组成部分,因此有必要担心多重共线性的存在。通常的解决办法是,采用矩阵的条件值对多重共线性进行检验,如果检验的结果在可控范围以内,可以将多重共线性问题排除不计,如果超过了可控范围,则需要对原有的回归方程进行修正。矩阵的条件值计算公式为:$\sqrt{\dfrac{\lambda_{MAX}}{\lambda_{MIN}}}$。式中 λ_{MAX} 是式(14)中所有变量(包括常数项)组成的矩阵的最大特征根,λ_{MIN} 则是最小特征根。式(14)的矩阵条件值计算结果见表 4。

表 4　式(14)不同时期不同区域的样本数据的条件值

	时期	东部地区	中部地区	西部地区	全国总体
条件值	1978—1993 年	8.178	13.695	11.023	9.362
	1994—2012 年	15.633	10.657	16.987	6.032

根据 Belsley et al.(1980)的判断标准,当条件值小于 20 时,多重共线性问题不会对估计结果产生明显的影响,此时多重共线性问题可以忽略不计。表 4 的结果显示,式(14)不同时期、不同区域的样本数据的条件值都在 20 以内,因此可以认为多重共线性问题可以被忽略,我们根据表 3 中的结果对要素边际税收产出的相对差异 δ 直接进行估计可以得到可信度较高的结果。δ 的估计值见表 5。

表 5　对要素边际税收产出的相对差异(δ)的估计

	时期	东部地区	中部地区	西部地区	全国总体
δ 值	1978—1993 年	−0.572	−0.609	−0.636	−0.595
	1994—2012 年	−0.631	−0.653	−0.715	−0.649

表 5 中的结果显示,δ 值在所有样本中皆为负,这意味着腐败部门的边际税收产出比不存在腐败的部门的边际税收产出低,这给反腐败提供了一个重要的理论依据:增加税收。与此同时,表 5 反映出来的另一个情况是:分税制改革之后,腐败部门与不存在腐败的部门之间的要素边际税收产出相对差异出现了扩大化的趋势。这意味着遏制腐败的形势日益严峻。

四、结论及启示

本文将税收增长过程解读为税收的生产过程,投入要素为经济总量、企业盈利、税务部门税务人员总数,产出为税收收入。以此为逻辑起点,引入菲德模型建立分析腐败影响税收增长的理论框架。在菲德模型的理论框架下,推导出了两个回归方程,以检验腐败对税收增长的全部作用和扩散效应。

以全国 30 个省级行政区 1978—2012 年的面板数据为样本,分时间段(将样本在时间段上划分为分税制改革前和改革后)、分区域(将样本在截面上划分为东部地区、中部地区、西部地区、全国总体)实证检验腐败对税收增长的全部作用和扩散效应。

对腐败的全部作用进行检验的结果是:腐败对税收增长产生了显著的负向影响;在同一时间段,西部地区较之东部地区腐败的负向影响程度更甚;分税制改革之后较改革之前,腐败的负向影响程度更甚。这给我们的启示是:腐败对税收增长的抑制作用随着时间的推移愈发恶劣,反腐的形势愈发严峻。在同一时期,经济发达的地区(东部地区)较之经济落后地区(西部地区)腐败的抑制作用较为轻微,这给遏制腐败提供了一个有效途径:提升信息化程度。经济发达的地区往往意味着信息化程度较高,经济土壤在信息化的阳光照射之下起到了"消毒杀菌"的效果,滋生腐败"细菌"的可能性大大降低。

对腐败的扩散效应进行检验的结果是:腐败部门对其他部门的税收增长产生了显著的负向扩散效应;同一时间段,腐败的扩散效应在东部地区最为强劲,在西部地区最弱;从时间段来看,分税制改革之后腐败的扩散效应较分税制改革之前更为强劲。这给我们的启示是:负的扩散效应表明腐败不仅会对本部门的税收增长产生抑制作用,而且会将这种抑制作用扩散到其他部门,抑制其他部门的税收增长;同一时期,经济发达的地区较落后地区更容易使腐败的扩散效应得以显现;随着时间的推移,腐败的扩散效应愈发恶劣,这给加大遏制腐败的力度提供了更深层次的理论依据。

本文对要素投入的边际税收产出相对差异(δ)进行了估计,估计的结果是:要素的边际税收产出相对差异(δ)在所有的样本中都为负,并且分税制改革之后的 δ 较分税制改革之前有扩大的趋势。这给我们的启示是:腐败部门的边际税收产出比不存在腐败的部门低,而且这种差距随着时间的推移在持续扩大。

参考文献

[1] Gabriella R M,Robert W J. Sources of corruption:A cross—country study. British Journal of Political Science,2002,32(1):167.

[2] Sung H E. Democracy and political corruption:A cross—national comparison. Crime,Law and Social Change,2004,41:181.

[3] 雷霆.民主政治建设治理腐败功能与制度安排论析.河南大学学报(社会科学版),2014,54(2):22—28.

[4] 龚蔚红,李虎.民主与腐败治理:一个经验研究综述.浙江社会科学,2012(2):67—73.

[5] 郭理蓉,孟祥微.自媒体时代反腐败的社会机制及其与国家机制的衔接.北京师范大学学报(社会科学

版),2014(2):116—122.

[6] Kaufman D,Wei S J. Does "grease money" speed up the wheels of commerce? NBER Working Paper,
1999,7093.

[7] Ali A M,Isse H S. Determinants of economic corruption:A cross—country comparison. Cato Journal,
2003,22:49-66.

[8] Anoruo E,Thacker S. Do neoliberal policies deter political corruption? International Organization,
2005,59:233-254.

[9] Beenstock M. Corruption and development. World Development,1979,7(1):15-24.

[10] Hillman A L,Katz E. Hierarchical structure and the social costs of bries and transfers. Journal of
Public Economics,1987,34:42-129.

[11] Khan M H. The efficiency implications of corruption. Journal of International Development,1996,8
(5):96-683.

[12] Lien D D. Corruption and allocation efficiency. Journal of Development Economics,1990,33:
64-153.

[13] Lui F T. An equilibrium queuing model of bribery. Journal of Political Economy,1985,93(4):
81-760.

[14] Egger P,Winner H. Evidence on corruption as an incentive for foreign direct investment. European
Journal of Political Economy,2005,21(4):932-952.

[15] Leff N. Economic development through bureaucratic corruption. American Behavioral Scientist,
1964,8(3):8-14.

[16] Huntington S. Political order in changing societies. New Haven:Yale University Press,1968.

[17] Rock M T,Bonnett H. The comparative politics of corruption:Accounting for the East Asian para-
dox in empirical studies of corruption, growth and investment. World Development,2004,32:
999-1017.

[18] Husted B W. Wealth, culture and corruption. Journal of International Business Studies,1999,30(2).

[19] 王立勇,陈杰,高伟.中国地方官员腐败与收入差距关系之谜:经验分析与理论解释.宏观经济研究,
2014(3):84—93.

[20] Gymiah B K. Corruption, economic growth, and income inequality in Africa. Economics of Govern-
ance,2002,3(3).

[21] Rose A S. Corruption:A study of political economy. New York:Academic Press,1978.

[22] La Porta R,Lopez De S F,Shleifer A,Vishny R W. The quality of government. Journal of Law,E-
conomics and Organization,1999,15(1).

[23] Olken B A. Corruption and the costs of redistribution:Micro evidence from Indonesia. Journal of Pub-
lic Economics,2006,90(4-5):853-870.

[24] Li H,Xu L C,Zou H. Corruption, income distribution, and growth. Economics and Politics,2000,
12(2):155-182.

[25] Deininger K,Squire L. Measuring income inequality:A new data base. World Bank Economic Re-
view,1996,10(3).

[26] 王德祥,李建军.我国税收征管效率及其影响因素——基于随机前沿分析(SFA)技术的实证研究.数
量经济技术经济研究,2009(4):152—160.

[27] 吕冰洋,李峰.中国税收超 GDP 增长之谜的实证解释.财贸经济,2007(3):26—36.

[28] 崔兴芳,樊勇,吕冰洋.税收征管效率提高测算及对税收增长的影响.税务研究,2006(4):7—11.

[29] Manski C. Economic analysis of social interactions. Journal of Economic Perspectives，2000，14(3)：36-115.

[30] 魏锋.中国省域腐败邻居效应的实证研究.经济社会体制比较,2010(4):101—109.

[31] 陈刚.上行下效:高官腐败的示范效应研究.经济社会体制比较,2013(2):155—163.

[32] Shleifer A，Vishny R B. Corruption. Quarterly Journal of Economics,1993，CVI II:599-617.

[33] Feder G. On exports and economic growth. Journal of Development Economics，1983，12:59-73.

[34] Mauro P. Corruption and growth. Quarterly Journal of Economics，1995，110:31-308.

[35] Knack S. Measuring corruption in Eastern Europe and Central Asia：A critique of the cross-country indicators. World Bank Policy Research Paper，2006，3698.

[36] Glaeser E L，Saks R E. Corruption in America. Journal of Public Economics，2006，90:1053-1072.

[37] Dincer O C，Gunalp B. Corruption，income inequality，and poverty in United States. FEEM Working Paper，2008，54.

[38] 陈刚,李树.中国的腐败、收入差距和收入分配. 经济科学,2010(2):55—68.

[39] Belsley D，Kuh E，Welsch R. Regression Diagnostics. New York:John Wiley & Sons，Inc.，1980.

服务经济与管理 评论

基于协同机理分析的产业集群隐含效应研究①

余克艰　黄玉英　姜慧华

（浙江树人大学浙江省现代服务业研究中心　杭州　310015）

【内容摘要】　产业集群是世界经济发展过程中的一个典型现象。已有的成果对于集群的正、负效应的研究，主要是基于简单的因素分解，忽略了产业集群内部的动态过程，从而遗漏了一部分对集群效率产生影响的因素。产业集群内，企业之间存在竞争、协同以及竞争—协同等复杂关系。以系统论的思路分析集群内专业化分工及业务外包、企业合作对象动态选择即可发现：至少这两类活动存在隐含效应。在一定规模下这两种隐含效应能够累积出相当大的正效应；但这种正效应会因为边际报酬递减的作用而达到极限。并且，产业集群的衰退除了与产品生命周期等因素相关外，还与市场失效有关。中国产品的低价格，并不完全源于低人力成本，良好的产业集群结构和内部运行机制产生了正效应并增强了集群适应外部环境变化的能力，并通过避免资源失业对降低生产成本做出了贡献。因此，产业集群仍有继续存在并发展的必要性与可能性。

【关键词】　协同机理　产业集群　隐含效应

产业集群是世界经济发展过程中的一个典型现象。国际上，美国的硅谷，德国的汽车、机器装备制造、电气和信息业，以及印度班加罗尔的软件业等都是著名的产业集群案例。在中国，经济较为发达的浙江省、广东省和江苏省，出现了具有一定规模、持续对地方经济发展起到极大推动作用的产业集群；北京、上海、天津、辽宁、河北、山东、河南、安徽和福建等地，产业集群也有所发展。

一、研究综述

对产业集群的定义，学者们有不同的表述，普遍认同的定义是：产业集群是指在某一特定领域中（通常以一个主导产业为核心），大量相互关联的企业及其支撑机构在空

①　【基金项目】教育部人文社科项目"企业家社会网络、组织能力与集群企业自主创新形式跃迁研究"（11YJC630223）。

间上集聚,并形成强劲、持续的竞争优势的现象(Porter,1998)。

国内外理论界对产业集群的多数早期研究,主要集中在集群的发展机制及其对区域乃至国家经济发展产生的正外部性作用方面。然而,对产业集群积极作用的片面和过分强调,容易产生认识上的误区,即认为只要形成了产业集群,地方乃至国家的经济就得以发展,这显然有违各国经济发展的现实。事实上,世界上有很多原来十分发达的产业集群,如今已经或正在走向衰退,如西欧的很多钢铁、煤炭、造船、纺织等著名区域性产业;中国广东省和浙江省的一些地区,同样出现了产业集群发展遇阻的情况。

对产业集群负外部性所产生的风险及其对经济发展的阻碍作用等"负面"角度研究,理论成果还不多见,研究成果也不成熟。产业集群负外部性所产生的风险,主要是集群的产品生命周期引发的结构性风险(Tichy,1998),以及周期性风险对产业集群的冲击(Fritz et al.,1998);当产业集群发展到成熟阶段以后,可能会形成某种特定意义上的"超稳定结构"(李庆华等,2005),从而抑制产业集群的学习效率和创新效率,致使产业集群走向衰退(Amin and Thrift,1992;Low and Abrahamson,1997);也有学者(陈金波,2005)采用生物学类比方法,分析集群的内在风险及其危害并提出相应的防范对策。

一般认为产业集群的经济效应主要体现在四个方面(Porter,1998):①外部经济效应,包括外部规模经济和外部范围经济。产业集群的外部规模经济指集群内企业实行高度专业化的分工协作,企业往往只承担产业链中某一环节的活动,生产效率高,使无法获得内部规模经济的单个中小企业通过外部合作获得规模经济,企业既能享有规模经济的益处又不必过分扩大企业规模。产业集群的外部范围经济指相关产业的企业集聚时,可通过垂直联系及时获得与供应商、客户之间的业务联系,可通过水平联系借助分包商的生产能力、控制分包商的产品质量。总之,在集群内企业可以比单个企业有更高的经济效率(贺彩玲,2003)。②交易成本的节约(Scott,1986),集群内企业的大部分交易在群内进行,协作关系较稳定,容易建立起相互信任的合作关系,这有利于增进协作关系从而降低谈判成本,并且提高合同执行的效率。③群体效应(Schmitz,1995)。集群内企业通过联合可以形成实力强大的集合体,其集合效应远远超过单个企业的简单叠加,具有"1+1>2"的效应。④学习与创新效应。产业的空间集聚促进知识、制度和技术的创新和扩散,促进产业和产品的更新换代,以及新产业组织的形成。同时,集群企业通过专业化分工和市场交易逐步形成网络化组织结构,平等合作的网络协同模式使企业能够集中资源专攻价值链中的某些环节,提高专业化水平,促进产业和产品的持续创新和新产业组织的形成;集群内企业的创新成果扩散更快,更容易为其他企业所学习和吸收(Elisa and Martin,2005),从而促进整个群体创新能力的提高。

综上,现有研究对于产业集群正效应,主要采用了因素分解的思路加以分析;对于产业集群的负效应,主要基于产品生命周期引发的结构性风险加以分析,认为具有严重"路径依赖"的"超稳定结构"将导致集群学习能力和创新能力的衰退。其中,关于产业集群负效应的研究成果较少且较为初步;关于产业集群正效应的研究,则几乎已经覆盖了全部的可能因素。然而,简单的因素分解忽略了产业集群内部的动态过程,因而也就遗漏了一部分对集群效率产生影响的因素。但对于产业集群负效应的研究,大多基于这些已经分析过的因素,因而研究也会有所局限。由于这部分遗漏的效应在简单的因素分解中不是显而易见的,因此本文称之为"产业集群隐含效应"。

二、集群内企业竞争—协同关系模型

如前所述,产业集群是指在某一特定领域中,以一个主导产业为核心,大量相互关联的企业及其支撑机构在空间上集聚,企业之间同时存在竞争和协同。但集群企业之间以及企业与集群的这种关系比较复杂,很难用简单的概念来描述。这里提出一种研究思路,以期能够对这种关系进行较为深入的分析。

采用一个四分位图,可以表示企业之间的竞争—协同关系,如图 1 所示。

图 1　竞争—协同关系

集群中不同企业往往处于图中不同的位置。如果众多企业位于"协同极"附近,则该集群更像一家超级公司,如果众多企业位于"竞争极"附近,则该集群内部往往存在比较严重的恶性竞争以及产品同质化、劣质化。而更多的情形是,上述四种关系同时存在。

三、专业化分工及业务外包的隐含效率

专业化分工带来效率的提高,这是经济学的基本规律。然而,效率的提高并不仅仅来源于各环节专业化后各自效率的提高,还在于分工后协作带来的效应。

(一)专业化分工及业务外包前后集群结构

在集群环境下,企业将业务外包给专业机构将带来隐含效应。这些被外包的业务,可以是某个生产环节,也可以是生产性服务,也可以是售后事项,等等。以下以生产性服务业务外包为例进行分析,对制造企业从自营服务到委托外部专业服务企业提供服务进行比较。

自营生产性服务是指制造企业内部设立自己的生产性服务职能部门,满足生产过程中的生产性服务需求。采用自营模式的优势在于它不必考虑制造企业与外部服务提

供商之间的沟通、协作、集成等问题,完全依靠企业内部各部门之间以及生产与服务运行的协调来促进生产性服务与生产过程的融合,如图2所示。

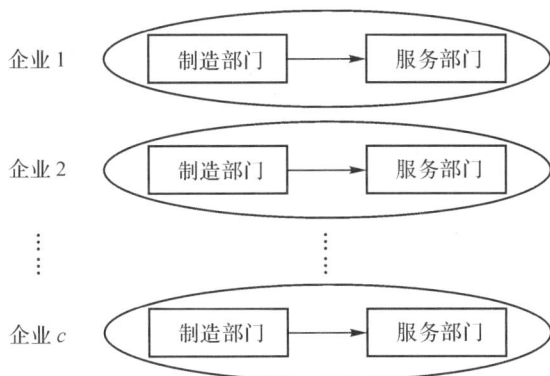

图2 企业自营服务

服务外包后,服务部门从制造企业中剥离,独立成为专业的服务企业,其实质是进行专业化的大分工。如图3所示,其中 m 为制造企业数量,s 为服务企业数量,二者不要求相等。

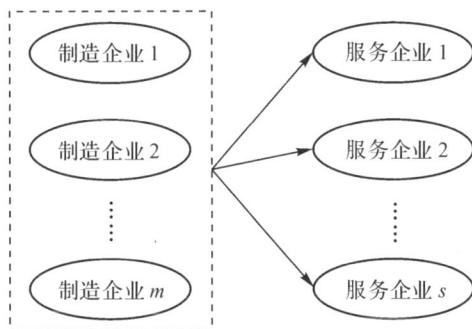

图3 生产性服务外包

以上两种不同的结构,将在集群内部动态过程中带来效率的提升。效率可以体现在诸多方面,以下选取时间和生产能力利用率进行分析。

(二)服务需求及服务时间特性

集群中,不同制造企业的服务需求可能有各自不同的规律。但如果把整个企业集群作为一个整体来考察,由于服务需求持续不断地发生,则可以将其看成存在一个有无限次需求的需求源。

1. 系统假设

根据企业集群生产性服务发生的特点,则可以做出下列假设:

(1)需求发生的平稳性。需求发生是密集还是松散无明确规律,即单位时间内需求发生次数不确定。但从一个较长的时间来考察,需求在单位时间内平均发生次数是稳定的,设有 λ 次,称之为"需求速度"。给定一个任意时刻 $t \geq 0$,在 $(t, t+\Delta t)$ 时间内,发生 k 次需求的概率与起始时刻 t 无关,而只与 Δt 和 k 的数值有关。记概率为 $P_k(\Delta t)$。

(2)需求发生的无后效性。需求发生是不相关联的,或称为相互独立的。从时段的具体分析来看,就是在时间轴 ot 上,在两个互不交叉的时段 τ_1 和 τ_2 内,集群中发生服务需求的次数是相互独立的。

(3)需求发生的普通性。在足够短(充分短)的时间间隔内,或称为"同一瞬间",正好有两次或两次以上需求发生的概率 $\psi(t)$ 比只有一次需求发生的概率小得多,甚至可以忽略,即不会有两个或更多的需求同时发生:

$$\lim_{\Delta t \to 0} \frac{\psi(\Delta t)}{\Delta t} = 0$$

(4)需求发生的有限性。在任意的有限时间内,发生有限次服务需求的概率为 1。换言之,有 0 次需求至有 k 次需求($k \to \infty$)这些情况中,必定有一种要发生,即

$$\sum_{k=0}^{\infty} P_k(t) = 1$$

从服务企业的角度考察,完成一次服务的时间长短不一,但在一个较长时期内一家服务企业在剔除了无业务的空闲时间后,单位工作时间完成服务的次数应当是相对稳定的,设能完成 μ,称之为"服务速度"。服务活动也具有上述特性。

2. 概率分析

把集群作为一个排队系统,按照上述假设,服务需求的发生和服务的过程可以作为马尔科夫过程来处理。将 t 时间内系统中正在发生的需求次数称为系统状态,则有 k 项需求正在发生的情形称为 k 状态。

假定 t 时刻系统处于 k 状态的概率为 $P_k(t)$。而时刻 $t+\Delta t$ 系统处于 k 状态,可能有四种情况:

(1)系统在 t 时刻的状态为 k,而在 $(t, t+\Delta t)$ 时段内状态没有变化,这种情况发生的概率为 $P_k(t)[1-(\lambda_k+\mu_k)\Delta t+o(\Delta t)]$;

(2)系统在 t 时刻状态为 $k-1$,而在 $(t, t+\Delta t)$ 时段内状态转移到 k 状态,这种情况发生的概率为 $P_{k-1}(t)\lambda_{k-1}\Delta t+o(\Delta t)$;

(3)系统在 t 时刻状态为 $k+1$,而在 $(t, t+\Delta t)$ 时段内状态转移到 k 状态,这种情况发生的概率为 $P_{k+1}(t)\mu_{k+1}\Delta t+o(\Delta t)$;

(4)系统在 $(t, t+\Delta t)$ 时段内状态发生两次或两次以上转移,最后处于 k 状态,这种情况发生的概率为 $o(\Delta t)$。

由全概率公式得:

$$P_k(t+\Delta t) = P_k(t)[1-(\lambda_k+\mu_k)\Delta t]+P_{k-1}(t)\lambda_{k-1}\Delta t+P_{k+1}(t)\Delta t+o(\Delta t)$$

移项,两边同时除以 Δt:

$$\frac{P_k(t+\Delta t)-P_k(t)}{\Delta t}=\lambda_{k-1}P_{k-1}(t)-(\lambda_k+\mu_k)P_k(t)+\mu_{k+1}P_{k+1}(t)+\frac{o(\Delta t)}{\Delta t}$$

令 $\Delta t \to 0, k \geq 1$,则

$$P'_k(t)=\lambda_{k-1}P_{k-1}(t)-(\lambda_k+\mu_k)P_k(t)+\mu_{k+1}P_{k+1}(t)$$

同时可以得到

$$P_0'(t) = -\lambda_0 P_0(t) + \mu_1 P_1(t)$$

由于服务需求的普通性,从一个较短的时间来考察系统的状态,或者不改变,或者只相差1;从较长时期来考察,系统需求次数与完成服务次数是平衡的,因此,当系统稳定时,可以认为输入率等于输出率,这就是状态的平衡,即有 k 项需求的概率 $P_k(t)$ 实际上与 t 无关,这也是由需求的平稳性决定的。

由于 $P_k(t)$ 与 t 无关,则 $P_k(t) \to P_k$,而且 $P_k'(t) = 0$

因此有

$$\lambda_{k-1} P_{k-1} - (\lambda_k + \mu_k) P_k + \mu_{k+1} P_{k+1} = 0$$
$$-\lambda_0 P_0 + \mu_1 P_1 = 0$$

等等。

(三)服务系统效率分析

根据随机过程的规律,可以对企业集群生产性服务在不同制度安排下的效率进行比较。为了简化分析过程,假设服务需求和服务过程具有相似性,这一简化并不影响分析的结论。

1. 制造企业自营服务环境下的系统指标

在企业自营服务环境下,一旦发生服务需求,服务工作将由内部的服务部门承担;如果业务较多,则会出现内部的排队等待现象。有 k 项服务需求的概率 P_k 符合:

$$\begin{bmatrix} -\lambda & \mu & & & & & \\ \lambda & -(\lambda+\mu) & \mu & & & & \\ & \lambda & -(\lambda+\mu) & \mu & & & \\ & & \ddots & \ddots & \ddots & & \\ & & & \lambda & -(\lambda+\mu) & \mu & \\ & & & & \ddots & \ddots & \ddots \end{bmatrix} \begin{bmatrix} P_0 \\ P_1 \\ P_2 \\ \vdots \\ P_n \\ \vdots \end{bmatrix} = 0$$

可得:

$$P_0 = 1 - \frac{\lambda}{\mu}$$

$$P_k = \left(\frac{\lambda}{\mu}\right)^k P_0$$

记 $\frac{\lambda}{\mu} = \rho$,称为"系统服务率"或"服务强度(系数)",作为衡量系统服务强度的指标。

当 $\rho > 1$ 时,服务需求速度大于服务速度,服务资源严重不足,队列将无限长;$\rho = 1$,$\lambda = \mu$,是一种不稳定平衡;$\rho < 1$,服务能力可以满足需求,队列必然有限,最终将达到平衡。因此,只有 $\rho < 1$ 时模型的讨论才有意义。

设排队等待的时间期望值为 W_q,则

$$W_q = \frac{\lambda}{\mu(\mu - \lambda)}$$

服务经济与管理 *评论*

2. 服务外包环境下的系统指标

在服务外包环境下,所有制造企业发生服务需求时,可以寻求集群内任意一家服务企业的服务。设服务企业(或服务设施)数量为 c,有 k 项服务需求的概率 P_k 符合:

$$\begin{bmatrix} -\lambda & \mu & & & & & \\ \lambda & -(\lambda+\mu) & 2\mu & & & & \\ & \lambda & -(\lambda+2\mu) & 3\mu & & & \\ & & \lambda & -(\lambda+3\mu) & 4\mu & & \\ & & & \ddots & \ddots & \ddots & \\ & & & & \lambda & -[\lambda+(c-1)\mu] & c\mu \\ & & & & & \lambda & -(\lambda+c\mu) & c\mu \\ & & & & & & & \ddots & \ddots & \ddots \end{bmatrix} \begin{bmatrix} P_0 \\ P_1 \\ P_2 \\ P_3 \\ \vdots \\ P_{c-1} \\ P_c \\ \vdots \end{bmatrix} = 0$$

可得

$$P_0 = \left[\sum_{k=0}^{c-1} \frac{1}{k!}\left(\frac{\lambda}{\mu}\right)^k + \frac{1}{c!}\left(\frac{1}{1-\rho}\right)\left(\frac{\lambda}{\mu}\right)^c \right]^{-1}$$

$$P_k = \begin{cases} \frac{1}{k!}\left(\frac{\lambda}{\mu}\right)^k P_0 & 1 \leqslant k \leqslant c \\ \frac{1}{c! c^{k-c}}\left(\frac{\lambda}{\mu}\right)^k P_0 & k > c \end{cases}$$

$$L_q = \sum_{k=c+1}^{\infty} (k-c) P_k = \frac{(c\rho)^c \rho}{c!(1-\rho)^2} P_0$$

$$W_q = \frac{L_q}{\lambda}$$

其中,L_q 为等待服务的事项期望值。

3. 不同集群结构的效率比较

一般来说,系统的优化在于服务费用与等待费用之和达到最小。由于一般企业集群生产性服务系统中,许多费用项目是不确定的,所以系统的效率也常常用服务需求的等待时间来衡量,在资源配置相同的条件下,等待时间越短,系统效率就越高。

设 $\mu_0 > \lambda_0 > 0$,比较三种情况:

Ⅰ:企业集群扩大时,复制了一套自营服务企业系统,每个系统中 $\lambda_1 = \lambda_0$,$\mu_1 = \mu_0$。

Ⅱ:企业集群扩大时,增加了一个制造企业,同时也增加了一个服务企业,则系统中 $\lambda_2 = 2\lambda_0$,每个服务企业 $\mu_2 = \mu_0$。

Ⅲ:企业集群扩大时,制造部门和服务部门的规模均扩大至原来的 2 倍,$\lambda_3 = 2\lambda_0$,$\mu_3 = 2\mu_0$。

重点比较服务等待时间 W_q。

系统Ⅰ:

$$P_{01} = 1 - \frac{\lambda_0}{\mu_0}$$

$$W_{q1} = \frac{\lambda_0}{\mu_0(\mu_0 - \lambda_0)}$$

系统Ⅱ：

$$P_{0\rm{II}}=\left[1+\frac{2\lambda_0}{\mu_0}+\frac{1}{2}\frac{1}{1-\frac{2\lambda_0}{2\mu_0}}(\frac{2\lambda_0}{\mu_0})^2\right]^{-1}=\frac{\mu_0-\lambda_0}{\mu_0+\lambda_0}$$

$$L_{q\rm{II}}=\frac{(2\cdot\frac{2\lambda_0}{2\mu_0})^2\frac{2\lambda_0}{2\mu_0}}{2!\ (1-\frac{2\lambda_0}{2\mu_0})^2}\frac{\mu_0-\lambda_0}{\mu_0+\lambda_0}=\frac{2\lambda_0^3}{\mu_0(\mu_0^2-\lambda_0^2)}$$

$$W_{q\rm{II}}=\frac{L_{q\rm{II}}}{\lambda_2}=\frac{\lambda_0^2}{\mu_0(\mu_0^2-\lambda_0^2)}=\frac{\lambda_0^2}{\mu_0(\mu_0+\lambda_0)(\mu_0-\lambda_0)}$$

系统Ⅲ：

$$P_{0\rm{III}}=1-\frac{\lambda_0}{\mu_0}$$

$$W_{q\rm{III}}=\frac{L_{q\rm{III}}}{\lambda_3}=\frac{\lambda_0}{2\mu_0(\mu_0-\lambda_0)}$$

比较 $W_{q\rm{I}}$、$W_{q\rm{II}}$ 和 $W_{q\rm{III}}$，可以得出 $W_{q\rm{II}}<W_{q\rm{III}}<W_{q\rm{I}}$。可见，系统Ⅰ这样简单复制一套自营服务的企业效率最低，而系统Ⅱ的集群结构是最佳模式，此时，服务企业（或者服务设施）数量 $c=2$。显然，随着需求的增大，服务企业（或者服务设施）数量 c 逐步增大，效率可能逐步提高。

(四)小结

上述分析以生产性服务为例，但其结果同样适用于其他业务。在集群内企业实行高度专业化的分工协作，不仅仅会因为每个企业承担产业链中某一环节的活动而产生极高的效率，还会因为资源利用率的提高带来效率；随着集群规模的扩大，外包对象的动态选择性也随之增加，效率将进一步提高。但同时，随着集群规模的扩大，同类业务企业数会增加，效率会因为边际报酬递减律的作用而受到限制。

四、合作对象动态选择的隐含效应

前面的讨论是在同类业务企业具有较高相似性的假设前提下进行的。而现实中，集群企业是各不相同的，这不会影响分析得到的基本结果。但正是企业之间存在差别，才需要对合作对象进行选择，而选择本身，也存在隐含效应。

(一)基于价值形成过程的集群网络结构

按照集群的价值形成过程，可以将集群视为包含 m 个供应链（企业链）Chain1-Chain m 的网络。如图4所示，图中箭线表示生产物流。各个环节 LINK 1，LINK 2，…，LINK n 分别包含若干产品、工艺或业务相似的企业，其中 $m_1,m_2,\cdots,m_n$ 不尽相等。LINK 1，LINK 2，…，LINK n 之间存在协同关系，而 LINK $j(j=1,2,\cdots,n)$ 所包含的 m_j 个企业之间存在竞争关系，中间环节由于专业化分工上的相似性，它们往往面临一种接近完全竞争市场的充分信息环境。

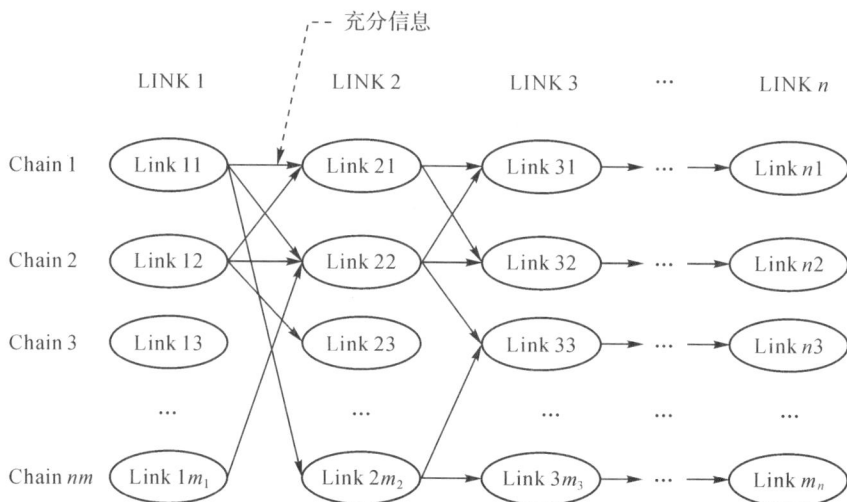

图 4　集群网络结构

从图 4 选取一个节点,分析如下,如图 5 所示,虚线表示合作动机。

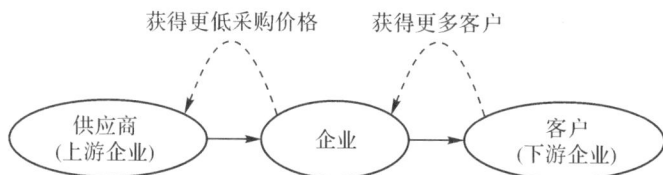

图 5　上下游企业间的合作

企业间建立相对稳定的合作关系,对于降低成本、提高效益具有现实意义。但是,作为营利性组织,这种相对稳定的关系,不是固定不变的;企业对于合作对象必然做出理性的选择,选择原则是企业利润最大化,更确切地说,是采购成本最小化,从而获得更强的成本竞争优势。由此,集群企业具有主动知识溢出的动机。在这个过程中,企业链上的龙头企业或者核心企业发挥了主导作用。

(二)合作对象选择机制分析

设某龙头企业或核心企业 Link nm 位于 LINK n,它将在 LINK$n-1$ 中选择合作对象。在理性决策假设下,其选择过程符合以下规则:

将集群企业看作图 4 所示网络的顶点,将包括采购成本在内的所有企业间合作发生的成本统称为"合作成本",将网络关系上相邻企业的合作成本称为"边"。

这个算法是通过为每个顶点 v 保留目前为止所找到的从 v 到 Link nm 的最低成本路径来工作的。初始时,终结点 Link nm 的合作成本值被赋为 0,即 $C[\text{Link } nm]=0$。同时把所有其他顶点的合作成本设为无穷大,即表示我们不知道任何通向这些顶点的合作路径。对于 V 中所有顶点 v,除 Link nm 外,$C[v]=\infty$。当算法结束时,$C[v]$ 中储存的便是从 Link nm 到 v 的最低成本路径,如果合作路径不存在的话是成本无穷大。如果存在一条从 u 到 v 的边,那么从 Link nm 到 u 的最低成本路径可以通过将边(u,v)添加到尾部来拓展一条从 Link nm 到 v 的路径。这条路径的长度是 $C[u]+w(u,v)$,其中 $w(u,v)$ 为网络关系上两个相邻企业间的合作成本。

如果这个值比目前已知的 $C[v]$ 的值要小,我们可以用新值来替代当前 $C[v]$ 中的值。拓展边的操作一直执行到所有的 $C[v]$ 都代表从 Link nm 到 v 最低成本路径的总额。当 $C[u]$ 达到它最终的值的时候,每条边(u,v)都只被拓展一次。

算法维护两个顶点集 S 和 Q。集合 S 保留了我们已知的所有 $C[v]$ 的值已经是最低成本路径的值顶点,而集合 Q 则保留其他所有顶点。集合 S 初始状态为空,而后每一步都有一个顶点从 Q 移动到 S。这个被选择的顶点是 Q 中拥有最小的 $C[u]$ 值的顶点。当一个顶点 u 从 Q 中转移到了 S 中,算法对每条外接边(u,v)进行拓展。

(三)小结

上述讨论基于两个前提性假设,即完全理性假设和集群内信息充分假设。现实中,决策的有限理性是以完全理性为目标的,因而分析的基本结果能够反应实际状况。集群内信息充分或者接近信息充分,是产业集群的主要特征之一;当集群内发生明显的市场失效时,选择机制也将不能有效实施。

此外,集群选择企业合作对象时,也可能基于其他的目标,如最大利润、最高市场占有率等。此时,上述规则中,目标函数将以最大化形式出现,而其中的最优路径也变成了"最大利润路径"或者"最高市场占有率路径"等。

五、结论

通过上述分析,不难得出以下结论:

(1)大量相关企业或机构因在地理上的集聚而形成产业集群,各集群成员之间的互动过程也会对整个集群效率乃至绩效产生影响。至少,专业化分工及业务外包、合作对象动态选择等动态活动,会产生"额外"的集群效应,即隐含效应。

(2)产业集群规模问题并不是本文的重点,但是本文的分析结果支持集群规模应当存在一个合理区间,即在没有达到极限约束之前,扩大集群规模可以不断增强集群效应;如果超越了极限约束,集群效应将大幅度地递减(李煜华等,2007)。专业化分工及业务外包、合作对象动态选择等动态活动产生的隐含效应,在一定规模下能够积累出相当大的正效应;随着集群规模的扩大,这种正效应会因为边际报酬递减率的作用达到极限。

(3)产业集群的衰退除了与产品生命周期等因素相关外,还与市场失效有关。同行业的企业地理接近,集群内企业便于采用和推广相同技术标准,并且集群对新标准的制定有较大的影响力;产业的空间集聚促进知识、制度和技术的创新和扩散,由此也使得产业集群内各主体之间的信息比较充分。在一定的规模下,上、下游企业之间的交易处于一个接近完全竞争市场的环境中,这也是上述隐含效应(正效应)产生的前提。当集群内市场秩序遭到破坏时,上、下游企业之间的合作成本上升,而从事相同或者相似业务的企业又成为过度竞争的关系,则产业集群的发展必然受到影响,甚至出现衰退。中国东南沿海地区也不乏此类案例。

(4)中国产品的低价格,并不完全来源于低人力成本。事实是,沿海发达地区人力成本上升现象并非是近年才出现的,但这些地区产业集群生产的产品仍然保持了多年的价格优势,这与这些地区的产业集群结构和内部动态过程有关。换言之,良好的产业集群结构和内部运行机制,不但能够获得并积累较高的正效应,还可以通过优胜劣汰和知识扩散保持并增强集群适应外部环境变化的能力。产业集群隐含效应有助于避免资源失业,从而为降低生产成本做出了贡献。

(5)产业集群仍有继续存在并发展的必要性与可能性。尽管在中国以及全球范围内,某些产业集群出现了衰退迹象或者已经衰落,但是经济增长最快的地区大部分仍是产业集群发达的地区。虽然产业集群的发展可能因产品生命周期引发的结构性风险而受到制约,但具有良好结构和内部运行机制的产业集群,也可能通过系统自我完善,即所谓产业升级,适应环境变化并继续成为经济增长的热点。

参考文献

[1] Porter M E. Clusters and the new economics of competition. Harvard Business Review, 1998(11):77-90.

[2] 王缉慈. 产业集群和工业园区发展中的企业邻近与集聚辨析. 中国软科学,2005(12):91—98.

[3] Tichy G. Clusters:Less dispensable and more risky than ever. In Steiner M (ed.). Clusters and Regional Specialisation. London:Pion Limited,1998.

[4] Fritz O M,Mahringer H,Valderrama M T. A risk-oriented analysis of regional clusters. In Steiner M (ed.). Clusters and Regional Specialisation. London:Pion Limited,1998.

[5] 李庆华,汤薇,孙虹. 产业集群的"超稳定结构"及其突破研究. 大连理工大学学报(社会科学版),2005(2):34—30.

[6] Amin A,Thrift N J. Neo-marshallian nodes in global networks. International Journal of Urban and Regional Research,1992,16(4):571-587.

[7] Low M B,Abrahamson E. Movements,bandwagons and clones:Industry evolution and the entrepreneurial process. Journal of Business Venturing,1997,12(6):435-457.

[8] 陈金波. 基于生态学的产业集群内在风险与对策研究. 当代财经,2005(6):68—72.

[9] 贺彩玲. 产业集群的效应及其形成探讨. 陕西工学院学报,2003(3):61—64.

[10] Scott A J. Industrial organization and location:Division of labor, the firm and spatial process. Economic Geography,1986,62(3):215-231.

[11] Christopherson S,Storper M. The city as studio,the world as back lot:The impact of vertical disintegration on the location of the motion picture industry. Environment and Planning D (Society and Space),1986,4(3):305-320.

[12] Storper M. The regional word:Territorial development in a global economy. New York:Guilford Press,1997.

[13] Schmitz H. Collective efficiency:Growth path for small-scale industry. Journal of Development Studies,1995(31):529-566.

［14］ Elisa G，Martin B. The microdeterminants of meso-level learning and innovation：Evidence from a Chilean wine cluster. Research Policy，2005,34(1)：47-68.

［15］ 李煜华,胡运权,孙凯.产业集群规模与集群效应的关联性分析.研究与发展管理,2007(4)：63—70.

开放式物流服务平台机制与建议[①]

黄秋波　Rukmal Weerasinghe

（浙江树人大学浙江省现代服务业研究中心　杭州　310015）

（University of Sri Jayewardenepura）

【内容摘要】　互联网发展推动单向直线型商业模式向多边网络型平台化商业模式转变，物流领域平台化转型初见端倪。本文以卡行天下等物流服务平台为案例，对物流服务平台参与主体、网络联结、运作机制和演化机制进行分析。认为开放式物流服务平台是多主体嵌入网络组织，通过开放式环境下多重非线性联结，形成协同均衡和动态适应运行机制，实现平台个体进化和平台间包络为表现的演化。在此基础上本文提出通过创建开放式环境，构建动态均衡机制，树立多方共赢理念等措施促进物流产业平台化发展的建议。

【关键词】　物流服务平台　开放式平台　平台领导

据报道，物流行业空车返回率在 37% 左右。一方面是地区发展水平不均衡造成物流需求不平衡，无法达到对流运输；另一方面，物流信息沟通不畅，无法及时匹配物流服务供需。因此物流服务通过"超额供给"确保物流需求得到满足，造成空车返回率高企。超额供给带来的闲置资源须分摊收益，造成物流服务价格过高，增加其他经济部门成本。中国商业联合会的资料显示我国物流总成本占当年 GDP 的比重保持在 18% 左右，而西方发达国家的同类指标是 8%～10%。可见我国物流行业存在整体"物流资源供大于求"，局部"资源匹配度低"的问题。为此物流业需要通过平台化、信息化手段整合物流资源网络，以精益化战略重塑物流体系，提高资源利用率，减少经济运行中的物流成本。

互联网的深入发展推动了传统产业链组织从双边向多边演变，有着多边网络效应的"平台战略"表现出了强大的颠覆性创造力和生命力。基于互联网的平台化创新已经在商业、金融等领域发起了深刻的商业形态变革，创造了众多商业模式，对物流行业的

① **【基金项目】**浙江省软科学研究计划项目（编号 2013C35049）；浙江省哲学社会科学研究基地（浙江省现代服务业研究中心）课题（编号 13JDFW01Z）；浙江省社会科学界联合会研究课题（编号 2013N119）

变革也已开始。如传化物流、卡行天下、人人快递、阿里巴巴物流平台等。平台化驱动物流资源由分散走向整合、由分隔走向协同,促进行业协作共赢生态的形成。

本文以卡行直通车、阿里物流平台、国家交通运输物流公共信息平台为例,分析开放式物流服务平台构建和运作机制,并提出了相应建议。

一、案例介绍

(一)卡行直通车

上海卡行天下供应链管理有限公司,是一家创新型物流整合企业,专注公路枢纽建设运营,通过标准化、信息化、产品化实现公路运输集约化整合,致力于打造中国物流网络交易平台,成为行业标准制定者和资源整合领导者。"卡行直通车"是卡行天下与公路运输行业其他成员共同打造的标准化物流平台,即在全国建立园区网络,引进优质专线资源,同时在园区外设加盟网点,建立了一套"统一系统、统一流程、统一价格、统一形象、统一服务"的运作标准,每个园区都有线路可直达全国主要城市。卡行天下开发了智能管理信息平台,目前该平台的主要功能包括:①物流交易——建立链接成员、货运代理的枢纽,实现统一提货、卸货、分流和发货操作,统一结算;②增值服务——为成员提供出行保障、保险服务、团购服务、企业管理咨询、融资贷款等服务;③运营保障——制定标准作业流程、统一运作标准和KPI考核标准,对品质进行监督、协调和管理,对成员进行辅导和培训,提升管理和服务的能力;④数据管理——运用互联网技术将供应链执行环节上所有的节点、人员和设备进行链接,形成完整数据链,使全程货物运作透明化。

(二)阿里物流平台

阿里物流平台是阿里巴巴集团旗下通过整合原阿里物流事业部与新成立的"菜鸟网络"形成的智能物流骨干网络,旨在整合疏导网络零售形成的物流需求。该物流平台主要包含两大子平台,即物流信息管理系统(物流宝)和中国智能物流骨干网(CSN)。物流宝本质上也是一个物流信息调配平台,阿里接入第三方快递、仓储的信息,面向淘宝卖家提供入库、发货、上门揽件等服务。物流宝的核心是物流仓储资源的数据化分析和管理,调配第三方物流资源。CSN主要在于建设仓储设施网络,其中包括自建模式。物流宝的代号为"天网",CSN的代号为"地网"。目前阿里物流平台的主要功能为依托物流宝开展以下业务:①物联网软件研究、设计、开发与制作,物联网络技术开发与设计;②相关技术咨询与技术服务,投资管理、企业管理、投资咨询、经济信息咨询等服务;③快运物流综合信息服务,如查询、数据管理等;④依托CSN提供快运干线物流的交易整合。

(三)国家交通运输物流公共信息平台

国家交通运输物流公共信息平台(LOGINK,又称物流电子枢纽)是由交通运输部和浙江省人民政府牵头,管理部门、行业协会、软件开发商、物流供应商多方共建的面向全社会的公共物流信息服务网络平台。浙江省交通运输厅牵头成立运行中心,负责LOGINK 的建设和运维。该平台旨在连通各类物流信息平台、企业生产作业系统,统一信息交换标准,消除信息孤岛,构建覆盖全国、辐射国际的物流信息基础交换网络和国家平台门户,实现"公共平台"与相关物流信息系统和平台之间的信息交换,实现行业内相关信息平台交换标准的统一,提供物流公共信息服务,促进物流产业链各环节信息互通与资源共享。LOGINK 确立多方位组织保障,如成立由 18 名权威专家参谋交通物流技术的专家组,为平台建设提供智力支持;确立由 31 个省(区、市、兵团)交通部门参与的联席会议制度,明确各省、自治区、直辖市、新疆生产建设兵团交通运输厅(局、委)承担各自区域的交换节点建设和运维工作,共同构建交通运输物流公共信息平台的基础交换网络,并根据工作需要适时召开联席会议,通报交流全国实施交通运输物流公共信息平台的进展情况,总结经验,研究和协调问题。目前平台的主要功能包括:①基础交换功能——统一跨国、跨行政区域、跨行业、跨部门物流公共信息平台和物流产业链上下游企业之间的数据交换标准,实现物流业务数据交换;②公共信息服务功能——依托交通运输部及行业已有的相关政务系统,通过多种技术手段、后台多个系统共同支撑,实现包括物流基础设施信息查询服务、物流政策法规信息查询服务、物流信用信息查询服务、国际及港澳台物流信息共享服务等物流信息服务的统一提供;③服务创新功能——任何 LOGINK 的合作伙伴,只要其应用软件或系统平台成功通过了 LOGINK 测试验证,都可以申请将此商标放在他们的名片、网站和市场营销工具上,以表示此应用软件或系统平台的用户都可以通过 LOGINK 与他们的合作伙伴交换电子文件;④服务交易功能——通过物流公共信息平台实现物流信息的互联互通,延伸企业服务链,促进信息及各类资源的整合,支持企业物流服务交易。

二、开放式物流服务平台

(一)网络主体

有关平台主体的研究最早可追溯到双边市场理论,Rochet(2003)指出互联网平台的外部效应大部分是双边的,而帮助双边实现互动的中介组织就成为平台(platform)。随着平台商业模式的不断发展,其功能不断增强,参与主体不断增多,平台问题认识由双边升级为多边(Andrei,2007)。在此基础上,Parker and Alstyn(2012)首次提出了网络模型,该模型中平台网络主体包含需求端用户、供给端用户、平台领导、平台发起人。需求端用户是平台内容的目标客户,可以是个人、企业或组织。供给端用户是平台内容的提供者,他们为消费端用户提供具体产品——音乐、游戏、信息、服务、解决方案等。

平台领导即平台各基本要素集合体,是需求端用户与供给端用户的接触点。平台发起人是平台的总体设计者和知识产权持有者,指导并掌控了平台底层技术,通过规则、治理和生态系统支持平台的总体架构。平台发起人可以是单个企业或者多个企业的联盟。多边关系平台仍在不断演化发展,有些平台已经突破了单一功能局限,发展成具有多重功能的复合型平台。甚至随着平台生态圈的形成,现代平台组织已经被植入开放式创新"基因"(Boudreau,2010),平台领导功能和动态创新能力逐渐形成。如开放式智能手机操作系统平台 Android 由平台发起人 Google 公司确立总体构架后,搭建了移动互联网服务需求用户和应用开发者用户交易平台。由于 Android 系统平台是开源的,平台外部开发者的参与也促进了平台本体的进化。这部分努力不是 Android 平台发起人或平台本体做出的,其活动也非平台用户之间的联系。由此可以认为,开放式平台除上述四大主体外,外部开发者也是重要参与者,其作用好比平台生态圈中驱动平台进化的"益生菌",帮助平台与用户开发解决方案和新服务,优化平台功能。由此,就开放式物流服务平台而言,其主体就应包括物流服务需求用户、物流服务供给用户、物流服务平台、物流服务平台发起人、物流服务平台外部开发者。通过案例分析发现,本文三个物流服务平台案例中的参与主体基本包含了以上几方面(见表1)。

表 1 开放式物流平台参与主体

平台案例	需求端用户	供给端用户	平台本体	平台发起人	外部开发者
卡行直通车	公路零担物流需求	专线卡车运力加盟卡车运力	"直通车"(信息系统网络+园区)	卡行天下	保险金融机构
阿里物流平台	淘宝卖家(小件快运为主)公路零担	第三方快递第三方仓储	物流宝(天网)CSN(地网)	阿里巴巴集团银泰集团	
国家交通运输物流公共信息平台	小件快运需求;普通运输需求;仓储需求	第三方快运、普通运输车源、公路专线及仓储资源	国家交通运输物流公共信息平台	国家交通运输部、浙江省人民政府、行业协会	应用软件开发商

(二)网络联结机制

平台联结机制是平台网络组织的另一个要素(金杨华和潘建林,2014)。多边主体协同必须突破单向、割裂、线性的联系方式,实现互动、多重、非线性联系。一方面,任何主体与其他主体之间的联系并非只有一种目的,而是多重目的交互。至少在物流、资金流、信息流三个维度存在三重交互,此外与开放式物流服务平台物流服务创新也存在交互。另一方面,网络内交互活动随机涌现。各方之间交互并非都固化统一,有时是随机的。除两端用户与平台本体之间的联系外,用户之间,用户与外部开发者,外部开发者与平台本体和平台发起人都会发生交互。因此开放式物流服务平台联结机制首先是多重非线性联结。

多重非线性互动联结的基本保障就是开放机制。物流服务平台应是开放生态圈。平台一旦形成,任何一方主体自主决定去留。"开放"并不等同于"放开"。平台生态圈的放开,可能会引入负面参与者。如卡行直通车引入经营条件差的专线运输公司,会使"准时准点班车运输服务"打折扣,对平台系统的形象造成伤害。因此有必要对平台参与者进行"用户过滤",满足条件者才准予进入。但即使有条件放开,也必须确保条件设定公平公正,不倾向任何一方。准入条件往往是由平台领导确立,为防止平台领导设立自利标准,需依靠平台发起人充当裁判。此时,如果平台发起人是联盟型组织,则更加有利于建立平台的公平制度。除开放用户准入外,开放式物流服务平台必须开放核心信息和技术接口,使外部开发者与两端用户和平台领导联结,促进平台进化。因此,开放式物流服务平台的网络联结机制是开放机制下的多重非线性联结。

(三)运行机制

开放式多重非线性联结机制下,平台运行中各主体角色的地位和作用各异(见图1)。开放式物流服务平台联结机制是开放机制下的多角色嵌入。物流服务需求用户和物流服务供给用户的嵌入创造网络效应,实现平台价值。用户网络效应来自两方面,一方面是两端用户有效匹配带来的搜索成本(search cost)降低,另一方面是同一端用户规模增加,带来的共享成本(shared cost)降低(Andrei,2007)。网络效应给平台以存在的价值,但平台的有效运行却有赖于共创价值的均衡分配。平台本体以均衡运行为出发点设定平台制度,如用户过滤机制、补贴政策等,从而实现平台共创价值的均衡分配。为防止平台本体因无法摆脱自利性而设定有利于自己的制度,破坏平台的价值均衡,平台发起人需对平台进行监督引导。可见,开放环境下多角色嵌入平台运行的首要机制是实现多主体协同,发挥网络协同,创建共赢生态圈。此外,开放式物流服务平台必须培育持续创新和进化机制。开放式联结机制通过多主体自主决定进出,保障了生态圈的形成和新陈代谢。外部开发者与用户和平台本体联结,持续提供平台优化方案,推动平台适应性调整。总之,开放式物流服务平台的运行机制是开放式环境中多角色嵌入下的协同均衡机制和动态适应机制。其中,协同共赢机制的实现主要取决于两端用户的网络效应和平台领导的均衡机制设计,动态适应机制的实现则取决于平台发起人的有效监督和引导,以及外部开发者的广泛介入。

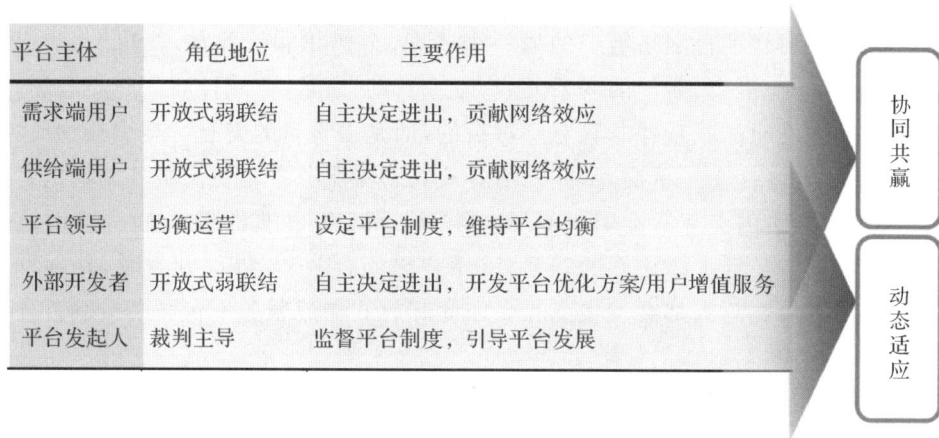

平台主体	角色地位	主要作用	
需求端用户	开放式弱联结	自主决定进出,贡献网络效应	协同共赢
供给端用户	开放式弱联结	自主决定进出,贡献网络效应	
平台领导	均衡运营	设定平台制度,维持平台均衡	
外部开发者	开放式弱联结	自主决定进出,开发平台优化方案/用户增值服务	动态适应
平台发起人	裁判主导	监督平台制度,引导平台发展	

图1 开放式物流服务平台运行机制

(四)演化机制

开放式物流服务平台动态均衡运行意味着平台会长期存在一定张力,促进平台演化。平台张力来自内部竞争和外部竞争(徐晋,张祥建,2006)。内部竞争是指不同主体(尤其是两端用户)话语权地位变更引起的平台内部主体对既有运行机制的变革要求。话语权地位可能由主体规模变化、多地栖息等原因引起(陈威如,余卓轩,2013)。外部竞争更复杂,来自多方面,可能来自相关领域竞争平台,包括物流行业垂直(上下游)领域和水平领域平台。如传化物流"路港快线"定位公路普通运输港平台与以小件快运为主的阿里物流平台可能因为业务上下游关系,而出现平台合并。又如定位于小件快运的顺丰物流,向 20 千克以上普通货运拓展。而同样定位的"路港快线"和卡行直通车可能因为制度设计决定的平台延展性差异而出现水平替代或合并。此外,不相关领域的平台因用户交叉也可能发起毫无征兆的平台竞争。如互联网 P2P 社交推动的重庆"人人快递"显示了互联网领域对物流服务平台竞争的可能性。可见内部竞争推动了开放式物流服务平台的自身进化。物流平台进化的方式一方面是规模扩张,另一方面是结构优化,规模扩张必然要求内部结构的优化。结构优化的表现之一是平台内部功能性子平台的产生和发展,如为了满足多样化物流需求和供给端用户优化自身数据管理,国家交通运输物流公共信息平台发展了物流管理软件内部次级平台。使得物流服务用户优化方案和平台优化方案有了集中交易的虚拟场所。此外,物流服务平台也会发展纠纷调解、社区互动等辅助服务子平台,以及物流技术设备交流等上下游子平台。物流平台的外部竞争决定了平台进化的结果,即包络其他平台或被其他平台所包络(Eisen-mann et al.,2011)。因此,平台内外部竞争机制下的进化与包络构成了开放式物流服务平台的演化机制。

三、结论与建议

(一)结论

围绕开放式物流服务平台整体结构(见图 2),本研究共提出四点结论:

(1)开放式物流服务平台生态圈包含物流服务需求用户、物流服务供给用户、物流服务平台、物流服务平台发起人、外部开发者等多主体。

(2)开放式物流服务平台的多主体网络联结机制是开放机制下的多重非线性联结。

(3)开放式物流服务平台的运行机制是开放式环境中多角色嵌入下的协同均衡机制和动态适应机制。

(4)开放式物流服务平台的演化机制是平台内外部竞争导致的平台自身进化与平台间包络机制。

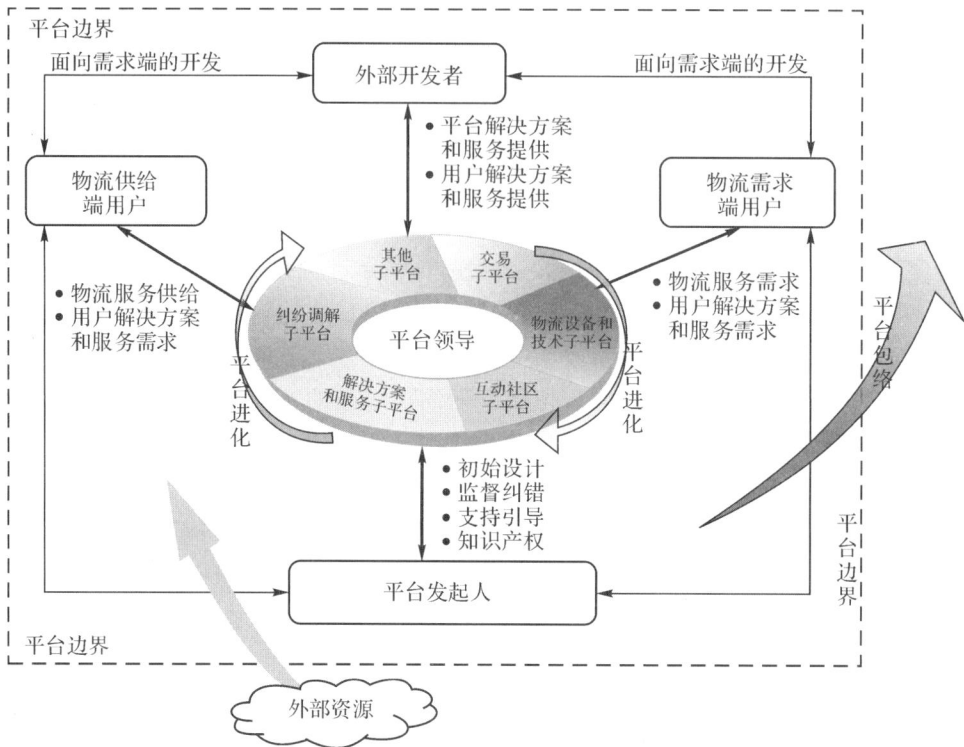

图 2　开放式物流服务平台整体结构

(二)建议

基于以上结论,本文对物流服务平台的建设和发展提出如下建议:

(1)创造开放式环境,促进物流产业平台化发展。本研究表明,开放式物流服务平台是开放式环境下的多主体嵌入网络。因此吸引多方力量参与,实现多主体协同尤为重要。目前我国物流行业信息化程度低,行业数据共享困难,标准不统一,无法实现物流链全程跟踪控制,需要广泛建立多样化的物流服务平台,推动行业标准化,突破地域限制,实现多种运输方式、多个物流环节的信息交换和共享。物流服务平台建设应遵循开放式原则,实现主体多元化和形式多样化。首先,参与主体多元化:除物流需求端和供给端用户外,还应鼓励各相关企业、行业协会、科研教育机构积极参与,确保行业相关资源积极投入平台化变革。行业相关企业,如阿里巴巴、腾讯等综合性平台企业,传统运输企业都具有推动开放式物流服务平台建设的先天条件,应该积极鼓励和支持这些企业发起物流服务平台。行业协会和教育科研机构是物流人才供给和服务创新的重要力量,应该在平台标准化建设、资源整合、技术和服务创新等层面积极融入。其次,平台属性多样化:物流行业规模庞大,平台化必然要允许多样性。平台建设可以是政府主导的"公益性"平台,如国家交通运输物流公共信息平台,也可以是私营经济主导的"营利性"平台,如卡行直通车、CSN 等。无论何种属性,物流服务平台都是经济运行的基础设施,都旨在支持我国经济发展方式和产业结构调整。无论以何种属性,物流服务平台要持续发展,都必须是低成本、开放式、安全可控的。

(2)构建动态均衡机制,优化物流服务平台运行。本研究表明,开放式物流服务平台的运行机制是开放式环境中多角色嵌入下的协同均衡机制和动态适应机制。因此,物流服务平台一旦建立,就要不断动态调整,实行均衡运转。物流服务平台建立之初,各主体规模(尤其是两端用户)不大,难以发挥网络效应,因此必须通过免费试用,甚至奖励措施积极主动吸引用户入驻。此时,平台建设中标准化设计有助于降低用户扩展边际成本。随着用户规模达到平台网络效应临界值,平台用户开始自增长,此时平台应通过用户准入制度设计,进行用户过滤,改善用户质量。用户准入制度应坚持公正性,排除歧视。平台规模的不同阶段,话语权会在不同主体间倾斜。平台应通过补贴机制,调整平台各主体之间势的平衡,使平台均衡发展。如平台收费并非固定指向某一方,而是根据用户话语权情况适时调整。话语权可以通过网络效应的实现能力、用户价格敏感性、用户服务质量敏感性、用户产出成本、用户平台价值等维度判断(Eisenmann et al.,2006)。此外,由于开放式环境下,用户和外部开发者与平台其他主体之间的联结强度较弱,甚至多平台栖息,因此平台规模波动性很大,一个微小的错误,可能导致平台用户和外部开发者外迁。用户流失达到一定量,平台萎缩就不可挽回。因此平台应通过"情感留人""数据服务""硬件绑定"等多种措施提高用户转平台成本,建立"黏性"。

(3)树立多方共赢理念,打造物流产业生态圈。本研究表明开放式物流服务平台的演化机制是平台内外部竞争导致的平台自身进化与平台间包络机制,因此物流服务平台是各参与主体联结形成的有机整体。树立共生共赢理念,培育生态圈进化能力是物流服务平台发展壮大的精髓。无论何种属性物流服务平台,都要妥善处理所有参与者之间的网络关系,满足所有参与者的需求,实现共同成长。平台发起人和平台本体必须摆脱"坐地收租"的浅薄意识,建立服务"多边"思维。物流服务平台收益应从增值服务的提供获得(如数据管理、行情预测、流程优化等),而不是场地租金。外部开发者对开放式生态圈发展至关重要,能提供物流服务平台服务多边的解决方案,增强平台价值创造能力,扩大共享价值。物流服务需求用户获得物流成本的节约,物流服务供给用户获得更高边际收益,同时也愿意为增值服务付费。只有让所有平台参与者都获得壮大的机会,分享到平台收益,平台才能不断进化,并在平台间包络竞争中胜出。

参考文献

[1] Andrei H. Multi-sided platforms:From microfoundations to design and expansion strategies. Harvard Business School. Working paper,2007.

[2] Boudreau K. Open platform strategies and innovation:Granting access vs. Devolving control. Management Science,2010,56(10):1849-1872.

[3] Eisenmann T,Parker G,Alstyne M W V. Strategies for two-sided markets. Harvard Business Review,2006,84(10):1-11.

[4] Eisenmann T,Parker G,Van Alstyne M. Platform envelopment. Strategic Management Journal,2011,32(12):1270-1285.

[5] Parker G,Alstyn M V. A digital postal platform:Definitions and a roadmap United States of America.

The MIT Center for Digital Business，2012.

［6］Rochet J C，Tirole J. Platform competition in two-sided markets. Journal of the European Economic Association，2003(1):990-1029.

［7］陈威如,余卓轩.平台战略:正在席卷全球的商业模式革命.北京:中信出版社,2013.

［8］金杨华,潘建林.基于嵌入式开放创新的平台领导与用户创业协同模式——淘宝网案例研究.中国工业经济,2014(2):147—160.

［9］徐晋,张祥建.平台经济学初探.中国工业经济,2006(5):40—47.

浙江省台州市第三方中小型物流企业资源整合模式研究

郭瑞伟

（浙江汽车职业技术学院　临海　317000）

【内容摘要】　本文结合浙江省台州市第三方中小型物流企业的现状,对其进行了 SWOT-CLPV 分析,阐述了第三方物流企业提升核心竞争力的本质,即企业内外部资源整合,通过"个性化服务""一企一策"专属服务等进行资源整合,提出了台州市第三方中小型物流企业的资源整合运作建议。

【关键词】　3PL　SWOT-CLPV　建议　台州市

台州市地处浙江省黄金海岸的中段,港口开发潜力巨大,拥有汽摩配件、医药化工、缝制设备、家用电器、塑料模具、船舶修造等"5＋1"主导行业。2013 年,"5＋1"主导行业实现规模以上工业总产值超过 2500 亿元。据预测,台州市产业群的发展趋势和产能在后续年份中仍将保持高速增长。台州市产业群经济发展对第三方物流的需求量越来越大,对需求的层次也提出了及时、准确、快速、高效等要求。但是台州市众多的第三方中小型物流企业还处于初级阶段,服务功能单一,信息化程度不高,上规模的企业偏少,"低、小、散"现象仍存在,再加上一些第三方物流企业设施设备落后,同台州市急速增长的经济形势形成了极大的反差与矛盾,同时也无法与国内大型第三方物流企业竞争。所以针对台州市物流业发展的现状,对台州市第三方中小型企业资源进行整合迫在眉睫。

在课题研究过程中,为了及时准确地总结出台州地区第三方中小型物流企业优势、劣势、机会和威胁,我们深入企业内部对企业的内外部环境及资源进行分析并采用创新方法对企业资源进行探索性改进。

一、台州市第三方中小型物流企业 SWOT-CLPV 分析

台州市是浙江省经济发达地区的重要城市,具有较强的综合经济能力和集聚、辐射能力。目前台州市中小型第三方物流企业多数是从传统的运输、仓储和物资购销企业

转型而来的,其所能提供的服务也往往局限于过去的业务领域,少有能够提供全方位现代物流服务的企业。SWOT 分析就是通过对研究系统的资源、市场、环境等进行详细分析,找出主要的优势 S(strengths)、劣势 W(weaknesses)、机会 O(opportunities)和威胁 T(threats),并加以综合评估与分析得出结论,然后再调整研究系统的资源及策略,从而实现研究系统的目标,是一种定性的战略分析方法。第三方物流企业要充分了解和利用企业的各种资源,充分认识市场、环境,在综合评估与分析的基础上,及时进行策略调整,提升核心竞争力。

(一)台州市第三方中小型物流企业 SWOT 分析

台州市第三方中小型物流企业的优势(S)分析。台州市现代物流业虽然起步较晚,但随着产业规模迅速发展,公路、水运和港口物流基础设施设备正在日益完善。2010 年,台州市交通运输、仓储和邮政业增加值占第三产业增加值的比重为 9.5%,占 GDP 的比重为 3.9%。经过多年发展,台州市物流业逐渐从传统的运输企业和仓储企业向现代第三方物流业转型,拥有山鹰物流、天天物流等第三方物流企业。2010 年,台州市全年完成货物周转量 1110.64 亿吨公里(千米)、港口货物吞吐量 4706 万吨。台州市政府高度重视的路桥和椒江区物流园区正在规划建设中,为第三方物流企业资源整合奠定了良好基础。

台州市第三方中小型物流企业的劣势(W)分析。目前台州市货物运输主要集中于公路,多式联运体系尚为完成;物流业产业发展层次不高,现有公路货运站场多数仍停留在单一的联托运站的功能层面,在物流咨询等方面没有拓展,与现代物流质量要求不一致;中小型物流企业众多,没有形成统一的管理体制,企业发展还处于初级阶段,向社会提供的物流服务功能单一、现代物流理念有待提高、信息化程度不高,上规模物流企业数量偏少,"低、小、散"现象仍存在;同时,存在信息化能力差等问题。

台州市第三方中小型物流企业的机会(O)分析。全球新一轮产业转移的重心正逐渐从制造向研发、服务延伸,长三角是国际产业转移的主要承接地之一,这将给台州市第三方中小型物流企业带来物流新需求。长三角各城市正致力于加强港口、公路、铁路、航空的协作和衔接,形成一个比较完善的物流网络。台州市作为长三角南翼的重要物流节点城市,通过积极参与长三角物流一体化发展,将会给台州市物流企业带来升级和优化。台州市的机电设备、纺织、鞋类等对台湾很有吸引力,同时,台湾的高科技产品、化工产品等对台州市也很有吸引力,这将会给台州市第三方物流企业带来新的机会。

台州市第三方中小型物流企业的威胁(T)分析。由于台州市第三方中小型物流企业发展处于起步阶段,国内外大型物流企业的冲击为其带来倒闭、并购等威胁;市场体制不完善、部分私营中小型物流企业打价格战,导致市场出现恶性竞争;"十二五"时期适逢全球性金融危机之后的全球经济再平衡期,发达国家和新兴国家的贸易格局重新调整,对台州市制造企业形成新的影响,也给第三方物流企业带来新的挑战。

（二）台州中小型物流企业在不同市场态势下 CLPV 矩阵分析

处于抑制性(C)市场态势的物流企业,一般规模较小,无法满足市场所需要的物流运作,而且追加资源周期较长,容易丧失良机,为了适应市场需求和利益共享等目标,两个或者多个第三方物流中小型公司可以通过建立虚拟物流联盟实现弱势企业的互补,扩展本身的资源优势,增加业务种类,扩大业务区域,并节省企业成本。

具有杠杆效应(L)的台州第三方中小型物流企业较少,他们属于第三方物流的领先者,凭借先进的设施设备和发达的信息资源等一直处于龙头地位。一体化物流是这些企业的发展趋势,他们充分利用自身的市场份额,通过不断细分市场拓展业务,增加顾客数量,主要通过供应链模式合作,进行资源和技能链式组合,实现高层次一体化物流服务。

处于问题性(P)市场态势下的第三方物流企业面临的问题特别严重,目前台州地区很多第三方物流企业停留在计划体制下,这严重威胁到第三方物流企业的生存。特别是台州地区第三方中小型民营物流企业,存在规模不足、设备短缺、市场预测不完备等问题。对于这类物流企业,被收购未必不是一种好的策略,这样企业可以在短时间内提高自己的物流水平,借鉴先进物流企业的管理经验和技术,尽快形成自身的核心竞争力。

处于脆弱性(V)市场环境下的第三方物流企业大部分是从传统仓储和运输企业转型而来的,他们的市场开拓能力弱,战略制定和营运管理能力较差,导致企业的竞争力优势不明显、企业产生大量的资源浪费。对于这样的第三方物流企业,利用自身优势找准企业市场和营销模式是最主要的任务。

二、第三方物流企业的核心竞争力本质即企业资源整合

企业核心竞争力的本质是企业的资源,其特性有价值性、独特性、应变性和延展性等,依托台州市第三方中小型物流企业现状分析,对其内外部资源进行整合。具体包括以下内容:

(1)信息资源整合。目前各个中小型的物流企业都有自己的门户网站,提供各种业务服务的信息服务,但是业务来源渠道过于窄小,无法达到企业自身发展的需求,有些需要物流公司服务的项目,找不到合适的合作对象,造成了需与求匹配度分离。台州市据其地理位置和产业优势,在试点的基础上形成若干个具有较强辐射力的物流中心,以及能基本保证物流作业需求的现代物流服务设施;建立公共信息服务平台和数据交换平台,达到信息资源共享和合理分配,充分发挥中小型物流企业的优势。

(2)客户资源整合。依据重要性将客户资源划分为分散客户、重点客户和潜在客户,制定不同的服务方案来满足不同的需求,同时合理利用客户资源,不断扩展新的客户源。在整合过程中,"个性化服务""一企一策"是客户资源整合的最佳方式。维持企业长期且份额较大的客户端,并通过整合方式将潜在的客户纳入重点客户中,不断为其提供个性化的专属服务。

（3）业务资源整合。众多的中小型物流企业从事的业务比较单一，一些综合性的业务单可能就会放弃这些公司。在竞争激烈化的市场环境下，必须要对各个公司突显的优势业务进行提取，然后在物流联盟中进行资源整合，形成一个集管理、咨询和第三方物流能力为一体的综合性物流公司，然后将综合性的业务按需分配给各个小型的物流公司，达到优化配置。

（4）设备资源整合。中小型物流企业在规模、设施、技术等方面无法与大型国内外物流企业相抗衡，但是每个企业的优势不一，一些物流公司以物流信息系统为主，一些物流公司以 GPS、GIS 跟踪系统为主，一些物流公司以条形码或 EDI 技术为主，对其进行设备资源整合，将形成一个庞大的物流航空母舰，发挥其优势，实现低成本的扩张和规模效益。

三、台州市第三方中小型物流企业资源整合运作建议

（一）发展企业物流一体化、明确各节点功能定位

目前台州市只有 1～2 家具有从供应、生产、销售到消费者传递，一体化的第三方物流企业，他们属于区域物流企业中的佼佼者，凭借着充足的物流基础设施、先进的管理理念及信息技术等优势站在了行业的前列。

台州市未来物流节点布局面向"511＋X"格局，这需要更多的第三方中小型的物流企业发展物流一体化。物流一体化是企业未来发展的必然趋势，其中垂直一体化物流更加适台州市物流第三方物流企业的发展，能够根据市场的需求，在原料、半成品和成品的生产、供应、销售直到最终消费者的整个过程中完成物流与资金流、信息流的协调，从而满足客户的需求。

供应链是对垂直一体化的延伸，扩大了原有的物流系统，超越了物流本身，能更好地与水平物流一体化结合，形成物流网络模块化，充分实现物流业务协同，实现更高层次的一体化物流服务。台州市各个物流节点的功能定位，主要分为第一层次和第二层次节点功能定位（见表 1）。

表 1　第一层次和第二层次节点功能定位

层次	名称	功能定位
第一层次	椒江海门港物流中心	水陆转换，港口、城市依托型
	路桥螺洋物流中心	铁路公路转换，城市依托型
	台州国际物流中心（黄岩）	干线公路、产业依托型
	温岭大溪物流中心	干线公路、产业集群依托型
	玉环大麦屿港物流中心	水陆转换，港口依托型
	市区滨海工业组团物流中心（金清）	公路航空转换，产业依托型
	临海大田物流中心	铁路公路转换，城市依托型

续表

层次	名称	功能定位
第二层次	椒江大陈岛油气物流中心	港口、产业依托型
	黄岩院桥物流中心	干线公路、产业依托型
	温岭松门物流中心	干线公路、产业依托型
	三门健跳港物流中心	水陆转换、港口依托型
	仙居白塔物流中心	干线公路、城市依托型
	三门珠岙物流中心	干线公路、城市依托型
	天台新城物流中心	干线公路、城市依托型
	玉环楚门物流中心	干线公路、城市依托型
	仙居下各(临海白水洋)物流中心	干线公路、产业依托型

(二)构建物流信息网络平台

第三方物流企业资源整合,充分利用本地通信基础设施相对较好、社会信息化程度较高等有利条件,优先构筑信息网络平台,鼓励企业信息系统接入;通过示范试点(企业)项目带动,全面构筑台州市现代物流信息网络平台,从而达到资源整合的效果。

台州市正在规划构建物流企业网络服务平台,实现各部门、单位、企业间的信息资源共享(见图1)。信息网络平台囊括物流门户网站、物流企业作业平台、交易撮合平台、园区管理平台等相对独立的子信息系统,使物流相关企业和单位在信息网络服务平台下各自独立实现具体功能,并最终实现信息共享与业务合作。

(三)建立物流企业战略联盟

战略联盟从资源整合的角度被界定为企业根据已有资源的异质性,本着互利互惠的原则,结合资源的互补性,追求共同利益的行为。战略联盟的形式包括强强对等企业合作,强弱企业、弱弱企业合作,长期稳定战略联盟等。

结合台州市企业主要以汽摩配件、医药化工、缝制设备、塑料模具、船舶修造为主,第三方物流企业的合作方式主要是网络化合作经营,既有纵向合作也有横向合作的全方位合作经营模式。以山鹰第三方物流公司为例,通过和区域天天物流企业强强合作,形成了市场共享、技术共享、业务能力共享的优势,整合了企业的核心竞争力,达到了共赢目的。

(四)形成连锁经营共赢机制

物流连锁网络是第三方物流企业资源整合新模式,通过加盟物流企业相互合作,共同控制、管理和改进从供应商到用户的物流和信息流的多个互相联系和依赖的"经济利益共同体"网络。台州市"千镇连锁超市"和"万村放心店"工程是浙江省人民政府提出

服务经济与管理 评论

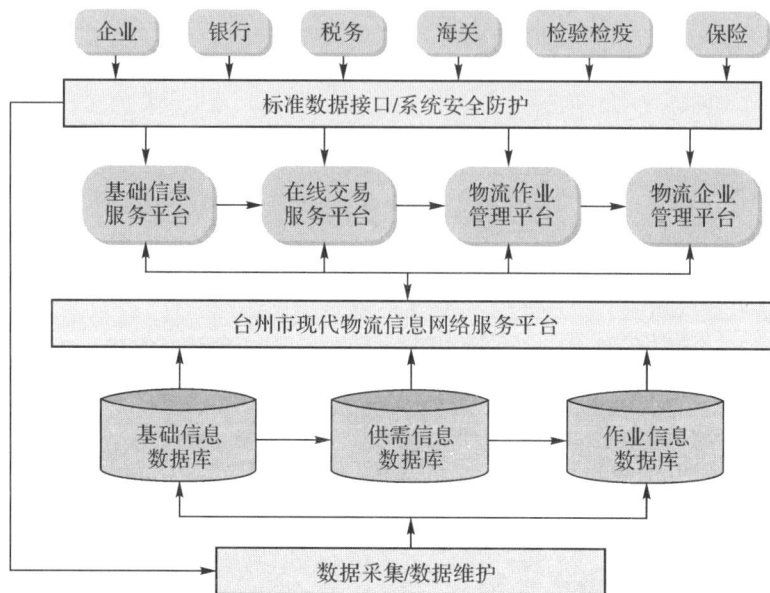

图 1 台州市物流信息网络服务平台功能架构

的建设"农村现代流通网络"的核心内容,是构建好食品安全工作长效机制的重要着力点。应按照统筹城乡经济发展的要求和"政府推动,市场运作"的原则,通过统一规划,积极培育千镇连锁龙头企业,发展农村连锁,实现全市每个乡镇所在地都有连锁超市门店。通过连锁形式展开物流区域业务,对台州市零散物流资源进行整合,建立总部与下属企业利益分配机制,建立事故处理和责任追究制度等共赢机制来让第三方物流企业的"第三利润源泉"达到增加利润的目的。

本文采用了 SWOT-CLPV 分析法,结合台州市市产业和物流企业现状,提出了资源整合运作四条建议,以供第三方中小型物流企业借鉴。台州市第三方中小型物流企业还处于起步阶段,台州市人民政府、物流协会高度重视物流企业的发展,并进行了物流节点项目的推进实施和优化整合。在这个过程中,第三方物流企业资源整合对台州市物流业的发展和促进起到了核心作用。台州市第三方物流企业要从自身实际出发,综合考虑台州市现代物流业"十二五"发展规划,进行物流资源整合,进一步提升核心竞争力。

参考文献

[1] 黄芳,施学良,戴晓震.浙江省第三方物流资源整合模式研究.物流技术,2008,27(2):25—28.

[2] 台州市现代物流发展规划(2003—2020).

[3] 台州市现代物流业"十二五"发展规划(2011).

[4] 赵聚洁.中小型第三方物流企业资源整合模式研究.哈尔滨:哈尔滨理工大学,2009.

[5] 姜春华.第三方物流.辽宁:东北财经大学出版社,2008.

[6] 孙秋菊.现代物流概论.北京:高等教育出版社,2009.

江西智慧旅游产业现状与发展趋势探讨

——以江西龙虎山景区为例

左振华　徐慧茗

（江西科技学院　南昌　330098）

【内容摘要】　"智慧旅游"是进入 21 世纪后的一个全新的命题,是旅游经济与信息服务产业相联结的必然产物。它创造性地将以科技为引擎的现代城市智慧化研究应用于旅游服务产业中,从而实现旅游资源和社会资源的共享。智慧旅游是当前社会发展的主要领域,也是今后旅游业发展的主要方向。本文分析了当前国内外智慧旅游的实践状况,并以江西龙虎山景区为案例,探讨了江西智慧旅游及相关行业的发展趋势。

【关键词】　智慧旅游　龙虎山景区　发展趋势

"智慧旅游"(Smart Tourism)来源于"智慧地球"(Smarter Planent)及其在中国实践的"智慧城市"(Smarter Cities),最早由加拿大旅游业协会戈登·菲利普斯于 2000 年提出。近几年,"智慧旅游"频繁出现于各种媒体、学术期刊并被实践。国家旅游局将 2014 年定为"智慧旅游年",为响应这一举措,国内各大、中城市纷纷做出反应,一些相关产业也竞相从技术层面突破,智慧旅游前景益然。2012 首届智慧旅游产业高峰论坛在上海举行;2014 年 1 月,"美丽中国之旅——2014 智慧旅游启动仪式"在北京举行;国家产业研究院发布了《2014—2018 年中国智慧旅游行业发展前景预测与投资战略规划分析报告》。根据 2013 年中国市场发展报告,未来 2～3 年内的中国市场,智慧旅游预期增长率会达 46%,合计 900 亿元。智慧旅游将带动相关行业,成为行业发展的驱动力。因此,分析智慧旅游的内涵,探讨智慧旅游在国内外的生存和发展情况,结合智慧城市的建设热潮和战略要点,将以科技为引擎的城市智慧化研究应用于城市旅游经济中,可以达到实现旅游资源和社会资源共享的目的。对智慧旅游的深度关注,将会进一步促进智慧旅游健康发展,具有一定的理论和现实意义。

一、智慧旅游的含义

有关智慧旅游的概念说法多样,了解智慧旅游概念的内涵和演进规律,有利于从宏观上把握行业发展的方向,从微观上完善实践中的不足和满足新的需求,有利于业界领域开拓和技术创新。在智慧旅游年启动仪式上,来自学界和企业的权威人士各抒己见,分别从智慧旅游的内容、社会功能方面提出自己的观点。安金明认为"智慧旅游首先包含了旅游公共信息服务,其次是旅游业态产品(由智慧景区、智慧饭店、智慧旅行社、智慧旅游乡村的建设规范四个标准来决定的),最后是监管"。黄国彬认为"智慧旅游最大的社会功能是实现旅游的自由化和平民化,消费者可以通过互联网、App 等实现旅游行为动机"。和育东认为"智慧旅游是旅游业的一次革命,使旅游业从信息化、速度化向智能化大大迈进,智慧旅游将推动旅游业黄金时代的到来"。

总之,"智慧旅游"是一个全新的命题,其根本目的在于创造幸福。狭义的智慧旅游,即智能旅游,就是以互联网为基础,以新技术为手段,以细分化为目标,形成为旅游者全面服务的网络,是物理网络和信息网络的结合。广义的智慧旅游,是针对广义旅游者不断变化和细化的需求,在旅游发展的各个方面运用智慧的头脑,凝聚智慧的团队,采用智慧的手段,达到低成本、高效率、个性化的结果。智慧旅游的"智慧"一般体现在三个方面:旅游服务智慧、旅游管理智慧、旅游营销智慧。

二、智慧旅游产业在国内外发展现状

本研究简单总结了国内外智慧旅游的实践情况,见表 1。

表 1　国内外智慧旅游实践简况

年份	地点	内容
2001	欧盟地区	"创建用户友好的个性化移动旅游服务"项目,个性化移动旅游
2005	罗拉多州	Steamboat 滑雪场: RFID 定位装置反馈系统 MountainWatch,可监测游客的位置、推荐滑雪路线、反馈游客消费情况等
2006	宾夕法尼亚州	Pocono 山脉的度假区: RFID 手腕带系统,实现不用携带任何现金和钥匙可以在活动区内自由消费,也是顾客的身份证明
近几年	首尔	"I Tour Seoul"应用服务系统: 旅游者可实时获得其当前所在位置周边的各种相关旅游信息,提供五种语言的服务
2008 年以来	美国	IBM 的智慧酒店: 四个解决方案,即机房集中管理、桌面云、自助入住登记和退房、无线入住登记和融合网络

年份	地点	内容
2009	英、德	智能导游软件:让游客通过声光与影像,"亲身"体验被遗忘的历史时光,带领游客"回到过去"之外,还有路线规划功能。
近几年	美国	在线旅游:一是 Priceline 模式,二是 HomeAway 模式,三是 TripIt 模式
近几年	宜兰	GDS 全球营销系统 GPS 全球定位系统,适合自身特色的 O2O 营销模式;将游客的"食、住、行、游、购、娱"等各方面的服务,充分精准化、个性化,让游客时刻感受到智慧旅游的贴心
近几年	布鲁塞尔	用二维码技术和城市的信息进行对接,可以通过手机扫描二维码获取信息

资料来源:《智慧旅游新体验》,http://www.bescn.com/chengguo/5114.html。

从表 1 我们可以得知发达地区发展智慧旅游的原因包括:

(1)政府和企业的高度重视。智慧旅游不仅意味着高效的智能化服务和管理,还能带来产业链的拓宽和延伸,加速新技术与日常生活的紧密融合,促进人们的生活方式朝着更智能、更舒适的方向转变。国外政府和企业认识到其中蕴含的巨大机遇,积极推动智慧旅游快速发展。

(2)产业基础较好。欧美、日韩等发达国家的智慧旅游产业发展迅速,他们有个共同的特点,那就是产业基础较好。以在线旅游、旅游电子商务、GDS、GPS 为代表的旅游信息化迅猛发展,各行业形成交集,技术革新速度快。我国旅游业整体的信息技术应用现状与很多地区的智慧化发展还存在一定的差距,毋庸置言,随着国内旅游业与 IT 产业的融合,中国旅游信息化的发展将呈现出巨大的市场潜力。同时必须强调智慧旅游不仅是技术的借鉴和学习,更是理念的学习。它是以游客为中心的、提高游客幸福度的人性化服务,是可持续性的旅游。对先进智慧旅游地区经验的学习和借鉴,将在一定程度上推动我国智慧旅游工作的进程。

我们对中国智慧旅游建设应该重点把握以下几点:

(1)服务基础平台化。服务旅游消费者的综合性平台是智慧旅游赖以生存的基础。体验经济时代的到来意味着大量科技元素和智能化技术投入景区建设,旅游消费者能从中获取独特的旅游体验。用于景区的主题创新智能化技术将推动旅游业的空前革命,实现信息化价值与景区核心价值的统一成为旅游科技革命的出发点和归宿。

(2)项目设计人性化。智慧旅游的终极目的就是为了实现游客旅行过程的便捷化、个性化、安全化、服务化,始终围绕传统的"食、住、行、游、购、娱"旅游六要素,其整体设计思路围绕三个服务,即为游客、景区管理、第三方管理(旅游执法、公安、医疗卫生等)服务;设计框架围绕三个方向,即线上(网站平台、数据平台)、线下(景区户外、室内智能导游终端)、手中(基于 Android、IOS、WP 三大手机操作系统的智能导游平台)。所有的设计思路都离不开人的活动,所有的目的都只是为游客服务,以游客为中心,凸显"以人为本"的理念。

(3)项目规划体系化。智慧旅游项目规划体系涉及游客、景区管理、第三方管理、社会化媒体四个方面,因此在建设智慧旅游项目过程中也要兼顾四者,使智慧旅游成为社会化的系统工程。在智慧旅游项目规划设计中各方合理分工,共同确保智慧旅游服务平台的可行性和可靠性。

(4)投资体系多元化。智慧建设,诸如建立智慧旅游信息网、研制城市自助导览系统、开发"数字城市"网络虚拟旅游系统等,既离不开投资,更离不开相关行业的参与。因此,在智慧旅游建设过程中,投资体系也应该是多元化的。

三、智慧旅游景区试点案例——江西龙虎山

为响应 2014"智慧旅游年"的启动,江西以龙虎山景区为试点,在政府的驱动下,各相关产业纷纷从市场的角度,寻找与龙虎山智慧旅游建设的交集。本着智慧旅游的"智慧"特色,龙虎山景区在智慧服务、智慧管理、智慧营销方面做了大胆尝试。

(一)用"智慧"提升旅游服务品质

在资深发言人魏小安看来,"智慧旅游年"只是个说法,智慧旅游发展的核心取决于市场。"无微即危,无智即死",智慧旅游需要智慧,落实在智能旅游、开拓在微旅游、开创在云旅游。龙虎山景区通过相关措施(见表2)率先推动智慧旅游。

表 2　龙虎山智慧旅游建设演进历程

序号	年/月	内容
1	2004	龙虎山旅游资讯网的建立
2	2009	建立电商平台,实现了门票、酒店、特产网上预定
3	2010	建成旅行社报团系统,便于做好旺季旅游接待路线安排工作
4	2011	与同程网、驴妈妈旅游网、携程网、去哪儿网等合作,景区门票分销
5	2013	完成手机网站建设,实现智能移动手机终端应用
6	2014/2	"龙虎山微信公众平台"上线,实现微信预订和支付功能
7	2014/4	微信的移动智慧服务系统的正式上线,含景区服务、在线支付、智能导游、语音讲解,游客通过扫描景区二维码便可以享受"一触"智能服务
8	2014/6	全面铺设免费 Wi-Fi,"导航、导览、导游、导购"的智慧服务体系成熟

2014 年 6 月,龙虎山景区已成为江西省首家具备完整 O2O 旅游微信服务能力的景区,已成为江西首个成功地从信息化向智慧化跨越的景区,日益便捷的旅游信息化服务使许多来龙虎山的游客欣喜不已。

(二)用"智慧"加强旅游管理

龙虎山的智慧旅游建设不仅体现在服务方面,智慧管理与智慧营销也正在探索中不断前行。2013 年,龙虎山景区制定了《智慧龙虎山景区规划(2013—2018)》,从应用

层、网络层、感知层等三个层面进行建设,形成智慧龙虎山系统框架。如今,龙虎山景区初步建成了指挥调度中心和智慧中心,基本完成了通信网络平台及数据平台建设,并具备了服务共享平台的基础条件。

在智慧管理方面,随着电子票务系统、智能化IP视频监控系统、LED大屏幕信息发布系统、观光车车辆定位系统、游客归属地分析系统、旅行社报团系统、旅游分销系统等管理系统建成并投入使用,龙虎山景区已具备了游客引导、车船管理、生态保护、安防管理、客户管理、财务管理、营销管理和辅助决策等智慧管理能力,基本能使景区管理运筹帷幄。

此外,景区建成游客客源分析系统,实现精确化、深入化、细致化营销,成为江西省首家开发使用智慧旅游统计系统的景区。同时,龙虎山景区还将逐步展开龙虎山竹筏排队叫号、GPS车辆调度、呼叫中心、自动化办公、酒店管理、地理编码、基础数据资源管理、景区数字城管、森林防火和GIS地理信息等系统的建设和运用,并通过研究和探索,深挖数据价值,逐步加大辅助决策的涉及面和比重,使管理更精准、更智慧,助推旅游产业转型升级。

(三)用"智慧"拓宽营销渠道

智慧旅游发展的基础在于需求,根本在于企业,企业只有跟进新技术才能够满足游客的需求。在智慧服务、智慧管理、智慧营销三大体系中,智慧服务与智慧管理是前提,而智慧营销则是关键,是重中之重。在当今复杂多变的旅游市场中,散客化特征日益明显,以旅行社为主要渠道、专注于团队市场的传统营销模式正面临挑战。为拓宽旅游市场,近年来,龙虎山景区加大资金投入,积极努力探索,在巩固旅行社传统营销模式的基础上,将网络营销作为一个重要的推广渠道,依托网络平台实施精准营销,提高旅游信息化服务水平,拓展旅游市场。

建立健全旅游信息化平台。升级龙虎山旅游电子商务网,完善分销平台、网上订票、网上支付、导游预约、酒店预订等功能。通过官方网站对景区进行营销宣传,依托微博、微信等网络平台为游客传递更加丰富的旅游信息。在新浪、腾讯、搜狐等门户网站开通龙虎山官方微博,发布旅游、活动资讯,吸引粉丝30多万人。强化微信营销,每天及时发布龙虎山相关新闻信息、提供相关咨询,景区微信粉丝目前已达5万余人。丰富的旅游信息内容方便了游客了解龙虎山景区及周边旅游信息,大大扩大了游客源。

龙虎山将构建一张智慧旅游大网,打造100个网络直销网点——龙虎山智慧旅游超市,并通过百度大数据营销、微信立体化等加大智慧营销力度。为顺应自助、自驾游旅游市场,景区将整合周边酒店、餐饮和购物等商户资源,精心打造让游客满意和省钱的自助游套餐产品,促进"OTA+电子商务平台+微信+在线支付"的智慧营销模式的形成及发展。

四、智慧旅游在江西的发展趋势及对策

(一)发展趋势

1. 结合"在线旅游与电子商务"

根据美国 CRG 研究公司的统计数据,2012 年全球旅游业电子商务销售额突破 3620 亿美元,占全球电子商务销售总额的 40% 以上。目前,世界主要旅游客源地约 60% 的旅游产品订购都是通过互联网实现的。相对而言,中国的在线旅游行业则刚刚起步。因此,借鉴欧美的成功案例,并与中国实际情况相结合形成中国特色的在线旅游与电子商务模式,对于中国旅游业的整体发展十分重要。

2. 利用"GDS 全球营销系统"

GDS(Global Distribution System)全球分销系统供货商主要是提供一个网络平台,由旅游产品供应者通过后台设定产品销售,使全球的旅游代理商或散客(旅游网站等)可以直接利用此平台进行交易。宜兰智慧旅游的"住、游"等在营销方面,借鉴了目前先进的全球营销系统,并开发出适合自身特色的 O2O 营销模式。在欧洲,有 40% 左右的旅行社都拥有 GDS,在法国已有 85% 的旅行社拥有 GDS。近期,Axess 和 Savre 系统联网后,日本和欧洲的 6100 个系统用户已经可以通过美国航空公司系统预订机票、饭店和租车。

3. 应用"GPS 全球定位系统"

GPS 即"导航卫星测时与测距全球定位系统",简称全球定位系统。GPS 是以卫星为基础的无线电导航定位系统,具有全能性(陆地、海洋、航空和航天)、全球性、全天候、连续性、高精度和实时性的导航、定位和定时的功能,能为各类用户提供精密的三维坐标、速度和时间。GPS 全球定位系统所支撑的各种应用将游客的"食、住、行、游、购、娱"等各方面的服务,充分地精准化、个性化,使游客时刻感受到智慧旅游的贴心。

(二)对策

1. 国家政策层面

江西省旅游发展委员会(以下简称"省旅发委")将和四家公司围绕江西省智慧旅游产业,充分发挥各自优势,开展全方位合作,为江西省旅游跨越式发展及产业结构升级提供全方位的政策、技术、资金支持和保障。

省旅发委将成立专门工作组和四方对接,探讨智慧旅游发展规划、项目落地,并给予政策保障支持,协调解决统一智慧旅游云平台、统一电子商务平台、统一游客服务中心、主要景区的高速网络覆盖、高清监控平台、电子门票 E 通道、电子门票系统等相关问题并配套相关优惠政策。同时积极帮助整合宾馆、酒店、旅行社等旅游相关组织及政府其他部门,使其积极参与支持此项目。这意味着游客借助手机、平板电脑等便携终端设备,就能了解到丰富的旅游资讯、挑选心仪的旅游产品等,更便利地在江西旅游。

2. 行业层面

首先是电商。为打造旅游消费者的综合性平台,大部分移动终端会为智慧旅游产业提供良好的基础平台。百度、腾讯等创业公司都在全力冲击 3G,室内地图导航技术则让渡于旅游产业,如故宫景区内的导航。室内定位技术的突破会为景区内导览带来技术上的变革。摄像技术、二维码技术的突破与普及,摄像头与 GPS 结合的技术,增强现实、实景等的技术,感应器、GPRS 等感应网、物联网等技术的突破都将极大推动智慧旅游的发展。

其次是各级运营商。O2O 即 Online to Offline(在线离线或线上线下)和旅游产业的交集。O2O 是典型的互联网企业驱动线下的传统企业,未来几年的新走向为:第一,本地化智慧旅游。旅游业的规模化,包括网络、监管体系、服务体系的升级换代。第二,与旅游相关的细分行业。首先是生活服务平台,包括移动 O2O、大众点评等。再是LBS,酒店团购,旅游房产,拼车、租车行业,费雷德信息门户,如 58 同程、赶集网、去哪儿网等。还有分类餐饮信息以及 OTA,这些行业共同组成了智慧旅游在网络交集层面更多产业细分的现状。第三,硬件技术的突飞猛进。旅游和智慧旅游最相关的就是定位、地点导航,包括景区内的导航,这有赖于硬件的基础。①语音控制技术与旅游相关得越来越密集,如语音搜索、语音感觉、语音驾驶,付费 B2B。②生物健全、指纹控制,OTA 支付,手机控制等技术在景区内的应用。③云计算是一切网络后台的核心,主要是国家层面进行操作与推进。④无线供电等技术应用于智慧旅游。

3. 大数据与微旅游相得益彰

大数据(如大众点评)达到大数量级后将开放给其他的技术平台。①虚拟世界,包括 3D,或者三维合成景区的场景,如数字圆明园、数字故宫等。②3D 打印,手机拍照,当场出租打印,这些技术在国外已经成熟。③用户建设,包括自动汽车,三维扫描、新媒体、各种终端产业,以及传统的旅行社、票务公司、OTA 厂商等。"无微即危,无智即死",智慧旅游没有智慧一定死,所以智慧旅游需要智慧,落实在智能旅游、开拓在微旅游、开创在云旅游。新世纪旅游是在微的基础上,越动越需要云,所以基于位置的服务毫无疑问变成趋势,微是云的市场基础,云是微的实现手段。

五、结语

智慧旅游的出发点是满足人的需求,以满足人的幸福指数为最终目标,所以与中国传统的"以人为本"的理念是一致的。信息化、数字化、智能化是旅游电子商务的三个阶段,互联网、物联网、旅联网是我们的三个过程,云计算、云服务、云旅游,尤其是基于位置的个性化服务将迅速形成完整的服务模式和商业模式,这是旅游发展的前景所在。

服务经济与管理 评论

参考文献

[1] 黄超,李云鹏."十二五"期间"智慧城市"背景下的"智慧旅游"体系研究.2011《旅游学刊》中国旅游研究年会,北京,2012:55—68.

[2] 朱珠,张欣.浅谈智慧旅游感知体系和管理平台的构建.江苏大学学报(社会科学版),2011,13(6):97—100.

[3] 李梦."智慧旅游"与旅游信息化的内涵、发展及互动关系.2012 中国旅游科学年会论文集,2012:21—27.

[4] 刘军林,范云峰.智慧旅游的构成、价值与发展趋势.重庆社会科学,2011(10):121—124.

[5] 叶铁伟.智慧旅游:旅游业的第二次革命(上).中国旅游报,2011-05-25(11).

[6] 张凌云,刘敏.智慧旅游的基本概念与理论体系.旅游学刊,2012,27(5):66—73.

转型期温泉旅游决策和消费行为特征研究[①]
——基于浙江武义温泉旅游度假区的调研

潘雅芳

（浙江树人大学浙江省现代服务业研究中心　杭州　310015）

【内容摘要】　本文以浙江武义温泉旅游度假区为例,通过调查问卷,使用描述性统计方法(频率、交叉表)、单因素方差分析(one-way ANOVA)和因子分析等统计方法分析了温泉旅游人口学、旅游决策和消费行为特征。研究发现转型期温泉旅游对象以城市中产阶级为主,年龄为20~40岁,学历大专以上,其消费市场的距离以中短程为主;旅游目的以休闲度假为主,基本以同事、朋友同行和家庭式的结伴自助游为主要出游方式,选择自驾车和公共客车出行,停留时间多为1~2天,浙江省内不同的地区停留时间有明显的差异,不同省份的游客人均消费有显著差异。除了泡汤以外,温泉游客还有观光游览、运动娱乐等多样化的休闲活动需求。

【关键词】　转型期　温泉旅游　旅游决策　消费行为

一、问题的提出

从世界范围看,旅游业已进入一个旅游新时代(New Age of Tourism),其标志为:旅游者的年龄趋于年轻化,心理上更注重经历、渴望参与;旅游需求更趋于多样化、特殊化。从国内来看,随着经济的发展,人均国民收入增加引发旅游消费需求转型,从最初单一观光旅游需求发展到休闲多元化需求,特别是休闲度假需求。依据国际经验,当人均国民收入达到3000美元时,度假需求便会普遍产生。2013年,我国人均国民收入6767美元,长三角地区如上海、浙江、江苏已超过1.1万美元(国家统计局,2014年1月公布),这说明中国已进入休闲旅游发展阶段。同时,伴随着互联网的快速发展,新科技在旅游业的广泛应用,人们闲暇时间的增多,汽车在家庭内的普及,各地旅游基础设施的日益完备,旅游业进入了一个全面转型时期,旅游市场呈献出新的消费特征。

---

①　【基金项目】浙江省哲学社会科学基金资助项目(12JCJJ19YB),同时受浙江省现代服务业研究中心资助。

温泉旅游集度假、休闲、养生于一体。随着休闲旅游时代的到来、我国旅游业向更深层次发展,温泉旅游正在成为休闲旅游的一大热点。我国的温泉利用有着上千年的历史,但新中国成立后建设的温泉疗养院尚不具备旅游的功能,主要是作为接待公费医疗人员的场所。温泉旅游直到改革开放以后才真正发展起来,但从改革开放到 20 世纪 90 年代中期,温泉旅游度假区规模小,主要面向高消费阶层。20 世纪 90 年代中期以来,综合性的温泉旅游兴起,全国范围内兴建了大量温泉旅游度假区。这些温泉旅游度假区的旅游设施和旅游项目配套齐全,除了基本的温泉疗养旅游外,还有观光、娱乐、康体、会议、体育、民俗等旅游功能;旅游对象多样化,从专门化、特殊化的消费群体向大众化发展。2011 年,国内温泉旅游人数为 1938 万人次,温泉旅游收入达 708.31 亿元(《2012 中国旅游统计年鉴》)。

学界也对目前温泉旅游的研究表现出了浓厚的兴趣,对 1994—2013 年的有关"温泉旅游"的研究进行检索,共检得各类期刊文献 250 多篇。国外对温泉旅游的研究,从地域上看,研究大多集中在温泉旅游发展较为成熟的欧美和日本,研究的重点和热点主要为对温泉旅游资源开发的综合性评价、对温泉资源医疗功能的研究、温泉旅游的市场研究。而国内温泉旅游研究主要集中于温泉旅游地的开发建设上,主要涉及温泉旅游地开发模式、温泉旅游度假区规划与设计(蒿惊雷等,2001)、温泉旅游度假区发展态势(冯威等,2003)、温泉旅游地特征及空间竞争分析(王冠贤和保继刚,2004)等研究。

游客行为研究方面,国内外的研究也呈现出不同的特点。国外对游客行为的研究主要集中于对影响游客选择旅游目的地的有关因素的分析,有关游客对于旅游活动的满意度评价和游客对于旅游地忠诚度的建立等方面;国内学者对于游客行为特征的研究主要体现在人口学研究、行为学研究等方面。在对不同类型旅游地的游客行为特征研究方面,众多学者在不同地区均做了大量的实证研究,聂献忠、张捷等(1998)在对九寨沟旅游区旅游流进行分析后,认为旅游者的人口学特征对其行为动机与决策、实际行为有决定性意义;吴必虎等(1997),王斌(2001),郭静、张树夫(2005)等对城市型旅游地进行了众多实证研究;陆林(1994)对黄山、九华山等山岳型旅游地所做了实证研究;杨效忠等(2004)对海滨型旅游地进行了实证研究,等等。众多学者对不同旅游地的游客行为进行的实证分析,为各类型旅游地研究积累了大量的案例。但是纵观各类研究,目前针对温泉旅游旅游决策和消费行为特征的研究较少,描述和评论性的定性研究较多,定量研究较少。在温泉旅游市场上,旅游者的行为规律和需求特点、客源市场的地域结构特点等都是温泉旅游开发急需研究的问题。掌握游客行为与人口学特征之间的关系是遵循市场规律开发合理的旅游产品的基础和关键,特别是在转型期,旅游消费者市场和游客需求呈现出新的特点的情况下。本文以浙江省武义温泉旅游度假区为例,通过实证调研,对温泉旅游进行人口学普遍特征分析、客源市场分析、游客决策和消费行为特征分析,从而了解转型期温泉旅游的现状,并有针对性地提出转型期温泉旅游发展策略,对温泉旅游发展及温泉旅游度假区的建设和发展有着积极的应用价值。

二、问卷设计与调查研究方法

问卷的设计借鉴了国内温泉旅游产业统计年鉴及温泉产业发展报告,以及吴必虎(1997)、王斌(2001)、郭静(2005)等关于旅游行为的相关研究内容。问卷主要分为三大部分:游客人口学统计、游客决策行为及消费行为特征调查。游客人口学特征调查主要包括:性别、年龄、文化程度、职业、月收入、来源地。游客决策行为特征调查主要包括获取旅游信息的渠道、旅游目的、对温泉度假区的了解程度、出游方式、交通方式、出游时间等方面的信息。旅游消费行为特征调查主要包括停留时间、人均消费、住宿方式、游览的景点和参与的活动、满意度和重游率等方面的信息。

本研究选择浙江省武义温泉旅游度假区的浅水湾·沁温泉度假村、唐风温泉度假村、清溪湖温泉度假村的游客作为样本,采取非随机的任意抽样,对游客进行抽样调查。调查时间为 2013 年 12 月 26 日至 2014 年 2 月 12 日,由调研小组成员选取周一到周日的不同时段,一般在游客享用早餐时、泡温泉休闲放松时和泡温泉结束将要离开时发放问卷,游客填写后当场收回,共发放问卷 1220 份,有效问卷 1048 份,有效率 85.9%。本研究使用 SPSS 19.0 统计软件进行资料分析。针对本文的问卷及各项主要问题,采用描述性统计方法(频率、交叉表)、单因素方差分析(one-way ANOVA)和因子分析等统计分析方法分析。

三、数据分析与研究启示

(一)样本人口统计学特征分析及启示

游客的个性特征分别由游客的性别、年龄、文化程度、职业、月收入、来源地(省别)和来源地(省内)等 7 个方面组成。具体特征见表 1。

表 1　样本人口统计特征($N=1048$)

项目	变量	样本数(个)	百分比(%)
性别	男	629	60
	女	419	40
年龄	20 岁及以下	39	3.7
	21～30 岁	596	56.9
	31～40 岁	308	29.4
	41～50 岁	106	10.1
文化程度	高中及以下	238	22.7
	大学(专、本)	705	67.3
	硕士及以上	105	10.0

续表

项目	变量	样本数(个)	百分比(％)
文化程度	中、小学生	19	1.8
	大学生	77	7.3
职业	军人	19	1.8
	个体户	163	15.6
	公务员	48	4.6
	企事业单位员工	327	31.2
	教师	48	4.6
	自由职业者	192	18.3
	其他	134	12.8
月收入	1001～3000 元	205	19.6
	3001～5000 元	264	25.2
	5001～8000 元	264	25.2
	8001～10000 元	97	9.3
	10000 元以上	196	18.7
来源地(省别)	浙江	803	76.6
	长三角(不含浙江)	49	4.7
	其他省(区、市)	196	18.7
来源地(省内)	杭州	177	22.0
	金华	157	19.5
	温州	147	18.3
	宁波	128	15.9
	绍兴	39	4.9
	嘉兴	39	4.9
	舟山	10	1.2
	台州	49	6.1
	衢州	19	2.4
	丽水	19	2.4
	湖州	19	2.4

从表 1 可以看出,武义温泉旅游度假区游客男性多于女性,分别为 60％和 40％;年龄主要集中在 20～40 岁,其中 21～30 岁占比为 56.9％,31～40 岁占比为 29.4％,共占全部游客的 86.3％,即以中青年为主。这说明温泉旅游度假区的女性市场和老年人市场还有待进一步开发,因为女性和老年人相较其他群体来说,更加注重养生保健,是温泉养生市场最重要的潜在客户。游客职业以企事业单位员工、个体户和自由职业者为主,这三者占比数为全部游客的 65.1％,说明这部分游客的闲暇时间较易受本人自我支配,出游的比率较高。游客的文化程度以大学(本科、大专)学历为主,占比数为67.3％;月收入多为 3000～8000 元,占比数为 50.4％。学历相对较高,同时对生活质量要求也高,对休闲旅游度假需求也高,月收入多为 3000～8000 元,这说明大部分游客为中等收入者,从社会学的角度看,他们代表的是中产阶层,即中产阶层是武义温泉旅游度假区的主要客源。从来源地来看,浙江省内游客居多,占比数是 76.6％,省内又以杭州、温州和金华为主,这三个客源市场大约占了省内游客总数的 59.8％。武义温泉

旅游区客源市场主要表现为短途旅游的特征,客源主要是省内游客,特别是杭州、温州、宁波等省内经济相对较发达的地区及金华市内的游客,说明客源地经济发展水平及距离对温泉旅游都具有一定的影响力。温泉旅游市场与传统的观光旅游目的地存在着较大的差异,最大的不同就是其消费市场的距离以中短程为主,其原因在于温泉旅游资源属于大尺度范围内的普遍性资源,难以在特性上形成全国唯一的独特性,因此也难以吸引远程的消费者舍近求远专程前往。同时,区域经济水平对温泉旅游市场的发展具有至关重要的作用,只有区域内消费能力发展到一定阶段,才能够支撑起温泉旅游地经济的开发。对远程旅游者来说,温泉旅游地一般是被动性或者是非第一目的地。在这种情况下,温泉的品牌、规模、周边景点的连锁效应成为旅游者选择的主要因素,而品牌因素则是首要因素。武义温泉旅游度假区的温泉旅游产品目前还未真正向精细化、文化体验型发展,要关注温泉体验产品的高品质、特色和文化体验,打造品牌特色,使之成为区域内具有强吸引力的温泉旅游度假区。

(二)旅游决策行为特征分析与启示

1. 获取旅游信息的渠道

从图 1 可以看出,朋友介绍是游客了解旅游目的地信息的主要渠道,占比 52.5%;其次是网络传播,占比 21.8%;电视、广播和杂志等渠道占比数为 9.9%;旅行社推荐和其他各占 8.9%、6.9%。

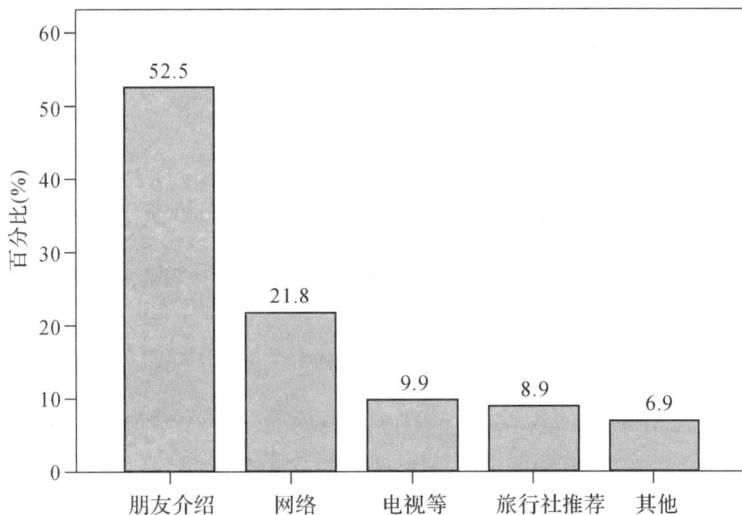

图 1 了解旅游目的地信息渠道

从以上数据分析中可以了解到,游客在对温泉旅游的了解渠道中,口口相传依然是最重要的渠道。这与武义温泉旅游度假区目前的发展状况是密不可分的,由于其客源市场范围较小,游客多来自相同或相近的区域,相对于传媒营销,近距离游客更信服身旁人们温泉体验后的口碑评价。同时,武义温泉旅游度假区对于旅游区的宣传还不到位,缺乏中远距离的宣传营销。互联网方面,由于温泉的普遍受众为中青年群体,其对网络的接受度比较高,因而应该加强温泉旅游度假区的网站建设,以及加大在携程、艺龙等各大在线交易平台上的营销投入,特别是利用新媒体如微信、手机 App 客户端吸引游客,在旅行社推荐中也应该扩大辐射范围,加强与省外旅行团的合作。总之,还应加大渠道推广力度,让更多的游客了解武义温泉旅游,从而更加有效地扩大客源市场。

2. 旅游目的

在本次调查中,从图 2 可以看出,旅游目的排在第一位的是休闲度假,占比是71.3%;其次为观光游览,占比为29.7%;健康疗养目的占比是15.8%;商务活动、会议和培训占比11.9%;奖励旅游占比数为7.9%。这与目前武义温泉旅游度假区自身休闲养生的定位是不相符合的。温泉的养生功能是温泉存在的基础,温泉富含各种对人体有益的矿物质成分,它的保健功能是其他旅游项目所无法比拟的。但是在调查中发现,旅游者中健康疗养人群只占15.8%,这可能与目前温泉旅游度假区对于自身温泉医疗疗效的宣传乏力及相应的医疗配套设施不完备有一定的关联,说明其功效还没有真正地为人们所知。要培育这个市场,应加强温泉资源开发利用与科学研究,开设大型温泉健康中心、温泉型养生保健机构,真正将温泉的疗养功能发挥出来。研究中发现,游客对温泉旅游存在着多样化的需求,要倡导温泉旅游度假区向多功能、综合性发展。进一步对游客的个体特征和旅游目的做方差(one-way ANOVA)检验,性别、年龄、文化程度、职业、月收入、来源地(省别)、来源地(省内)显著性检验结果(也就是双尾 P 值)分别为0.300、0.379、0.098、0.893、0.591、0.023、0.429,表明它们之间并没有显著的相关性。

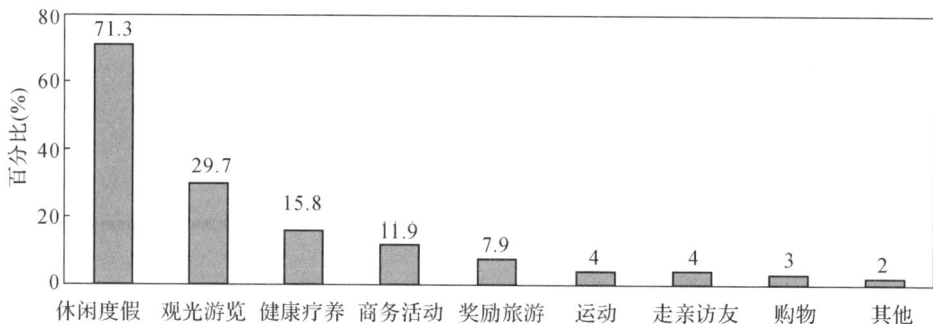

图 2 旅游目的

3. 旅游行为

对游客的旅游方式、旅游出行同伴与交通方式调研数据进行分析,结果见表2。

在旅游方式上,自助的游客占比64.4%,单位组织旅游的游客占比15.8%,旅游网络公司安排的游客占比5.9%,旅行社参团旅游和旅行社"自由人"项目各占5%和4%。从出行同伴来看,来武义温泉旅游度假区的游客主要以同事、朋友同行为主,占比56.4%,与伴侣同行的占比23.8%,与家人同行的占比15.8%,独自1人和其他仅占4%。这说明温泉旅游是一项集体性的旅游活动,这也与目前参加温泉旅游养生休闲的特性密切相关,大部分的游客喜欢与家人、朋友或同事结伴出行,以进行度假休闲为旅游目的,或与同事一起参加会议、培训或奖励旅游。在旅游交通方式的选择上,44.6%和41.6%

表 2　旅游行为特征(N＝1048)

项目	变量	样本数(个)	百分比(％)
旅游方式	自助游	675	64.4
	旅游网络公司安排	62	5.9
	单位组织旅游	166	15.8
	旅行社参团旅游	52	5.0
	旅行社"自由人"项目	42	4.0
	其他	52	5.0
旅游出行同伴	与家人同行	166	15.8
	与伴侣同行	249	23.8
	与同事、朋友同行	591	56.4
	独自1人	31	3.0
	其他	10	1.0
旅游交通方式	飞机	52	5.0
	公共客车	436	41.6
	自驾车	467	44.6
	火车	52	5.0
	高铁	42	4.0
出游时间	春节假期	21	2.0
	元旦假期	42	4.0
	五一假期	31	3.0
	国庆假期	10	1.0
	寒暑假	42	4.0
	双休日	405	38.6
	年休假	93	8.9
	其他	404	38.5

的游客选择了自驾车和公共客车出行,只有10％的游客选择了飞机和火车,4％的游客选择高铁出游。在抵达目的地的行程时间上,1小时以内的为10.9％,1~2小时内的为26.7％,2~3小时内的为47.5％,4小时以上的占14.9％。一方面武义温泉度假区所在地没有直接到达的飞机和高铁等交通工具;另一方面,目前在武义温泉旅游市场上的游客都是以短途客为主,自助游的游客多喜欢选择自驾车和公共客车等交通工具。因而武义温泉旅游度假区在旅游产品设计与基础配套设施中要考虑游客的出行特点,比如针对自驾车自助游的野营基地、住宿产品中增加家庭配套旅游产品。

　　在旅游时间的选择上,38.6％的游客选择在双休日出游,10％的客人选择在春节、元旦等法定节假日出游,8.9％的客人选择利用年休假出游,38.5％选择在平时的日子出游。这与目前国内年休假还未普及有一定的关联,大部分的家庭利用周末的时间与家人进行短途游。同时因为来武义温泉旅游度假区的游客很大一部分是自由职业者、个体户,他们的旅游出行时间更容易自行支配,所以也会选择在平时出游,这样也有利于避开周末的温泉旅游高峰期。

(三)游客消费行为分析

1. 停留时间

在停留时间上,25.7%的游客停留 1 天,62.4%的游客停留 2 天,8.9%的游客停留 3 天,只有 1%和 2%的游客停留 4 天到 5 天。温泉旅游多为近程旅游,所谓近程旅游是指游客的出行范围较小,一般在 300 千米左右的范围内,旅行时间为 5 小时左右。表 3 表明,停留 1 天和 2 天的旅游者占总数的 88.1%。由于武义温泉客源地以浙江省内为主,大部分的客人选择在双休日等时间自驾前往,多数游客会选择当天返回或过一夜。当地的旅游产品还不够丰富,但随着武义温泉旅游地知名度和美誉度的不断提高,会导致长线游的游客日渐增加。

表 3　停留时间—省内地区交叉制表

停留天数	百分比(%)	省内地区(%)										
		杭州	宁波	温州	绍兴	嘉兴	舟山	台州	衢州	金华	丽水	湖州
1 天	25.7	5.6	21.4	18.8	20	0	100	20	100	57.1	100	100
2 天	62.4	88.8	57.1	75.0	60	100	0	80	0	42.9	0	0
3 天	8.9	5.6	14.3	6.2	20	0	0	0	0	0	0	0
4 天	1.0	0	0	0	0	0	0	0	0	0	0	0
5 天	2.0	0	7.1	0	0	0	0	0	0	0	0	0
合计	100	100	100	100	100	100	100	100	100	100	100	100

进一步对游客的个体特征和停留时间做方差检验,只有来源地(省内)的显著性检验结果(即双尾 P 值)为 0.000,表明省内不同地区的停留时间有明显性的差异(Sig=0.000,双尾 P 值<0.05)。进一步做交叉分析,金华、丽水、湖州、舟山等地区的客人停留时间基本为 1 天,而杭州、宁波、温州、绍兴、嘉兴、台州地区的游客停留时间大多为 2 天,停留时间达到 3 天的客人基本上是来自宁波和温州等经济发达的地区。

2. 人均消费

如表 4 所示,10.9%的游客人均消费在 500 元以内,46.5%的游客人均消费为 501~1000 元,22.8%的游客人均消费为 1001~2000 元,11.9%的游客人均消费为 2001~3000 元,6.9%的游客人均消费为 3001~5000 元,1%的游客人均消费在 5000 元以上。在旅游消费支出中,11.1%的游客将门票消费排在第 1 位,9.1%的游客将交通消费排在第 1 位,51.0%的游客将住宿消费排在第 1 位,21.2%的游客将娱乐消费排在第 1 位,只有 7.6%的游客将购物消费排在第 1 位。这说明目前温泉旅游中,在客人的消费结构中住宿占比数较大,这种特征比较符合休闲度假游的消费结构特点,游客选择在一地住下来进行休闲放松,但是娱乐和购物的消费占比还有待进一步提高。

进一步对游客的个体特征和人均消费做方差检验,性别、年龄、文化程度、职业、月收入、来源地(省别)、来源地(省内)显著性检验结果(即双尾 P 值)分别为 0.969、

0.534、0.389、0.913、0.260、0.000、0.231。结果表明,不同省份的游客人均消费有明显性的差异(Sig＝0.000,双尾 P 值<0.05)。进一步做交叉分析,如表4显示,53.33％来自浙江省和50％来自长三角(不含浙江)的游客人均消费在 501~1000 元之间,而长三角外其他省(区、市)游客这一占比数则为 22.22％;其他省(区、市)有 33.33％ 和 27.78％的游客人均消费在 2001~3000 元和 3001~5000 元之间,主要原因是长三角外其他省(区、市)的游客进行的是远距离旅游,他们除了在当地参加温泉旅游外,还在温泉度假区周边进行观光旅游,整个旅游行程停留的天数较多,总体花费相对较多。

表4　人均消费—省别交叉制表

| | | 百分比(%) | 省别(%) | | |
			浙江	长三角(不含浙江)	其他省(区、市)
人均消费	500 元以内	10.9	13.33	25	0.00
	501~1000 元	46.5	53.33	50	22.22
	1001~2000 元	22.8	24.00	25	11.11
	2001~3000 元	11.9	6.67	0	33.33
	3001~5000 元	6.9	2.67	0	27.78
	5000 元以上	1.0	0.00	0	5.56
合计		100	100	100	100

3. 住宿方式

选择温泉度假酒店和星级酒店的游客分别占48.5％、24.8％,14.9％的游客选择经济型酒店,选择森林木屋、露营帐篷等其他住宿方式的游客占比11.8％(见图3)。从比例上看,游客对温泉度假酒店的认可度较高,大部分休闲度假的客人对住宿体验非常重视,24.2％的游客在选择住宿酒店时首先考虑舒适度,20.8％的游客首先考虑环境要素,只有8.1％的游客会首先考虑价格,说明目前温泉旅游的客人对住宿的价格不太敏感。

4. 游客参与的休闲活动

参与的休闲活动中,游客参与泡温泉占比数为79.2％,游览风景名胜占比数为26.7％,SPA 水疗占24.8％,喝茶聊天占24.8％,只在酒店放松、休息占16.8％,徒步运动(如跑步、爬山等)、骑马等户外运动占13.9％,温泉水上运动占13.9％,参与夜间娱乐项目占7.9％。其他参加的休闲活动还包括宗教朝拜、旅游节庆活动、蔬果采摘、医疗养生、健身房健身、乡村农事活动、观看表演等,如图4所示。

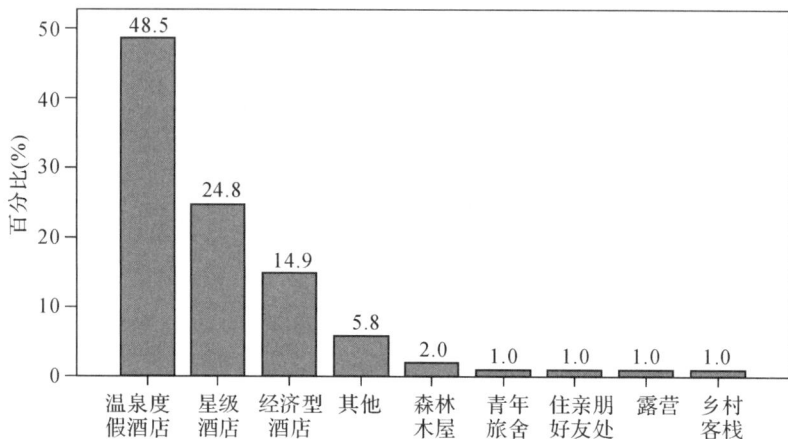

图3　住宿方式

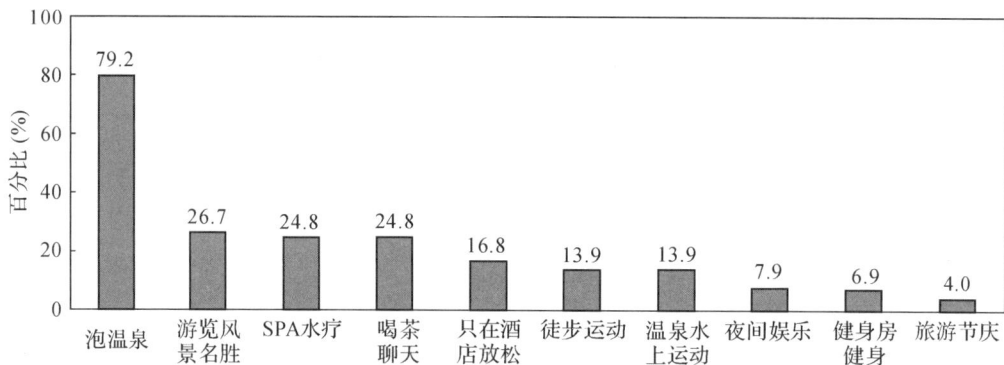

图4　游客参与的休闲活动

5. 总体满意度

温泉旅游后,17.0％的游客表示非常满意,40.6％的游客感到比较满意,27.4％的游客基本满意,不满意和极不满意的游客分别占 11.2％和3.8％。温泉旅游的总体满意度主要和旅游感知要素有很大的关联性。在对游客温泉旅游感知行为的分析中,首先构建影响游客满意度评价的指标体系,选择出 18 个影响因子,对满意度评价问题采用李克特五点量表评分,对指标体系做因子分析,发现 Cronbach's α 系数为 0.964,显示问卷的信度较好,KMO 为 0.911,显示数据适合做因子分析。同时,统计值 P 的显著性概率是 0.000,小于 0.05,说明数据具有较好相关性。进一步利用因子分析对影响因素进行共同度检验,选取荷载值大于 0.5,提炼出公因子"温泉核心产品""温泉度假区基础设施""自然环境",说明游客温泉旅游感知中,此三项因子已成为温泉旅游满意度的核心要素,结果见表5。

6. 重游行为和相关建议

调查发现,78.5％的客人有重游意愿,85％的游客愿意向他人推荐当地的温泉旅游产品。重游意愿和愿意向他人推荐比率高低是一个旅游地客源市场稳定与否的重要因

表 5　满意度因子分析

温泉旅游满意度影响因素	成分		
	基础设施公因子	核心产品公因子	自然人文环境公因子
住宿餐饮价格合理	0.806		
景区门票价格合理	0.780		
旅游从业人员素质高、服务好	0.768		
当地旅游信息和旅游咨询完善	0.755		
当地居民对游客热情友善	0.739		
当地旅游智能化管理和网络信息服务水平高	0.733		
地方特产	0.733		
餐饮美食吸引人	0.726		
本地区交通便利	0.723		
停车等公共设施完善	0.631		
住宿接待设施舒适便利		0.772	
配有现代化的疗养设施		0.772	
泡温泉的旅馆和下榻的饭店选择多		0.758	
有专业化的疗养医生		0.675	
温泉的浴池种类丰富		0.606	
温泉旅游度假区生态环境好(空气、水质)			0.798
温泉旅游度假区自然风景和人文景观优美			0.791

素。这两者比例较高说明武义温泉旅游度假区的整体品质得到了游客的认可,游客愿意再次消费体验。同时,浙江省内温泉旅游度假区还存在一定的稀缺性,温泉旅游方兴未艾,游客的旅游需求较高。在对温泉旅游度假区旅游产品和设施的相关建设中,有31.1%的游客建议增加当地特色餐饮,25.2%的游客建议增加休闲娱乐场所,22.3%的游客建议增加购物场所,20.4%的游客建议增加酒吧街,18.4%的游客建议增加温泉主题酒店,13.6%的游客建议增加特色露天温泉,其余建议增加的设施分别为休闲运动基地、温泉养生会所、手工作坊、自驾车营地、露天温泉公园、绿道骑行、温泉水上游乐项目、专业疗养医生、瘦身中心、疗养院等(见图5)。西欧的温泉地往往设有体育运动场、大型音乐厅、赛马场、剧院等,而日本的温泉地周围常设有美术馆、滑雪场、动植物园、博物馆、高尔夫球场等。武义温泉旅游度假区的社会经济条件较好,区位条件优越,客源市场潜力大,在设施配置和环境营造方面,要多借鉴日本和欧洲温泉地的经验,向多元化和综合性发展,突出观光、娱乐、休闲、商务、疗养保健等功能,满足温泉游客的多样化需求。

服务经济与管理 评论

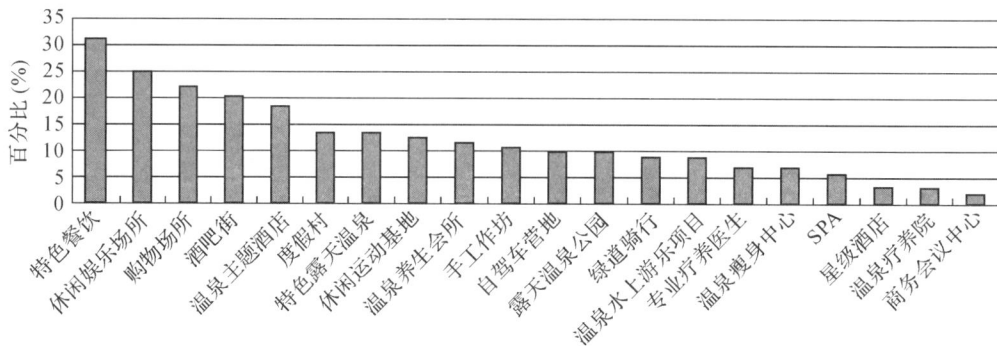

图 5　建议增加的旅游产品和设施

四、研究展望

本文对武义温泉旅游度假区游客的旅游决策和消费行为进行了详尽的分析,并针对数据分析得出了温泉旅游市场定位、温泉旅游产品供给和营销渠道、满意度提升等方面的启示。武义温泉旅游度假区的建设时间不长,温泉旅游开发还不够成熟,同时温泉旅游度假区的游客行为特征涉及的因素较多,调研的时间集中且周期较短,样本的数量只有 1000 多份,统计数据只能体现一个时间段和部分群体的情况。本研究还不够全面,对温泉旅游度假区游客的决策行为和消费行为特征还有赖在今后的工作中进一步深化研究,为温泉旅游地的开发建设提供更多的参考。

参考文献

[1] 孙丽萍,王艳平.转型时期旅游产品创新与温泉开发——兼论辽宁省龙门汤温泉开发.桂林旅游高等专科学校学报,2005,16(3):67.

[2] 魏小安.中国休闲经济.北京.社会科学文献出版社,2005.

[3] 蒿惊雷.温泉的延意——珠海御温泉的设计构思与设计运作初探.南方建筑,2001(2):66—67.

[4] 冯威,张丹丹,等.温泉旅游地的发展态势分析——构筑休闲型的温泉度假空间.云南财经大学学报,2003,17(5):20—22.

[5] 王冠贤,保继刚.温泉旅游地特性及空间竞争分析——以从化新旧温泉为例.地域研究与开发,2004(23):83—88.

[6] 张捷,等.观光旅游地客流时间分布特性的比较研究——以九寨沟、黄山及福建永安桃源洞—鳞隐石林国家风景名胜区为例.地理科学,1999,19(1):49—54.

[7] 吴必虎,唐俊雅,黄安民,等.中国城市居民旅游目的地选择行为研究.地理学报,1997,52(2):97—103.

[8] 王斌,赵荣,张结魁.西安市国内游客旅游行为研究.经济地理,2001,12(21):331—334.

[9] 郭静,张树夫.南京东郊风景区旅游出游行为的探讨及其意义.南京师范大学学报,2005,28(3):111—114.

[10] 陆林.山岳风景区旅游季节性研究——以安徽黄山为例.地理研究,1994,13(4):50—58.

[11] 杨效忠,陆林,张光生,卢松,宣国富.普陀山国内旅游者特征及行为调查分析.安徽师范大学学报,2004,27(1):75—78.

[12] 王华,彭华.温泉旅游的发展与研究述评.桂林旅游高等专科学校学报,2004(15):30—34.

[13] 吴必虎,方芳,殷文娣,刘波.上海市民近程出游力与目的地选择评价研究.人文地理,1997(1):17.

都市旅游产品公共属性研究

——以杭州为例

王 玲

（浙江树人大学浙江省现代服务业研究中心 杭州 310015）

【内容摘要】 纵观国内外都市旅游的发展现状，都市旅游产品的类型日渐丰富，并且集中体现出公共产品的特性。本文着眼于杭州这样的国际化旅游城市，针对不同类型的旅游公共产品进行比较分析，着重探讨都市旅游产品的公共属性的表现方式、表现程度，以及相关产品开发对现代都市旅游发展所具有的重要现实意义。

【关键词】 都市旅游产品 公共产品 公共属性

从世界旅游经济的运行与发展来看，都市旅游始终占据着重要的份额，主要依托经济发达、文化繁荣的大城市而形成。随着都市旅游内涵与外延的不断扩大，都市旅游产品集中体现出公共产品的特性，包括城市广场、城市公园、历史文化街区、博物馆等在内的各类旅游产品都具有广泛的公共性或公益性特点。这些公共属性突出的旅游产品不仅是现代都市旅游发展的标志性景观，而且其旅游开发方式也表现出许多特殊性。本文将以杭州这样的国际化旅游城市为例，以其具有国际视野的旅游发展目标为导向，对都市旅游产品的公共产品属性展开深入的研究与分析。

公共产品是指同时具有消费的非排他性（non-excludability）和消费的非竞争性（non-rivalness）的产品。所谓非排他性是指产品的消费效用在不同的消费者之间不能分割，任何人都可以无偿使用；所谓非竞争性是指当使用某种产品的消费者不断增加时，不会影响原有消费者对该产品的消费，也可以称之为共用性，即"一些商品表现出在同一时间可使多个个体得益的特性，即它们是被共同消费的"。因此，公共产品也被称为"共用品"，强调产品或服务是能够为消费者所共享的。纯粹的公共产品接近于一种理论状态，现实生活中更多的是介于纯公共产品和纯私人产品之间的产品。

旅游产品作为一种"准公共产品"或"混合产品"，同时具有公共产品和私人产品的特性，但是由于不同产品在两大属性的体现程度上有所差别，在文献中存在着对于旅游产品性质的不同表述。例如，谢茹（2006）认为风景名胜区产品是一种具有排他性和一定范围内非竞争性的准公共产品或"俱乐部产品"；陈秀琼（2004）提出"共享型旅游资源"的概念，即具有公共权利和非排他性特点，能够同时为旅游活动和非旅游活动提供服务，但是在资源利用上存在竞争性；吴必虎(2006)指出，旅游公共产品从大的方面可以划分为旅游产品和游憩产品，其中的游憩活动空间作为城市居民的休闲消费应该成为一种具有福利性的公共产品。这些概念都是从不同角度对旅游产品公共属性的研究。

一、基于公共产品属性的都市旅游产品谱系

都市旅游资源不仅在总量上丰富多样，而且旅游产品分类体系也相对复杂。因此，产品的公共属性在非排他性和非竞争性两个方面的表现程度是不尽相同的，正如许彬(2003)所认为的，无论是竞争性还是排他性，都不是竞争性与非竞争性、排他性与非排他性的区别，而是竞争性程度和排他性程度的不同。

公共产品的判定标准，除保罗·萨缪尔森(Paul A. Samuelson)所提出的"非排他性"和"非竞争性"二重属性外，莫童(2005)还增加了公共产品的"效用不可分割性"，它与"收益的非排他性"具有同样的含义。基于对旅游产品具有公共产品特性的认可，并以排他性作为分析基准，图 1 以"收益的排他性""消费的非排他性/消费的非竞争性"两项指标作为都市旅游产品的分类依据，两者之间呈成反比关系。图 1 中 A～G 分别对应杭州都市旅游产品的八项分类，象限能够直观地反映出各类旅游产品所具有的公共属性。

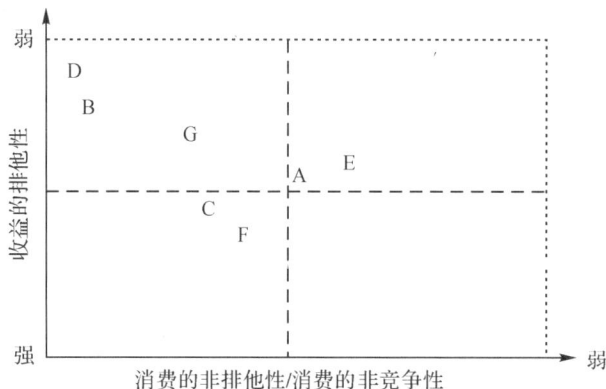

图 1　都市旅游产品的属性分布

A. 博物馆、科技馆、纪念馆、展览馆、艺术馆等具有集中展示功能的场馆，以及相配套的节庆与展览活动。例如：浙江省博物馆、中国丝绸博物馆、浙江省科技馆等。

B. 具有深厚历史文化积淀的社会生活场所，包括近代历史风貌保护街区，以及长久传承下来的人们的生活方式和生活景观。例如：小河直街、清河坊、南宋御街等。

C. 代表现代城市生活方式的大型商业中心，以及独具特色的商业街。例如：延安路、武林商圈、湖滨商圈、丝绸特色街区等。

D. 能够反映城市的发展变迁历史，或是代表城市的现代化风貌，或是具有特殊的历史文化价值的城市公园，或是公共绿地、中心广场、景观河道、景观桥梁，或是湖滨、河滨等休闲中心。例如：西湖景区内的众多公园、京杭大运河杭州段沿线的众多休闲广

场等。

E.城市建筑或建筑群,既包括历史建筑与名人故居、也包括反映现代都市风貌的城市地标、高层建筑(群)和代表现代建筑艺术成就的作品。例如:胡雪岩故居、钱江新城"日月同辉"等。

F.依托自然景观、历史旧有建筑或空间开发而成的新型创意园区,是现代时尚生活的一种重要表现形式。例如:白马湖生态创意城、LOFT49、丝联166等。

G.具有规模和主题的旅游节庆活动、特殊日纪念活动。例如:杭州西湖国际博览会、杭州国际旅游节等。

二、都市旅游产品的公共属性分析

排他性和竞争性是旅游产品属性分析的两个不同的视角,但是,具体到个体产品又表现为两大属性的多重性和易变性,因此,需在二维属性角度的基础上探讨旅游产品在排他性和竞争性两大公共属性方面的多个维度与表现差异,表1以杭州各类都市旅游产品为例,对其公共产品属性进行了比较分析。此外,旅游产品是竞争性与非竞争性的综合体,而非竞争性并不能够成为公共产品的充分条件,因此,本文将以定位产品的排他属性为重点,从而尽量避免从二维角度共同分析可能产生的混乱现象。

表1　都市旅游产品的公共属性分析

产品类型	产品的非排他性	产品的可排他属性	产品的非竞争性
A. 博物馆、科技馆、纪念馆、展览馆、艺术馆等	知识与信息的传递;对社会文化事业的贡献	收取门票;对进入者的人口统计特征有客观要求	代表性旅游景点旺季时会产生拥挤现象,非竞争性程度会有明显差别
B. 特色历史文化街区、特色社会生活场所等	所营造的氛围、气息、文化展示空间	单独景点或禁止随意入内的私人领域	作为公共社会生活空间,非竞争性程度较高
C. 现代化大型商业中心、特色商业街	整体环境、内外公共空间、公共设施等	商业消费	几乎不存在限制性消费条件,非竞争性程度较高
D. 城市公园、公共绿地、广场、景观河道、景观桥梁、湖滨/河滨等	公共休闲设施、公共空间	作为封闭式场所收取门票;作为中心场所会产生拥挤	承担城市休闲功能,非竞争性程度较高
E. 城市建筑或建筑群	建筑外观、公共空间与外部整体环境	作为旅游景点收取门票;作为被保护内容限制参观或暂时未开放	某些建筑因受到保护而限制进入人数;非竞争性程度会有明显差别
F. 新型创意园区	公共空间与环境,所营造的整体氛围	商业消费;入驻企业拥有私人领域	面向大众消费群体,非竞争性程度较高
G. 旅游节庆活动、特殊纪念日活动	所营造的环境氛围和公开活动	从属于旅游景点会收取门票	面向市民和旅游者,非竞争性程度较高

(一)消费排他性差异

都市旅游产品的消费排他属性,首先取决于旅游产品的影响力、知名度,以及旅游开发的成熟度,并且与这些要素呈正相关关系;其次,如果旅游产品是都市旅游的代表性或标志性吸引物,则消费排他的可能性和排他程度都很高;再次,旅游产品是否具有相对独立的或封闭式的空间也是可能产生消费排他的重要原因。

例如,杭州的西湖景区作为杭州都市旅游的代表性景点,其免费开放降低了消费的排他性,但是其中一些相对独立的景点,如岳庙、雷峰塔等通过设置门票可以形成一定的消费排他。当遇到旅游旺季时,过多游客的进入会在景点形成拥挤现象,从而在物质消费和精神消费两方面形成竞争。

(二)收益排他性差异

公共产品相较于私人产品具有较为明显的收益非排他性,表现为消费收益的不完全排他。都市旅游产品收益的不完全排他程度主要取决于两点:一是产品在功能上越接近公共设施和公共服务,则其收益的非排他性越强;二是产品在其功能上越接近休闲设施与休闲空间,则其收益的非排他性也越强。

例如,反映老杭州社会生活的市井街区原本属于私人领域,是旅游者难以进入的空间,随着里弄生活的开放及主动性的对外展示,市井生活旅游也逐渐成为杭州旅游的新亮点,游客能够体验到浓郁的老杭州风情,其收益的非排他性也越来越明显。

(三)时间、空间与功能的排他性差异

都市旅游产品总是表现为某些属性的排他性,而同时另一些属性表现为非排他性,这也符合旅游产品作为一种准公共产品或混合产品的基本特性,因此,需要具体问题具体分析。

首先,都市旅游产品都会具有不同程度的“拥挤性”,它与消费的排他性总是相辅相成的,可能产生拥挤的程度与其所承担的旅游功能和影响力大小直接相关。有的产品就目前的旅游接待情况和旅游功能而言,还不会达到拥挤现象,因此,公共产品拥挤现象的出现是具有时间性的。

其次,都市旅游产品排他现象的出现还具有空间性,即某些空间是非排他的,但另外一些空间是具有消费排他性的。在城市老建筑再利用的过程中,许多的老建筑被辟为餐饮、服饰等商业消费场所,但同时也预留出了一定的公共空间供大众参观,这就体现为公共产品排他的空间性。

再次,都市旅游产品的排他还具有功能差异性,即排他性会根据产品的功能而变化。例如,旅游节庆活动如果从属于某旅游景点或景区,则具有了消费的排他性或竞争性。

三、都市旅游产品公共属性开发的现实意义

理查德·桑内特(Richard Sennett)提出:“公共”意味着一种在亲朋好友的生活之外度过的生活,在公共领域中,各不相同的、复杂的社会群体注定要发生相互的联系。

而公共生活最为丰富之地,莫过于一个国家中最主要的城市。城市是公共领域和公共生活的发源地,而且,现代都市旅游发展所依托的资源,包括历史文化建筑、博物馆、都市风光等也大多属于公共资源,所配套的旅游设施和旅游服务正在逐步具有公共设施和公共服务的性质。此外,都市作为旅游目的地,其旅游开发与品牌建设需要更多政府公共部门的介入,因此,都市旅游产品集中体现出公共产品的特性,并且大都市自身的发展也赋予旅游产品"公共性"更多的现代意义,集中体现在经济、社会、文化、空间等多个方面。

(一)服务于都市旅游经济

都市旅游产品的开发不只是政府的公共事业之一,更是旅游产业的重要组成部分,因此越来越多的私人正在参与到公共产品的供给之中。一方面,许多城市闲置的旅游资源因个人参与而得到了有效的开发再利用,焕发了新的生命活力,为旅游经济做出了巨大贡献;另一方面,市场竞争与社会公共性之间实现了有机融合,在兼顾经济利益和社会责任的同时,旅游产品服务于整体都市旅游环境,推动了城市作为旅游目的地的建设与发展。

当出游成为城市居民生活中必不可少的一部分时,在强大的市场需求推动之下,都市旅游产品的类型、数量和形式也得到了很大的发展。网络技术的进步与应用不仅拓展了旅游产品的受益面,提升了产品的影响速度,而且形成了基于网络平台的旅游公共服务,甚至是产生了"虚拟旅游"这一全新的旅游形式,将产品的公共性提升到了一个新的高度,并间接地推动了整体旅游市场的成熟与规模的壮大。

(二)有效拓展都市旅游空间

都市旅游发展过程中正在形成一种重要的现象,即都市中许多的资源和要素成为人们长距离旅游或出国旅游的一种替代性选择,许多独具特色和吸引力的城市公园和文化场所都可以接待一日游或短期度假游客。旅游体验时代的到来使得被体验对象的范围和边界无限扩大,可从中获利的旅游资源不断地被开发为旅游产品。一方面,曾经被视为珍贵文化遗产的处所和具有完全私密性的家庭生活都已经成为最有价值的旅游吸引物,并对大众旅游者开放;另一方面,在城市生活中,休闲空间亦可是旅游空间,而旅游空间也会承担一定的休闲功能,两者总是相互依存、相互渗透、相互融合在一起。

都市旅游产品的开发使得城市的旅游空间得到了无限的拓展,这种空间拓展不仅体现在有形空间上,以点为主的都市旅游逐步融合发展为以线和板块为主的格局,而且都市生活的方方面面都可能成为旅游吸引要素,共同营造出具有整体性的良好的旅游环境。

(三)完善社会公共生活环境

现代都市生活虽然更为强调个人的隐私,并注重保护私密性空间,但同时也加强了与"私人"相对的另一端的"公共"的需求。城市中的公共空间越来越多,人们在公共领域中便会获得更多的言论和行动自由,并且拥有更具自主权的参与性。旅游活动作为一种典型的公共生活方式,不仅提供了形式多样的旅游公共产品,而且形成了基于公共空间的、以旅游者为主的、不同规模的旅游群体,展现出在这个特殊的公共生活领域中人与人、人与物、人与环境之间错综复杂的关系。

现代都市文化语境下的"公共性"不仅是对物理空间或公共场所的共享,例如广场、教堂、剧院、展览馆、博物馆等,而且包含着"公共利益""共同享有"等方面的意义,更重要的是它具有重新定义现代都市生活和人际关系的深刻内涵,因为"公共领域虽然成为一种与他人交往中的慎重的非个人化、无倾向性和理性的空间,但仍然提供着极为广泛而不可预知的、可以促进社会进步和文明的相遇机会"。

(四)倡导文化信息的公平与共享

城市是人的城市,文化也是人的文化,因此,城市文化的展示必须以公共性为首要特性,通过各种形式使人们感受到文化知识从而提升自身的文化素养,这是不应改变的基本原则。文化差异源于生活方式的不同,而不是取决于社会等级的规定,因而基于都市旅游产品的旅游活动应当倡导一种平等的旅行方式,使文化展示更贴近大众,更容易获取并理解其意义。

物理意义上的公共空间能够被大众享用是公共性的一种外在表现,而信息的共享或是通过公共性的展示来传递信息则是对公共性的一种内在的加强。新的都市文化应该是一种空间表现形式多种多样、富有意义并能促进沟通交流的文化。例如,作为传统"公共领域"代表形式的博物馆,在信息时代有了新的认识与定义,正在成为"城市复兴、城市设计、沟通艺术、电子网络和城市桥梁的重要源泉"。

(五)加强旅游业发展的公益性

都市旅游休闲空间,如艺术馆、博物馆的发展是由只属于宫廷贵族的社交场合逐渐演变为大众的公共休闲空间的,因此,旅游休闲也是由精英行为发展成为大众性的群体行为的。都市旅游休闲应当成为一项公共权利,绝大多数的休闲产品和服务的提供都应面向全体民众,并且能够让人们体味到共享、公益和福利等意义。

普通消费市场上常常将公共产品等同于公益产品或社会福利,尽管这种理解在学理上有所偏差,但是反映出旅游产品"公共性"存在与发展的社会价值之一。早在20世纪50年代末,曾出现"社会旅游"的概念,综合亨齐克(W. Hunziker)和安德烈·波普雷蒙特(M. Andre Poplimont)的观点认为:"社会旅游是为低收入群体开展的旅游活动,专门为其提供的有关设施和服务使其开展成为可能,并且需要其所属社团的社会干预性帮助。"因此,在都市旅游环境下,无论是否将"社会旅游"作为主要目标,旅游产品的提供总会与社会公益和福利等内容产生联系。如果产品的正外部性能够得到很好的表现,那么这种联系就会更紧密,甚至会彼此融为一体。

参考文献

[1] 保罗·萨缪尔森.经济学.萧琛,译.北京:人民邮电出版社,2008.

[2] 谢茹.国家风景名胜区经营权研究.北京:人民出版社,2006.

[3] 陈秀琼.我国共享型旅游资源可持续发展研究.南宁:广西大学,2004.

[4] 吴必虎.休闲社会、公共产品与深度旅游.潘立勇,傅建祥.人文旅游(第二辑).杭州:浙江大学出版社,2006.

[5] 许彬.公共经济学导论——以公共产品为中心的一种研究.哈尔滨:黑龙江人民出版社,2003.

[6] 莫童.公共经济学.上海:上海交通大学出版社,2005.

[7] 理查德·桑内特.公共人的衰落.李继宏,译.上海:上海译文出版社,2008.

[8] 汪民安,等.城市文化读本.北京:北京大学出版社,2008.

[9] 查尔斯·R.格德纳,J.R.布伦特·里奇.旅游学.10版.李天元等,译.北京:中国人民大学出版社,2008.

让老年人老有所乐

——浅论老年人银发旅游发展

唐小茜

（宁波卫生职业技术学院　宁波　315100）

【内容摘要】 人口老龄化是全球化不可回避的发展趋势，我国老年人口也急剧增加而成为新的老龄化国家，老年人问题已经成为众多社会学家关注的问题。老年人面对突变的角色转换，在心理上容易出现失落、孤独等感受，同时随着独生子女家庭的增多，将会出现更多的空巢家庭。空巢家庭的老年人更需要改变其枯燥无味的生活现状，因此，如何让庞大的老年群体老有所乐，也逐渐成为社会需要深思熟虑的问题。旅游是人类休闲的方式之一，对于老年人同样重要，作为专门为老年人打造的银发旅游开始被社会所重视。银发旅游经济作为旅游业的重要组成部分，其健康发展能够成为老年人老有所乐的重要选择。本文通过解读老年人银发旅游心理意愿来分析银发旅游市场发展的可能性，在进行银发旅游发展策略分析的基础上进行老年人老有所乐途径探讨，并在提出方案的同时指出银发旅游的注意事项。本文希望通过对银发旅游的探究，提出能够切合其特点的文化、体育活动，丰富老年人的生活，拓展和延伸老有所乐的方式，让老年人拥有高幸福指数。

【关键词】 人口老龄化　老有所乐　银发旅游

一、老年人银发旅游心理意愿解读

减少孤独。面对老年人老年生活容易产生的孤独感和失落感，参与旅游活动能够让其调节心情，减少孤独，获得更加舒心的晚年生活。

追忆过往。当今老年人在年轻时，大多经历过上山下乡或其他有纪念意义的活动，因此在其年老时容易追忆过往，一般都会有强烈意愿去自己当年所工作、生活或有纪念意义的地方走一走，看一看。为了让自己能够选择更加舒适的方法追忆过往，很多老年人可能会选择旅游团，去体验追忆过往的美好。

休闲养生。老年人更加注重自身的健康问题，因此，有很多老年人在进行旅游选择时,可能会选择休闲养生相关的旅游,如休闲养生圣地、登山、温泉圣地、农家乐等,以此增强体魄,修身养性。

增长见识。旅游带给老年人的不仅仅是休闲的生活方式、对过往的追忆以及锻炼身体,同时也能够开拓老年人的视野,让老年人了解不同地区的风土民情,领略异地的精彩,通过增长见识来提升其幸福感。

享受天伦之乐。很多老年人的旅游会选择和子女一起出行,此时老年人享受到的不仅仅是旅途的快乐,还能在此活动中感受到天伦之乐,获得家庭的照顾和温暖。

以上五方面将老年人选择旅游的心态历程一一呈现,根据上述不同方面为老年人提供不同类型的旅游内容,是我们要进一步研究的。我们也要根据老年人的基本现状和需求对银发旅游的发展进行规划。

二、银发旅游市场发展可能性分析

面对老龄化社会,银发旅游业有其存在的必要和发展的条件。银发旅游市场发展的可能性分析能够让我们清晰地意识到老年人对老有所乐的追求。

(1)老年人闲暇时间增多。步入老年期的人们一般都不再从事劳动性工作,或者进入离退休状态。此阶段老年人的生活节奏缓慢,闲暇时间较之年轻人较多。此背景下的老年人能够根据自身条件、气候因素等选择适宜自己的旅游线路,不需要在旅游旺季和节假日参与拥挤的旅游活动。这在一定程度上能够保证老年人以慢节奏、悠闲状态去到想去的旅游目的地进行休闲旅游活动;同时也能够在一定程度上弥补旅游业淡季客源少的不足,达到老年人能够老有所乐和旅游业拥有充足客源的双赢状态。

(2)老年人身体硬朗。随着国家社会生活水平的提高,人均寿命的提高,更多的老年人体质增强。同时,现阶段老年人更加注重日常身体锻炼,他们通过广场舞、公园晨练等方式使得自身身体状况一直处于较健康状态。硬朗的身体为老年人进行外出旅游奠定了良好的基础。

(3)老年人心理健康需求。老年人退休后的生活发生变化,不仅闲暇时间增多,其生活的注意力也从社会工作岗位转移到家庭中。首先,老年人退休后生活突变轻松,子女外出工作或丧偶老年人更易感到孤独,在这样的情况下老年人的心理健康问题须得到社会关注,通过旅游能够减轻老年人的孤独感;其次,老年人退休后的人际交往圈子变窄,与好友、同事之间联系变少,通过旅游能够让其重新获得社会交流,满足其心理健康需求;再次,老年人通过旅游领略外面的世界,感受到异域风情,提高其生活幸福感,满足其心理健康各种需求。

(4)子女经济支持。子女由于求学、工作等不可抗因素选择外地生活,与老年人长期分开居住,使得子女对老年人孤单的晚年生活产生愧疚感。同时,与老年人生活在同地的子女由于其工作繁忙也很少能够和老年人进行深入沟通。子女们为了弥补其愧疚感,愿意为老年人外出游玩提供经济支持。这在一定程度上也能够推动老年人的外出旅游进程。

面对逐渐发展并日益重要的银发旅游,我们要对老年人的旅游意愿进行分析研究,以便为老年人提供更加贴心的服务。

三、银发旅游发展策略

针对不同老年人开发不同特色产品。面对形形色色的老年人,我们要根据老年人的不同背景开发不同的旅游特色产品。首先,针对有经济实力,有闲暇时间的政府离退休老人,可以推行疗养类旅游产品;其次,针对低年龄老年人,有经济能力、身体条件尚佳、有出游意愿的老年人,可以提供中长线的国内观光游以及部分东南亚等邻国出国游等旅游产品;再次,针对有出游意愿,但由于各种原因无法进行较长时间休闲的老年人,提供近郊短期休闲度假旅游产品。

进行不同主题银发旅游产品开发。针对老年人不同的需求进行不同银发旅游产品开发。首先,推出观光游,以自然景观游览为主,一般选择风景宜人、以静态景观为主的景点,如江南水乡等。其次,推出养生旅游,疗养中心也可为老年人的保健需求提供服务,老年人更乐意选择安静的温泉、疗养中心进行养生旅游,在旅游过程中达到身心的真正放松。再次,针对老年人对其所经历的某些地方的怀念,旅行社也可以进行相关怀旧旅游产品开发,满足老年人的特殊需求。

旅游行业重视银发旅游产品宣传及推广。虽然旅行社为使老年人能够老有所乐而开发银发旅游产品,老年人也的确有此需要,但是,目前旅游市场的混乱使得老年人不敢贸然选择旅行社进行休闲旅游活动。面对此背景,旅游行业要重视银发旅游产品的开发,同时也要做好银发旅游产品的宣传与推广。在进行银发旅游产品开发的同时采用媒体广告、营销公关等不同方式进行产品促销活动,以达到发展银发旅游的目标。

提升旅游行业服务水准。考虑到老年人年龄、身体的特殊性,在进行相关旅游活动时,要避免老年人发生意外的同时也应该为老年人提供专业、细心、耐心的服务。在进行银发旅游产品开发的过程中,要考虑到老年人体力较弱,旅行日程安排以轻松为主;在旅游活动过程中也要反复强调旅游注意事项;在集合过程中要关注老年人是否都到位;同时也要为老年人准备感冒、止痛、防晕等各类常用药物,应对各种突发事件。当然,在提高旅游行业服务水准中,更重要的是提高导游的素质。面对特殊群体——老年人,导游作为直接服务人员,要提供细微的服务,并根据老年人的不同情况为老年人提供个性化服务。

政府对旅游市场进行规范化管理。随着政府和旅游组织越来越关注老年人生活,政府越来越多地对银发旅游产品进行政策扶持。同时,旅游市场的混乱对开发规范的银发旅游市场有一定的影响,政府应针对此情况尽快出台和完善相关法规和条例,以规范旅游市场,为老年人提供更加完善和合理的银发旅游产品。

四、银发旅游注意事项

由于银发旅游的主体为老年人,其特殊情况必然需要我们在提供旅游产品服务的过程中更有针对性。首先,在为老年人进行路线安排过程中,行程要相对轻松,景点安排也要根据老年人的体力进行适量安排,所选取的景点必须符合老年人的生理承受能力。其次,老年人的心理承受能力与一般人相比较差,作为银发旅游产品服务人员的相关导游人员对老年人的态度要好,同时要根据老年人的饮食习惯等为老年人提供适宜的食宿安排。最后,以老年人为主体的银发旅游要提高其专门化程度。

五、总结

银发旅游的发展,能够切合到老年人自身的特点,丰富老年人的文体活动,让老年人真正老有所乐。

参考文献

[1] 张婷. 银发经济大有可为. 山西日报,2014.
[2] 张宇. 老年旅游要打好文化牌. 中国旅游报,2014.
[3] 程瑞山. 做好"银发旅游"这篇文章. 中国旅游报,2013.
[4] 章杰宽. 老年游客旅游决策影响因素之多元逐步回归分析. 旅游研究,2011(3):36—42.
[5] 李静,黄远水. 老年旅游行为研究. 现代商贸工业,2010(7):88—89.

积极构建医养结合模式，有效推动养老服务业发展

王一婷

（长春金融高等专科学校　长春　130028）

【内容摘要】　人口老龄化是全世界的共同趋势，作为世界人口大国的中国，已呈现出人口老龄化和高龄化并存的态势，同时老年人失能率也在不断上升。失能老人作为社会的弱势群体，如何解决好其养老问题是国家、社会、家庭共同的责任，探索医养结合的新模式将有效推动养老服务业的发展，为银发经济这片蓝海增添新的活力。

【关键词】　医养集合　人口老龄化　养老服务业

一、医养结合养老模式发展的背景

（一）老龄化、失能化趋势不断加强

改革开放以后，随着国民经济的飞速发展，我国人口结构也逐渐发生变化，人口老龄化逐渐凸显，而我国老龄化的一个重要特点就失能化较为严重。在我国老龄化人口中，失能老人占了很大的比例，失能养老问题已经成为制约我国经济发展的重要瓶颈。伴随老龄化加剧衍生的失能老人不断增多，同时我国又处于社会主义初级阶段，在物质和精神产品还不足够丰富的时候，出现了"未富先老""未老先残"的不利情况，无疑使本来就"捉襟见肘"的养老服务更是雪上加霜。在"只要数量，不要质量""先发展，后管理"的"饮鸩止渴"的发展思维下，养老服务业更是弱不禁风，上无法律支持、下无资金注入，家庭、社区、机构都在做，却都各自为政，难以形成合力，服务项目单一、内容单调、品质低劣，问题颇多。

（二）养老服务业医疗服务现状

目前养老服务机构，除了个别大型公办养老机构拥有自己的老年病医院或与大型

医疗机构合作开展老年病服务外，大部分养老机构依然依托周边的综合医疗机构的延伸服务。这种服务业主要是门诊类和短期重病住院服务，缺乏针对性，单一为老年人服务的门诊或是科（室）严重缺失。直接服务基层的社区卫生服务站，虽然近几年得到了长足发展，为社区老人提供了更多的医疗服务，但其服务能力受限于医疗水平、技术设备、资金投入等瓶颈问题，特别是在失能老人、慢性病老人的康复医疗方面的服务水平还相对滞后。即使是一些大的医疗机构，在开展老年病治疗服务时，投入的技术人员和设施设备也相对较少，服务项目也千篇一律，没有针对性，根本无法满足老年医疗服务需求。养老机构和医疗服务机构相对独立，自成系统，这往往使老年人在健康状况和生活自理能力变化时，不能得到及时有效的治疗，老年人不得不经常往返于家庭、医院和养老机构之间，既耽误治疗、增加费用，也给家属增加了负担（张旭，2014）。

二、医养结合养老服务的概念

（一）医养结合养老服务的定义

医养结合的养老服务模式，是一种有病治病、无病疗养、医疗和养老相结合的新型养老模式，其优势在于整合医疗和养老两方面的资源，为老年人提供持续性的照顾服务。这种新型养老模式将养老机构和医疗机构的资源有效地结合，实现了养老服务水平的提高，是对传统养老服务模式的一个突破。该模式单纯地注重老人的舒适感，更多地聚焦老人的幸福感，在满足老年人特别是失能老人基本生活需求的同时，更多地通过医养结合这种服务方式提升老年人的生命尊严，为老年人提供传统护理服务的同时，能够提供更高层次的康复理疗、精神慰藉、心理疏导、临终关怀等服务。

（二）医养结合养老模式服务的对象

医养结合养老服务模式作为传统养老服务模式的突破和补充，在服务对象上更多地关注老年人中的弱势群体，如需要长期护理服务的失能老年人、慢性病老年人、重病康复期老年人、生命末期老年人等，在提供基本的医疗康复服务的同时，更多地在医疗人道主义方面，减轻老年人的病痛，为老年人提供精神慰藉、心理疏导、临终关怀等服务项目。

（三）医养结合养老模式开展的必要性

我国大约有90％的老年人选择居家养老，虽然这符合中国人的传统观念，但是当下居家养老面临很多的困难和挑战。第六次人口普查数据显示，我国平均每个家庭3.1人，小型化和空巢化特点突出，家庭养老力量相当薄弱。我国老年人口慢病化、失能化特征让居家养老变得不堪重负，而且大部分家庭缺乏医疗护理知识，养老质量堪忧。老龄化总是与老年病相伴而行，居家养老服务最迫切的需要就是医疗护理，所以医养结合的养老模式非常契合老年人的需要。随着我国老龄化、高龄化的不断加剧，在医院长期住院的慢性病老年人日益增加。面对这种现实，医养结合的模式充分利用医疗机构的优势医疗资源,实现了医疗、护理、养老、康复等一体化服务,既能满足老年慢性病治疗在大医院、康复及护理阶段在养老机构的构想,又在一定程度上缓解了当前大医院住院难的现状。养老机构也相当乐于推进医养结合。当前民营企业主办的养老机构越来越多,档次越来越高,甚至投资百亿元建设规模宏大的养老社区。这些大型养老机构内部都自建了二级医疗机构,集医疗、保健、养生、养老于一体,吸引了大量大医院、名专家以及高新技术进驻,将有力推进老年医疗保健学术研究,提高养老院老年慢病防治能力和保健水平,这种养老模式值得大力推广。从长远来看,医养结合的养老服务业也是一个产业需要。到 2020 年,养老服务业增加值在服务业中的比重将显著提升,生活照料和护理服务提供约 1000 万个就业岗位,将涌现一批带动力强的龙头企业和大批富有创新活力的中小企业,形成一批养老服务产业集群。因此,积极推进医养结合型养老服务产业健康发展,将会进一步扩大内需,增加就业,形成新的经济增长点(李立国,2013)。

三、医养结合养老服务模式的类型

国务院出台的《关于加快发展养老服务业的若干意见》,提出了"积极推进医疗卫生与养老服务相结合"方向,为医养结合养老服务模式提出发展方向。医养结合作为一项养老服务业发展的系统工程,笔者在走访相关养老机构后,认为可以因地制宜,采取适合本地区养老服务业发展需求的类型,只要能有效地促进行业发展,提升行业服务水平,就可以作为医养结合的发展模式。

(一)医疗机构同养老机构合作

这种模式主要通过养老服务机构和医疗机构合作的方式开展,通过签订服务协议,由与养老机构合作的医疗服务机构定期到养老机构为老年人提供相关医疗服务,危重病老年人可以直接到合作医疗机构就医。这种模式的优点是解决老年人小病来回奔波,大病很难入院的问题,也能一定程度上有针对性为老年人开展医疗服务,打破了养老机构和医疗服务机构"各自为政"的局面,实现两种资源的有效结合。河南等地的医院率先开展了此项服务,运行效果也较为理想。整个区域内的养老机构和医疗机构都通过合作协议结成联盟,在联盟内实现医疗服务的共享,老年人可以得到"上门式"和"一站式"医疗服务。医疗机构与养老机构的合作也有利于医院整合、优化医疗资源、提升床位周转率,进一步实现更好地服务社会的目的。但是这种医养结合模式的限制条件是养老机构和医疗机构的地理位置要相近。

(二)医疗机构进驻养老机构

这种模式是养老机构为医疗机构提供房屋和医疗设施设备,医疗机构出工作人员和医疗技术的合作经营模式,主要分为两种服务模式:一是医疗服务外包,即将养老机构内原有的医疗服务机构,如老年病医院或医疗门诊等承包给有资质的相关医疗机构,由承包的医疗机构负责运行，并向养老机构上交一定承包费用。这种模式在江浙一带公办养老机构中较为盛行。二是医疗机构进驻，即由养老机构免费提供房屋和设备，医疗机构派驻医疗人员合作运营的模式。这种模式在哈尔滨和沈阳等大型养老服务机构间较为盛行，合作医疗机构也多为当地较为著名的大医院。该模式借助民间机构的专业团队和管理技术通过社会化运作、更专业更优质的服务，实现政府、社会、老人等多方共赢，提高养老服务的效率和质量，引入专业的医疗机构，推行"养老院＋医院"的"养医结合"，促成从医院康复到入住养老院或养老院转移重病的便捷方式。

（三）医疗机构开展养老服务

这种模式指，一些医疗机构的卫生医疗资源有相对空余，可以拿出一部分医护人力资源和床位资源开展长期性的老年人理疗、康复和护理服务。能够开展此项服务的医疗机构主要是区级以下医疗机构，本身具备一定的医疗资源，但患者又相对较少，医疗资源相对过剩，可以拿出一部分医疗资源为老年人提供养老护理服务，并能够为区域内的养老机构提供护理人员培训和实训服务。这种服务模式在京沪等发达地区很早就开始了探索。例如：北京市胸科医院改建为北京市老年病医院，北京市化工医院转为老年护理医院，北京市还有数家医院开设了长期接受有病老人住院的病区。近几年东北地区也开始这种形式的探索：大庆市建立了庆新养老护老大社区医院，推出了"医养结合康复并重，先治后养持续照料"的新型医养服务，开放床位120张，由护士为患者进行医疗、心理护理，由护工为患者进行生活照料，对服务对象进行24小时一对一的生活护理，老人无病可修养、有病可医治、休闲可娱乐、康复可运动。另外，积极支持民办养老机构参与医养结合探索。

四、构建医养结合养老模式的对策

我国的老龄化日趋严重，医养结合的养老服务模式，还处在探索时期，摸着石头过河，依然是"第一个吃螃蟹的人"的做法。这种模式的发展依然面临着政策、资金、机制以及人才等方面的瓶颈问题，因此构建健康有序的医养结合养老服务模式显得尤为重要。

（一）积极发挥政府在医养结合中的主导作用

（1）建立和完善医养结合服务的政策支持。良好的政策导向是医养结合养老服务模式发展的强大动力，党中央、国务院高度重视发展养老服务业。国务院出台《关于加快发展养老服务业的若干意见》，提出了"积极推进医疗卫生与养老服务相结合"方向。政府在推进医养结合方面应该做到保基本、给政策、进社区。中国式养老，政府要管，但不能全包。政府要履行保基本的职责，一是通过养老保险保全民基本，有关部门要研究确定全民基本养老的经费标准、支付结构、比例和方式、动态调整等基本原则。二是明确有关范围内容，创建相关机制。基本范围可界定为确保符合条件的失能半失能贫困老人、农村"五保户"老人、城市"三无"老人的养老服务，其内容包含基本生活、基本医疗、基本保健、基本护理、临终基本关怀。初步估算,政府每年支出保障费用约1万亿元。在基本机制上,可通过政府提供、政府购买服务、养老保险、护理保险、医养结合互通,发挥政府主导和市场配置资源的机制,使其产生良好效果。目前出台的有关养老护理院的用地指导政策和税收减免政策都为指导性意见,缺少各地执行所需的配套实施细则。为此,根据国家指导意见,各地制订相应用地计划,不得改变其用途。税收优惠政策明确界定免税范围,在有关行政事业性收费、营业税的免征及免税项目方面,制定具体的实施细则和流程。

(2)各部门之间通力合作创造良好的外部环境。要有效推动医养结合养老服务模式的发展,相关执行部门必须通力合作,卫生主管部门要尽快出台医疗机构开展养生的等级评定及水平评估制度;民政部门要尽快出台医养结合养老服务机构的准入、退出、管理等方面的制度。政府在医养结合的养老服务模式的发展过程中有保障底线的职责,其保障水平增量的结构选择、确保服务效能的机制创新尚有努力空间,应建立由发改委牵头,人社部、卫计委、民政部、财政部等部门参与的养老保障协同工作机制,统筹各相关部门的相关改革规划与政策,服务于医养结合的迫切需求。政府要优先考虑解决失能、半失能老人医疗护理问题,研究建立为此专设的特殊老年护理院,为其提供经费支持、优惠条件、人才支持等政策支撑,让失能、半失能老人在生命的最后阶段有一个有尊严、稳定而安全的就医养老环境。

(二)积极建立并完善社会力量共同参与的机制

(1)有效地整合社会资源。政府应鼓励有条件的社会医疗单位创办医疗康复相结合的养老机构,鼓励养老机构在符合医疗机构设置规划和医疗机构基本标准的前提下,经审查批准后内设医疗机构,实现"医养合一"。

(2)"医养结合"进社区,确保"社区养老"有保障。在社区卫生服务中心和乡镇卫生院开设"社区养老院",由民政部门和卫生部门共同管理,统一定编制、定任务、定标准,作为政府"兜底线,保基本"的民生养老措施。

(3)进一步深化社区养老护理契约服务。政府扶持发展为社区居家养老和养老院服务的专业医疗团队和志愿服务队伍,鼓励引导他们为辖区居民提供医疗、护理、保健、康复甚至临终关怀的服务。

(4)发挥好市场配置资源的决定性作用。发挥好市场配置资源的决定性作用,满足医养结合的多层次商业需求。有关部门应研究制定服务于医养结合模式的相关政策。大力发展商业健康保险、老年人长期护理保险,建立分梯次的老年护理保障经费支付体系。培育高端养老护理市场,并鼓励发展养老互助、慈善捐助、国民救助等社会救助公益事业。鼓励社会力量开设各类养老护理机构,在土地、税收等方面给予政策优惠,改革现行报销制度,提高护理费标准,让社会资本投入民办非营利性护理机构后,在微利运营的情况下能够得到一定的利益回报。

(三)积极探索长期护理保险运行机制

长期护理保险作为医保的强力补充,在地方试点推行后效果很好。应该培育公众商业保险意识，鼓励全社会共同参与养老保障体系建设。经济发达地区可以试点个人税收递延型商业保险，以积累更多的养老金。发挥商业保险精算管理和风险管控优势，引入商业保险参与老年人长期医疗护理保险基金管控。借鉴国外先进经验，允许商业保险资金投向老年护理院等不动产项目和护理产业，提供多层次、多样化的护理服务，进一步满足多样化的商业护理保障需求。挪威、美国、日本等国家的养老服务资金是非常充足的，这与这些国家养老资金筹集渠道多元化有非常大的关系。养老资金，特别是失能老人的养老资金主要来源于政府的财政补贴，同时积极吸收民间团体和社会力量等财源投入养老服务中。以政府投入为主体的多元化筹资渠道是保障养老资金的前提，也是失能老人长期护理服务制度发展的必要条件。

西方发达国家在养老服务业发展的过程中，无一例外都实施了长期照护保险制度。美国在20世纪60年代出台了《老年人福利法案》、德国在20世纪90年代末出台了《长期护理保险法》、日本在2000年出台了《长期照护公共保险计划》。在此基础上，西方发达国家逐步形成了社会保障、养老金、长期照护制度三者结合的老年人养老保障体系，保证长期照护服务的健康、持续、快速发展。现阶段，我国失能老人的养老发展处于"无法可依"的境地，没有法律条文为失能老人养老做明确规定，是我国养老法律领域的空白。借鉴西方发达国家的养老立法经验，结合我国的国情，出台失能老人养老专项法律势在必行。

我国建立以社会保障性质的长期照护保险制度为基础，商业性质的长期照护保险制度为补充的混合型失能老人长期护理保险制度较为适宜。受地理位置影响，我国地区经济发展不均衡，南方沿海一些城市的地方财政相对富裕，中西部城市的地方财政相对困难，以经济水平为基础的失能老人长期照护保险制度，不能搞一刀切，也不能完全照搬西方某个国家的长期照护保险制度。应在我国建立国家、社会、个人共同出资的社会保障性质的长期照护保险制度的基础上，建立商业保险公司介入的商业性质的长期照护保险制度。混合保险制度在保费缴纳上应采取中央财政、省财政、市财政匹配的原则。中央财政在匹配资金时向中西部倾斜，将经济条件好的失能老人纳入商业性质的长期照护保险；对无力负担保费的苦难失能老人，国家按标准补贴。同时，在具体运行的过程中，按年龄确定保费支付额度和范围。通过在东、中、西部城市分别试点，探索真正符合我国现阶段国情的失能老人长期照护保险制度，保证失能老人养老长期护理费用的合力分担，确保失能老人能够安享晚年，需要各方协力完成中国失能老人长期照护保险制度这个时代命题。

(四)积极开展护理专业人才培训工程

在大中专院校积极开设与老人长期照护服务相关的专业，强化养老护理、社会工作、老年康复、老年工作等专业人才的培养，特别是高职院校依托自身职业教育的优势与特色，采取订单培养、与养老机构联合办学等方式解决当前社会护理员短缺的问题。继续办好在职护理员继续教育，通过各级民政部门的护理员培训中心的中长期培训，辅以养老机构内部培训计划，逐步提高护理人员的服务水平。这方面可以参照西方发达国家的做法。欧美发达国家非常重视其养老服务队伍的专业化，为了能够为老人提供高品质的长期护理服务,各国都非常重视服务从业人员的专业技能和专业素养的培训,不仅要求从业人员有相关的从业背景,取得从业资格证,还必须经过严格的培训、实习、考核、评估后才能入职,入职后每年还要接受继续教育。高素质、专业化的服务队伍保证了服务质量和水平,从而推动了养老服务事业的良性发展。

2013年颁布的《中华人民共和国老年人权益保障法》明确提出要制定"养老服务职业标准""建立健全养老服务人才培养、使用、评价和激励制度",国家层面将逐步构建起护理人员的评估体系。在这方面,我们可以参照西方发达国家对养老服务从业人员的考核评估体系,并结合我国的实际,出台相关考评制度,对从事养老服务人员的学历、专业、经验等进行严格规定,通过资格考试并在相关养老机构实习一年以上,才可以从事失能老人长期照护服务,随后每年还必须参加养老机构管理部门组织的继续教育学习,参加护理员认证部门的技能评估,对评估不合格的护理员吊销从业资格证。

参考文献

[1] 张旭.医养结合养老模式研究.赤峰学院学报,2014(3):102—104.

[2] 李立国.提高认识增强本领在深化改革中发展养老服务业.人民论坛,2013(23):8—10.

生产性服务进口贸易对制造业服务化影响效应研究[①]

——基于非竞争性投入占用产出模型的比较分析

杨　玲

（上海大学经济学院，上海大学中国服务贸易研究中心　上海　200444）

【内容摘要】　开放环境下，一国制造业服务化发展不能局限于本国服务要素的供给，生产性服务进口贸易对制造业的投入率和需求率都将发挥正向效用。本文创新性地构建非竞争性投入占用产出模型研究后发现，OECD 国家非常注重本国传统优势制造业发展，法国借助进口的生产性服务加快纺织品、皮革和鞋类发展；日本引进生产性服务促进食品、饮料类发展，其增加值甚至超过医学、精密光学仪器等先进制造业。中国应该从中汲取成功经验，在加快先进制造业发展过程中也要重视传统劳动密集型、资源密集型优势产业的潜能挖掘。而针对资金占用比例大、生产周期长、综合技术专业性强的资本密集型制造业，动态面板实证研究的结果表明，进口生产性服务的投入率和需求率对其服务化转型效应不显著。针对这类企业，我们应该鼓励其通过"产品＋服务包"的升级模式延长价值链，发挥专有资金及技术优势，这对于中国制造业转型升级有重要的启示作用。

【关键词】　制造业服务化　生产性服务　非竞争性投入占用产出模型

一、问题提出

制造业是中国经济可持续增长的支柱性产业。2010 年中国制造业产值首超美国，列世界第一。2013 年，我国装备制造业产值过全球三分之一，居世界首位。中国制造业在取得辉煌成绩的同时，面临着发达国家"再工业化"政策吸引中高端制造业回流以及低收入国家凭借成本优势吸引劳动密集型产业入驻的双向挤压，加之国内能源短缺、

---

①　本文已发表在《数量经济技术经济研究》2015 年第 5 期。

环境污染、劳动力成本上升等问题突显，从"制造大国"向"制造强国"的转变迫在眉睫。以 IBM、GE、ROLLS-ROYCE 等为代表的欧美制造业巨头早在 20 世纪六七十年代就已经尝试制造业服务化转型，目前这一模式已经成为发达国家成功攀升全球价值链高端的普遍做法。理论界的相关研究始于 20 世纪 80 年代后期。1988 年，Vandermerwe and Rada 最早提出制造业服务化的概念，并明确指出制造业的产出已经由传统的制成品向"制成品＋服务包"的方向转变，其中完整的"服务包"包括制成品、服务、支持、自我服务和知识，服务在其中居主导地位，是增加值的主要来源。2000 年，Reiskin 把服务化定义为企业从以生产制成品为中心向以提供服务为中心转变，将制造业重新界定为"服务提供商"而不是"产品制造商"，并强调服务化过程是实现制成品价值增值的重要环节。同年，Fishbein 通过对 Xerox 和 Interface 等案例研究后指出制造业服务化的确降低了企业资源耗费，有利于转变制造业以环境恶化为代价的增长模式。2003 年，Szalavetz 将制造业服务划分为投入服务化和产出服务化两个方面，其中投入服务化涉及的制造业内部服务化效率提高对增强制造业竞争力的重要性已经超越传统的资本、劳动力等生产要素；产出服务化中涉及的与制造业产品相关的外部服务不仅包括传统的维护和修理，还包括融资、运输、安装、系统集成和技术支持等。中国学者郭跃进、蔺雷和吴贵生、刘继国、孙林岩和周大鹏等分别从微观、中观、宏观角度论证了制造业服务化的重要意义及演化规律等。

开放环境下，一国加大生产性服务贸易有利于引进先进技术，弥补国内最终产品因中间投入不足而导致的比较劣势（Markusen，1989；Francois，1990）。在本国服务业效率低下时，借助生产性服务进口贸易扭转不利局面是落后国家的可行选择。中国学者蒙英华等通过实证研究指出生产性服务进口贸易有利于中国制造业的效率提升，而且生产性服务贸易的开放程度可以大大提高制造业国际竞争力水平（尚涛等，2009）。面对中国经济转型关键期，虽然出口的作用不容小觑，但也到我们注重发挥进口贸易效应的时候了。但从现有的研究成果看，很少学者综合研究成功经济体生产性服务进口贸易对制造业服务化的影响效应，因此本文在对比研究中国及十三国制造业服务化水平差异的基础上，在第三部分构建非竞争性投入占用产出模型来研究生产性服务进口贸易对制造业的投入率，以及制造业对生产性服务进口贸易的需求率。在第四部分通过实证研究分析投入率、需求率对制造业服务化的影响，在第五部分总结全文并提出相关政策建议。

二、制造业服务化发展现状及国际比较

关于制造业服务化的测度，目前学术界的衡量方法主要有两种。一是采用柯布—道格拉斯生产函数的改进形式，把自变量从资本和劳动扩大到能源、原材料和服务（OECD，2001；Banga and Goldar，2004），或实物资本、劳动和商务服务（Drejer，2002），通过估计生产函数考察服务投入对制造业产出及生产率的影响，研究结果主要集中在产出服务化和投入服务化两方面。二是较多学者采用投入产出法分析制造业与服务业

间的关系,这一方法更便于分析服务业各细分行业的具体情况,有效避免了人为划分行业的偏差。因此,我们采用投入产出法研究制造业服务化水平。这里综合了 Park(1994)、刘继国和赵一婷(2006),以及魏作磊和李丹芝(2012)的测度方法,引入直接消耗系数和依赖度两个指标。直接消耗系数又称投入系数,是某一产品部门(如 j 部门)在生产经营过程中单位总产出直接消耗各产业部门(如 i 部门)产品或服务的数量。具体的计算方法是用 j 产品部门的总投入除以该部门生产经营消耗的第 i 产业部门的服务数量,具体的计算公式为:

$$a_{ij} = x_{ij}/x_j \tag{1}$$

其中,a_{ij} 是投入产出表中 i 产业对 j 部门产品的消耗量。

依赖度是某个行业生产中,产品的投入系数占全部产品投入系数的比重,用公式表示为:

$$b_{ij} = a_{ij}/\sum_j a_{ij} \tag{2}$$

其中,$\sum_j a_{ij}$ 表示生产 j 产品直接消耗的全部中间投入的数量,b_{ij} 表示 j 产业对 i 产业的依赖程度,而这种依赖度正好反映了 j 产业向 i 产业的转化水平。

本文采用 OECD 公布的 1995 年、2000 年、2005 年各国投入产出表以及投入产出中间进口比重表来构建非竞争型投入占用产出模型,依据式(1)、(2)的测度方法衡量十三国[①]与中国 19 个制造行业的服务化水平。关于制造业的分类,依据 OECD 投入产出表中的划分标准,本文涉及 19 个具体行业。①食品、饮料和烟草;②纺织品、纺织产品、皮革和鞋类;③木材和软木制品;④纸浆、纸、纸制品、印刷和出版;⑤焦炭、精炼石油产品和核燃料;⑥化学原料及化学制品;⑦橡胶和塑料制品;⑧其他非金属矿物制品;⑨基本金属;⑩金属制品(不包括机械设备);⑪机械及设备;⑫办公室、会计和计算设备;⑬电机及仪器;⑭无线电、电视和通信设备;⑮医学、精密光学仪器;⑯机动车辆、拖车和半拖车;⑰其他运输设备;⑱循环制造业;⑲电力、燃气及水的供应。为与制造业要素密集度匹配,本文在参照 Lall、盛斌等人的方法的基础上将制造业进一步整合为资源密集型、劳动密集型、技术密集型和资本密集型制造业,其中资源密集型制造业包括行业③、④、⑤、⑧、⑨;劳动密集型制造业包括行业①、②、⑦;技术密集型制造业包括行业⑫、⑭、⑮;资本密集型制造业包括行业⑥、⑩、⑪、⑬、⑯、⑰、⑱、⑲。

(1)制造业运输仓储服务化发展[②]。与 1995 年、2000 年相比,2005 年各国制造业向运输仓储服务转化的比率相对上升,表现为捷克、美国、瑞典、英国等国的其他非金属矿物制品向运输仓储服务化方向转变,各国均表现出攀升产业链高端的发展趋势。中

---

① 本文依据数据可得性,选取 OECD 国家中生产性服务进口贸易额相对较高的十三国为成功经济体代表,具体包括:澳大利亚、加拿大、捷克、法国、德国、意大利、日本、韩国、挪威、瑞典、瑞士、英国和美国。

② 由于篇幅所限,本文实际测度的中国与十三国制造业运输仓储服务化率、制造业邮电通信服务化率、制造业金融保险服务化率、制造业计算机相关服务化率、制造业研究与试验发展服务化率和制造业其他商务服务化率的具体数据和图表略去,下同。

国在劳动密集型制造橡胶和塑料制品以及资本密集型制造机械及设备上分别有0.5182、0.4410的转化率,说明中国制造业服务化进程也在同步推进,但与美国、英国、捷克等发达国家相比还有较大差距。以世界500强卡特彼勒为例,从1925年生产优质建筑工程机械、矿用设备、柴油和天然气发动机等装备制造产品,到20世纪50年代开始向发展"机械产品+运输仓储服务+物流平台"的经营模式转变,企业不仅提高了竞争实力,还大大提高了赢利水平,其中服务化收益占比过半,有效实现了制造业转型升级。浙江传化、陕西鼓风是国内较早实现制造业运输仓储服务化转型的企业。但在中国范围内,这样的企业所占比重还太小。通过制造业运输仓储服务化发展实现产业转型升级的模式在中国还有很大的发展空间。

(2)制造业邮电通信服务化发展。从十三国制造业邮电通信服务化发展的现状看,2005年的平均水平达到0.1012,其中捷克技术密集型制造无线电、电视和通信设备的邮电通信服务化率相对较高。加拿大、挪威、意大利、瑞典制造业向邮电通信业转化的比例也很高。值得一提的是,2000年中国技术密集型制造医学、精密光学仪器向邮电通信的转化率达0.3774;同时资本密集型制造机动车辆、拖车和半拖车,其他运输设备,机械设备的服务转化率也达到0.25以上,2005年这一服务化水平进一步提升。华为云服务通过桌面云、对象存储服务、弹性计算云等为更多客户提供邮电通信服务,成为国内实现"纯制造业产品+邮政通信服务"转型升级的代表企业之一。

(3)制造业金融保险服务化发展。金融保险业作为知识密集的服务产品,在各国制造业中发挥着融资作用。1995年,美国资本密集型制造业中的其他运输设备向金融保险服务化方向的转化率达0.7194,在各国之中高居首位。作为拥有逾百年历史的制造企业,GE拥有飞机发动机、发电设备等一流制造技术,同时金融资产规模达5730亿美元,占企业总资产的70%以上。2012年,GE金融服务收入占公司总收入的31.20%。美国制造业借助金融保险服务化发展已经成功实现产业升级。仅由美国红杉投资上市的公司就占纳斯达克上市公司总数的十分之一。除此以外的小型风投公司和以个人为核心的天使投资团体更是不计其数。与此同时,英国、加拿大、挪威、捷克、意大利、澳大利亚、瑞典的制造业也都表现出金融保险服务化的发展态势。2000年,中国制造业向金融保险服务方向转化的平均比率为0.0195,2005年时又下降至0.0021,与OECD国家还有较大差距,这将成为中国制造业服务化发展的重点之一。今后我们要加快国内制造业开展消费者金融保险等服务业务。

(4)制造业计算机服务化发展。1995年,澳大利亚、德国、意大利、日本等技术密集型制造开始向计算机相关服务延展业务。其中,日本制造业计算机服务化发展几乎涉及各个行业,出现数控机床、智能家电、工业设计软件和控制软件、机器人等新兴事物。尤其是资本密集型电力、燃气及水供应的计算机服务化率达到0.0943(2000年)。除此之外,加拿大、美国、瑞典、瑞士等国的制造业计算机服务化发展也相对较快。而中国在2005年才逐步开始制造业计算机服务化发展。与OECD国家相比,"中国制造+计算机信息化服务"的"两化融合"发展滞后。近年来,联想致力于计算机硬件品牌效应提升的同时,在硬件设备中嵌入软件服务,但与同期的360等软件相比,其功效还有较大差距。当前,快速发展的物联网、3D 打印等都是"两化融合"后的新兴产业,要实现中国制造业转型升级,加快制造业计算机服务化发展刻不容缓。

(5)制造业研究与试验发展服务化率。研发作为一国创新实力的衡量指标,体现一国技术水平的先进程度,备受各国关注。日本作为创新型国家,1995 年、2000 年制造业研究与试验发展服务化水平就已经非常显著,充分体现了科技兴国的发展特点。与日本类同,英国、瑞典、捷克、意大利等 OECD 国家的制造业研究与试验发展服务化率也部分达到 0.05 及以上。韩国作为崛起中的发达国家,医学、精密光学仪器等技术密集型制造业也表现出 0.0731 的研究与试验发展服务化率。与 1995 年、2000 年相比,2005 年美国快速提升的制造业研究与试验发展服务化率充分体现了其重振制造业的发展方略。而中国制造业研究与试验发展服务在 1995—2005 年间均未显现,说明与发达国家相比,中国制造业非常缺乏研发服务,这在一定程度上也成为中国制造业同质化产品过剩的原因之一。由此看来,加快自主创新步伐,加速制造业向研发服务方向转变是中国建设创新型大国的必经之路,是中国制造业转型升级的关键举措。

(6)制造业其他商务服务化发展。其他商务服务作为近年来各国制造业服务化率相对高的行业,2005 年十三国制造业其他商务服务化率的平均水平达到 0.2419,略高于中国同期 0.2207,说明中国制造业在融合租赁、企业管理、法律、咨询、市场调研、广告、知识产权、职业中介、市场营销、会展服务等方面与发达国家的差距在不断缩小。海尔空调不但通过租赁服务等商业模式创新大幅拓宽了企业产品的销路,而且通过产品各项技术性能的再改进加快了企业的升级步伐。今后我们要继续鼓励中国制造业发展其他商务服务,用商业模式创新助力制造业产品升级换代。针对中国与十三国制造业服务化现状研究,我们发现一定程度上制造业服务化就代表着制造业的转型升级。当前,中国制造业运输仓储服务、邮政通信服务以及其他商务服务已经基本实现与 OECD 国家的同步发展,差距在不断缩小。下一步我们要重点突破中国制造业计算机相关服务、金融保险服务以及研究与试验发展服务方面的瓶颈,更好地实现"两化融合"、消费者金融保险服务以及制造业新品研发等,这将成为中国制造攀升全球价值链高端的必由之路。

三、投入率与需求率研究及国际比较

近年来,随着各国对生产性服务进口贸易的日益重视,其进口比重有大幅提升。以1980—2012 年间中国与十三国为例,各国生产性服务进口贸易占服务贸易的比重逐年加大①。尤其 2000 年 WTO 服务贸易协议(GAPTS)的签署与生效极大促进了各国生产性服务进口贸易"量"的增长。2012 年除瑞士外,十三国各国生产性服务进口贸易占服务贸易的比重均增至 59% 以上,中国也达到 61.87%。服务贸易开放度的不断加大促使生产性服务进口贸易在成功经济体中的重要性日渐突显。

---

① 因篇幅有限,1980—2012 年中国与十三国生产性服务进口贸易占服务贸易比重的表格暂略去。

针对中国国内生产性服务①发展相对滞后的现状，我们是否可以尝试借助国际市场，加强生产性服务进口贸易对国内制造业服务化发展的促进作用？基于投入产出表可以综合分析具体部门间的技术经济关系、产业融合及影响效应。本文通过构建中国与十三国 1995 年、2000 年、2005 年非竞争性投入占用产出模型，改进胡晓鹏等②的方法，设定生产性服务进口贸易对制造业投入率和制造业对生产性服务进口贸易需求率两个指标，分别研究全球化浪潮中各国生产性服务进口贸易对制造业的融入效应，为中国更好地利用"两个市场，两种资源"寻求转型路径。

"生产性服务进口贸易对制造业投入率＝制造业中生产性服务进口贸易的投入/制造业的总投入"，具体计算方法是用 j 制造业部门的总投入除以该部门生产经营投入的第 i 生产性服务的数量：

$$d_{ij} = y_{ij} / y_j \tag{3}$$

其中，d_{ij} 是非竞争型投入占用产出模型中生产性服务进口贸易 i 产业对 j 制造业部门的投入量。

"制造业对生产性服务进口贸易需求率＝生产性服务进口贸易被制造业消耗的部分/生产性服务进口贸易的总产出"，即

$$c_{ij} = z_{ij} / z_j \tag{4}$$

其中，c_{ij} 是非竞争型投入占用产出模型中生产性服务进口贸易 j 产业被 i 制造业部门消耗的量。

(一)生产性服务进口贸易对制造业投入率研究

本文采用式(3)、(4)的测度方法衡量中国与十三国生产性服务进口贸易对 19 个制造行业的投入率，具体研究结果如下：

(1)进口运输仓储对制造业投入率研究③。1995 年，各国进口运输仓储服务对制造业投入率表明，日本、挪威、澳大利亚、瑞典都将进口的运输仓储服务投入本国传统优势制造业中。澳大利亚依托资源丰富的禀赋发展资源型制造业，并通过进口运输仓储服务提升其服务化水平。瑞典作为北欧最大的国家，拥有森林、水力发电、铁矿等自然资

---

① 本文依据 OECD 投入产出表的行业分类，将生产性服务业划分为运输和仓储业、邮电通信业、金融保险业、计算机相关服务业、研发、其他商务服务业六大产业。

② 胡晓鹏、李庆科(2009)采用"生产性服务业投入率＝制造业中生产性服务业的投入/制造业的总投入"和"生产性服务业需求率＝生产性服务业被制造业消耗的部分/生产性服务业的总产出"两个指标测度生产性服务对制造业的融入度。本文在构建非竞争性投入占用产出模型的基础上进一步将指标拓展为"生产性服务进口贸易对制造业投入率＝制造业中生产性服务进口贸易的投入/制造业的总投入"和"制造业对生产性服务进口贸易需求率＝生产性服务进口贸易被制造业消耗的部分/生产性服务进口贸易的总产出"来测度进口生产性服务对制造业的融入度。文中将生产性服务进口贸易对制造业投入率定义为投入率；将制造业对生产性服务进口贸易需求率定义为需求率。

③ 由于篇幅所限，本文实际测度的中国与十三国进口运输仓储对制造业投入率、进口邮电通信对制造业投入率、进口金融保险对制造业投入率、进口计算机相关服务对制造业投入率、进口研究与试验发展服务对制造业投入率和进口其他商务服务对制造业投入率的具体数据和图表略去，下同。

源,为其发展资源密集型制造业提供了天然优势。瑞典通过投入进口运输仓储服务进一步巩固了国内资源密集型制造业的比较优势,提高了产品增加值,实现了产业转型升级①。与发达国家相比,中国把进口的运输仓储服务主要投向资本密集型、技术密集型医学、精密光学仪器、循环制造等行业,但很少投入劳动密集型制造业中。加快技术密集型制造业发展是中国把握世界科技革命新潮流的重要举措,但与此同时,我们同样应该利用进口交通运输加快传统劳动密集型优势制造业的升级步伐。

(2)进口邮电通信对制造业投入率研究。与进口运输仓储服务类似,1995年,挪威依托国内丰富的木材、矿产、石油等天然资源,借助进口的邮电通信业优先发展资源密集型制造业,如邮电通信对焦炭、精炼石油产品、核燃料的投入率为 0.0157,对纸浆、纸、纸制品、印刷和出版业的投入率为 0.0679。美国、加拿大、法国、意大利、英国类同。虽然中国进口邮电通信服务对国内资源密集型制造业和技术密集型制造业的投入率在不断提升,但与 OECD 国家相比还有较大差距。

(3)进口金融保险对制造业投入率研究。与进口运输仓储服务、邮电通信服务相比,进口金融保险服务投入制造业的范围更广。1995年,传统欧洲国家中捷克进口金融保险投向制造业的比重最大。2000年,随着 GATS 后各国服务贸易开放水平不断加大,更多国家参与到这一行业中来。以瑞士为代表,2000年进口金融保险产品对木材和软木制品的投入率达 0.1119,对橡胶和塑料制品的投入率为 0.1233,对金属制品的投入率为 0.1124,充分发挥进口金融保险对本国优势制造业的促进作用。值得一提的是,日本作为发达国家,2005年把 0.0462 的进口金融保险服务投入劳动密集型制造业中,如纺织品、皮革和鞋类,充分发挥纺织业工艺精良、制作精美等比较优势,实现传统制造的产业升级。与发达国家的演进路径不同,2005年中国将增加的金融保险进口服务主要投入技术密集型制造业中,如无线电、电视和通信设备,较少顾及纺织、皮革等劳动密集型优势产业的转型升级。

(4)进口计算机相关服务对制造业投入率研究。日本作为能源稀缺的发达国家,2000年进口计算机相关服务对电力、燃气和水供应的投入率达 0.0943。面对资源约束,日本通过进口计算机服务提供的高级要素更好地解决了国内水、电、气的供应问题,充分发挥"拿来"效用。挪威将进口计算机相关服务分别投入国内传统优势制造业中,

---

① 增加值率是增加值占总投入的比例,是一个经济体增长质量的指标(沈利生等,2006)。考察不同时期 OECD 国家增加值率的变化规律可以判断各个制造业发展的不同阶段,判断其粗放型增长或集约型增长的模式。本文依据中国与十三国于 1995年、2000年、2005年的投入产出表数据,比较了各国 19 个制造行业的增加值水平后发现,虽然医学、精密光学仪器是技术密集型制造业,但这个产业发展的时间较短,是一个新兴产业,虽然从生产要素上看需要技术、人才等高端要素供给,但与传统制造产业相比,还处于初级发展阶段,其增加值还很有限,不一定能获取超过传统资源密集型、劳动密集型制造业的收益。所谓的传统制造业同样可以占据价值链高端,列入先进制造业行列。因此,观念中所谓的传统制造业(包括劳动密集型制造业、资源密集型制造业)的增加值不一定低于各地新兴先进制造业(包括资本密集型制造业、技术密集型制造业)。所以,一味发展先进制造业不一定能赢得高额利润回报。因篇幅有限,各国增加值的比较列表略去。

如纺织品、皮革和鞋类(0.0298),以及橡胶和塑料制品业(0.0236)。瑞典借助进口计算机相关服务进一步增强国内技术密集型优势产业的竞争实力,如医药制造等优势产业,而中国几乎没有涉猎这一行业。前文研究中国制造业计算机服务化结果表明,2005年后中国制造业才逐步出现"两化"融合的端倪,缺少进口计算机相关服务提供的高级要素,这将加大互联网时代中国制造转型升级的难度。

(5)进口研究与试验发展对制造业投入率研究。自主研发是一国经济可持续增长的重要支柱,其技术溢出效应受到各国广泛关注。1995年,瑞典、法国、英国、挪威等国的资本密集型优势制造业引入较多进口研究与试验发展服务。2000年,这一比重有明显提高,表现最突出的是日本。在加快本国制造业自主研发过程中,日本还积极引进国际研究与试验发展服务,并将其投入本国具有优势的制造业中,充分体现其利用国际研发成果进一步加快本国科技进步的发展策略。美国作为世界上拥有原创性发明最多的国家,在加快制造业发展过程中也将进口的研究与试验发展成果应用到本国具有比较优势的技术密集型制造业,如办公室、会计和计算设备(0.0644);应用于资本密集型制造业,如化学原料及化学制品(0.0623);应用于资源密集型制造业,如纸浆、纸制品、印刷和出版物(0.0646)。法国、瑞士、意大利的做法类同。中国针对自身研发水平低、创新氛围不足、原创性发明缺乏的制造业发展现状,直到2005年才开始引进国际研发服务助力本国制造业转型升级。今后中国既要加快自主创新步伐,还要加大进口研究与试验发展对制造业各个优势产业的投入率,尤其要注重加快本国劳动密集型制造业的升级步伐,这将是实现"制造大国"向"制造强国"转变的关键举措。

(6)进口其他商务服务对制造业投入率研究。1995年时瑞典就将进口其他商务服务投入本国具有优势的技术密集型制造业中,如无线电、电视、通信设备(0.1299),以及医学、精密光学仪器(0.1148)等制造业中。德国也加大了广告、咨询、法律等专业商务服务进口对本国制造业的投入率。瑞士、法国也类同。与之相比,2000年,中国进口其他商务服务主要投向资本密集型制造业,如化学原料及化学制品(0.0218)、电机及仪器(0.0223)和电力、燃气及水的供应(0.0285)。但投入纺织品、纺织产品及皮革和鞋类等劳动密集型制造业的比重(0.0099)较小。

总体来看,发达国家非常重视进口生产性服务提供的要素供给对本国具有比较优势制造业的升级作用,不断提升对其的投入率。与之相比,中国非常重视技术密集型制造业的发展,但一定程度上忽略了利用进口生产性服务加快本国传统优势制造业的升级步伐。借鉴发达国家的成功经验,今后我们应该着力加大进口金融保险服务、进口计算机相关服务以及进口研究与试验发展服务对本国制造业的提升作用。

(二)制造业对生产性服务进口贸易需求率研究

与进口生产性服务对制造业的投入不同,制造业对生产性服务进口贸易需求率主要研究被制造业消耗的进口生产性服务比例。依据式(4)的测度方法,我们研究各国制造业对生产性服务进口贸易需求率,结果如下:

（1）制造业对进口运输仓储需求率研究[①]。1995—2005 年，OECD 国家制造业对进口运输仓储需求率大致保持在 20％左右。其中，日本、意大利、美国、澳大利亚多表现为劳动密集型制造业对进口运输仓储服务的需求，如食品、饮料、烟草，纺织品、纺织产品，皮革和鞋类，纸浆、纸、纸制品、印刷和出版业；其次，资源密集型制造，如基本金属的需求也较高。与发达国家相比，中国制造业对进口运输仓储服务的需求还较小，但上升速度很快，尤其是技术密集型制造业的需求比例明显提高，这是产业升级过程中制造业对进口运输仓储需求率增加的表现。

（2）制造业对进口邮电通信需求率研究。1995 年、2000 年、2005 年各国制造业对进口邮电通信服务的需求率略高于进口运输仓储服务。2005 年，英国食品饮料和烟草制造业对进口邮电通信服务的需求率达 0.0460；瑞典资本密集型产业（如机电和仪器）对进口邮电通信服务的平均需求率达 0.0820；美国化学原料及化学制品对进口邮电通信服务的需求率甚至达到 0.1234。中国主要表现为技术密集型制造业（如医学、精密光学仪器）和资本密集型循环制造业对进口邮电通信服务的需求率（分别为 0.1112 和 0.1835），与 OECD 国家的差距不大。

（3）制造业对进口金融保险需求率研究。1995 年、2000 年、2005 年各国制造业产品对进口金融保险服务的需求逐年递增。2000 年，瑞典技术密集型制造业（如无线电，电视和通信设备）对进口金融保险服务的需求率达 0.2261，资本密集型优势制造业（如机动车辆，拖车和半拖车）对其的需求率也达 0.1493。美国传统优势资本密集型机械及设备制造业对进口金融保险服务的需求率甚至高达 0.1944。在中国，2000 年资本密集型制造业，如化学原料及化学制品（0.9984）、金属制品（0.5638）以及机械及设备（0.8098），资源密集型制造基本金属（0.6265）表现出对进口金融保险过高的需求。这是 2000 年左右中国在快速发展装备制造业[②]过程中对外资过度依赖造成的，而制造型外资与服务型外资的高度融合表现为中国资本密集型制造对进口金融保险的过度需求。虽然 2005 年这一状况有很大程度的缓解，但从长远看，过度依靠外资发展资本密集型装备制造业不利于中国产业升级。2005 年，中国有效实现制成品对进口金融保险服务的行业仍主要集中在资本密集型制造业，如电机及仪器（0.1837）、机械及设备（0.1067）、化学原料及化学制品（0.1311）。虽然 2005 年劳动密集型优势产业，如食品、饮料和烟草，纸浆、纸、纸制品、印刷和出版对进口金融保险服务的需求也分别达到 0.0158 和 0.0106，但与资本密集型制造业相比，其需求率还较小，但总体来看是一个好的开端。

---

①　由于篇幅所限，本文实际测度的中国与十三国制造业对进口运输仓储需求率、制造业对进口邮电通信需求率、制造业对进口金融保险需求率、制造业对进口计算机相关服务需求率、制造业对进口研究与试验发展需求率和制造业对进口其他商务服务需求率的具体数据略去，下同。

②　装备制造业是为满足国民经济各部门发展和国家安全需要而制造各种技术装备的产业总称。按照国民经济行业分类标准，主要包括金属制品业、通用装备制造业、专用设备制造业、交通运输设备制造业、电器装备及器材制造业、电子及通信设备制造业、仪器仪表及文化办公用装备制造业 7 个大类 185 个小类。依据本文对制造行业的划分标准，装备制造业属于资本密集型制造行业。

服务经济与管理 *评论*

(4)制造业对进口计算机相关服务需求率研究。1995年,瑞典、美国、英国制造业对进口计算机相关服务的需求率较高,其他发达国家制造业也有不同程度涉猎。但实现对进口计算机相关服务高需求率的不仅包括发达国家的技术密集型制造业,更多集中在传统优势制造业上。2000年,瑞典技术密集型优势产业,如无线电、电视和通信设备对进口计算机相关服务的需求率是0.1970。2005年,韩国无线电、电视和通信设备对进口计算机相关服务的需求率也达到0.3715。发达国家主要表现为本国优势制造业对进口计算机相关服务的高需求率。中国制造业自2005年才开始增加对进口计算机相关服务的需求,与发达国家相比有较大差距。

(5)制造业对进口研究与试验发展服务需求率研究。与各国制造业对进口运输仓储、邮电通信、金融保险、计算机相关服务的需求相比,各国几乎均表现出本国制造业对进口研发服务的高需求率。2000年,瑞士化学原料及化学制品对进口研发服务的需求率高达0.8497;2005年,捷克技术密集型优势产业对其需求率达到0.7311,捷克、法国的资本密集型优势制造业,如机动车辆、拖车和半拖车对其需求率也都在0.3000以上;日本的资本密集型优势制造业,如电机及仪器制造业对其需求率也达到0.3846。与1995年、2000年相比,2005年中国制造业对进口研究与试验发展服务的需求有了一定程度提升,主要表现为技术密集型制造业,如医学、精密光学仪器对进口研发服务0.2269的需求率。相比较而言,中国传统优势制造业对进口研发服务的需求率还非常小。

(6)制造业对进口其他商务服务需求率研究。随着各国服务业逐步开放,交易费用下降,中国与十三国制造业对进口其他商务服务的需求率也在提高。韩国非常注重本国制造业与生产性服务进口贸易的融合,2000年其资本密集型优势制造业,如电机及仪器对进口其他商务服务的需求率达0.2955。作为发展中大国,中国2000年资本密集型制造业,如电机及仪器对进口其他商务的需求率为0.2285,高于同期化学原料及化学制品的0.1551、劳动密集型优势制造业的0.0530(如纺织品、皮革和鞋)和资源密集型的0.0486(如基本金属)。虽然2005年时中国制造业已经表现出对进口营销、法律咨询、会计、统计等其他商务服务的增长性需求,但这种需求主要集中来自资本密集型装备制造业,而非来自传统优势制造业,如劳动密集、资源密集型制造业的需求还较少。

总体来看,各国制造业对进口生产性服务的需求水平还是高于生产性服务进口贸易对制造业的实际投入水平,说明各国制造业在快速发展过程中急需知识密集、技术密集的生产性服务进口贸易的供给。将中国和以十三国为代表的发达国家相比,一个非常明显的特点是发达国家无论是生产性服务进口贸易的投入率或是制造业对其需求率均高于中国。与此同时,发达国家非常重视本国具有优势的制造业竞争实力的巩固与增强,在开放环境下积极借助进口生产性服务要素强化本国制造业比较优势,表现为发达国家传统食品、纺织、服装等制造业增加值甚至高于医学、精密光学仪器等先进制造业。就中国的情形来看,与发达国家不同,我们更多地强调先进制造业,即资本密集型、技术密集型的医学、精密光学仪器、无线电、电视和通信设备等产业的技术创新,加快抢占世界科技革命制高点的步伐,这是中国科技兴邦的良性发展态势,我们要坚持下去。

只是在实现有限赶超的过程中,我们同样不能忽视本土传统优势制造业的转型升级,这将是突破我国制造业发展瓶颈的关键点和着力点。

四、实证研究结果

制造业服务化作为产业升级的表现,究竟生产性服务进口贸易向制造业的投入率以及制造业对进口生产性服务的需求率如何影响各国制造业服务化进程? 如何更好地发挥生产性服务进口贸易对制造业服务化的促进作用? 本文涉及的 19 个制造行业,各自的情况如何? 考虑到面板数据可以克服多重共线性困扰,提供更多信息和自由度,更少共线性和更高估计效率等优点以及系统 GMM 方法在实证研究中的广泛应用(Roodman, 2006),本文特别采用系统 GMM 方法研究成功经济体(以十三国为例)投入率与需求率对制造业服务化的影响效应,为中国借鉴成功经济体经验,在开放环境下更好地发挥生产性服务进口贸易对国内制造业转型升级的积极效应提供有价值的学术成果。

(一)模型构建

本文依据前文测度的结果构建计量方程如下:

$$Service_{it} = \alpha_0 + \alpha_1 Input_{it} + \alpha_2 Demand_{it} + \mu_i + \varepsilon_{it} \tag{5}$$

其中,$Service_{it}$ 表示制造业服务化率;$Input_{it}$ 表示生产性服务进口贸易对制造业投入率;$Demand_{it}$ 表示制造业对生产性服务进口贸易需求率,μ_i 是非观测截面个体效应;ε_{it} 表示误差项,其中下标 i 代表具体国别,t 表示年份。式(5)中的数据均依据 OECD 网站各国于 1995 年、2000 年、2005 年投入产出表及投入产出表中中间进口品比重数据表由式(3)、式(4)测度而来。

(二)计量结果分析

表 1　计量结果[①]

	系统 GMM		固定效应		随机效应	
	Input	Demand	Input	Demand	Input	Demand
office	1.487**	0.822*	1.034	1.224**	1.536**	1.287**
machine	4.823***	0.301**	4.194***	0.362**	4.6551***	0.356*
elect	2.286***	1.317***	1.827***	0.910***	2.272***	1.335***
textile	4.134***	0.995**	3.565***	0.692	4.467***	1.005*
chemics	2.914***	0.007	2.295***	0.036	2.569***	0.034
vehicle	0.645	0.217	0.761	0.245*	1.343**	0.241
equip	2.833***	0.353*	2.937***	0.259	3.358***	0.242

① 本文系统 GMM 的 Wald 值、固定效应的 F 值和随机效应的 Wald 值均较理想,因篇幅有限而略去。

续表

	系统 GMM		固定效应		随机效应	
	Input	Demand	Input	Demand	Input	Demand
basicm	2.5252***	−0.059	1.9238***	−0.016	2.1821***	−0.035
metal	0.000	0.997	0.000	1.417**	0.000	1.474**
wood	2.855***	7.465***	2.703***	4.973***	2.900***	5.601***
nonmetal	1.719***	3.688***	1.664***	2.067**	2.663***	3.547***
nonconvey	0.000	−0.059	0.000	−0.046	0.000	−0.053
food	2.286***	1.317***	1.827***	0.910*	2.272**	1.335**
plastics	2.559***	1.837**	2.727***	1.681*	4.133***	2.478**
tele	3.635***	0.444***	3.238***	0.496*	3.983***	0.466***
cycle	−0.096	−0.120	−0.089	−0.096	0.023	−0.179
medicals	1.860***	2.133***	1.732***	2.168**	2.394***	2.406***
oil	4.869***	0.007	5.147***	0.941*	6.401***	1.253**
paper	1.036**	0.217	1.047***	1.320***	1.318**	1.297**

注：*、**、*** 分别表示在 10%、5% 和 1% 水平上显著。表中的 office 表示办公室会计和计算设备；machine 表示电机及仪器；elect 表示电力、燃气及水的供应；textile 表示纺织品、皮革和鞋类；chemics 表示化学原料及化学制品；vehicle 表示机动车辆、拖车和半拖车；equip 表示机械及设备；basicm 表示基本金属；metal 表示金属制品；wood 表示木材和软木制品；nonmetal 表示其他非金属矿物制品；nonconvey 表示其他运输设备；food 表示食品、饮料和烟草；plastics 表示橡胶和塑料制品；tele 表示无线电、电视及通信设备；cycle 表示循环制造业；medicals 表示医学、精密光学仪器；oil 表示焦炭、精炼石油产品和核燃料；paper 表示纸浆、纸制品、印刷和出版。

为避免伪回归现象的发生，本文先对式（5）中涉及的变量做单位根检验①，结果显示其均为平稳序列。文中为更好地证明系统 GMM 结果的稳健性，在表 1 中同时列出固定效应与随机效应结果。不同方法得到的结论的一致性论证了本文计量结果的稳健性。同时，表 1 中系统 GMM 结果均通过了广义矩估计过度限制约束 Sargan 检验和误差扰动项序列自相关 Arellano-Bond 检验，表明本文实证结果的有效性。

表 1 计量结果表明以十三国为代表的资源密集型、劳动密集型和技术密集型制造业均表现出生产性服务进口贸易投入率和需求率对制造业服务化的显著正效应。也就是说 OECD 国家通过进口先进生产性服务的确加快了制造业转型升级步伐。相比较而言，投入率的正向促进作用更显著。中国进口运输仓储、邮政通信和其他商务服务的投入率与需求率与 OECD 国家的差距已经不大，目前表现出的短板效应主要集中在进口金融保险、计算机相关服务以及研究与试验发展服务的投入率和需求率上。以上海自贸区为代表的服务业开放格局将为中国更好地利用进口生产性服务促进国内制造业升级发挥积极作用。这里需要特别注意的一点是，除资源密集型制造业基本金属外，以

① 因篇幅所限，这里暂略去单位根检验结果。

OECD十三国为代表的成功经济体的资本密集型制造业未表现出进口生产性服务投入率和需求率对制造业服务化的正向促进作用,具体产业包括化学原料及化学制品、机动车辆、拖车及半拖车、机械及设备、金属制品、其他运输设备及循环制造业。究其原因,笔者认为以欧美成功实现制造业服务化的GE、Rolls-Royce企业为例,通常具有生产周期长、占用资金多、综合技术复杂、技术及资金壁垒高等特点的资本密集型制造业,其对核心服务的专业化水平要求非常高,普通的外包服务公司很难在短期内实现专有技术与资本积累来满足其需求。即便是进口生产性服务可以达到企业要求,多数情况也会因为技术服务专业性太强而产生高于企业自身供给的市场价格。在这种情形下,OECD发达国家的资本密集型制造业更多倾向于构建企业自己的核心技术服务链条,通过延长产业链将专业技术优势体现为服务价值,利用"产品+专有技术服务包"的赢利模式达到加大产品增加值和攀升全球价值链高端的目标。也就是说,针对资本密集型大型或特大型制造业,着眼于构建企业相对完整的产业链条是非常必要的。虽然OECD国家进口了大量生产性服务,但其对各国资本密集型制造业的服务化升级作用不大,主要被劳动密集型、资源密集型和技术密集型制造业吸纳。

联系中国的做法,以资本密集型装备制造业为例,针对1998年中央经济工作会议提出的加快装备制造业发展的现实诉求,各地通过引进大量外资加速其经济发展,在短期内实现了税收、利润及就业增长。但长期来看,外资占比过大不利于行业自主品牌塑造,甚至会打破国内资本密集型制造业原有的完整产业链体系,降低其服务化水平。以上海为例,2011年先进制造业中装备制造外资比重达75.7%,但同期用于衡量产业研究与试验发展服务水平的新品开发率[①]却降至0.0109,较2000年下降了95.55%。吸取发达国家的成功经验,今后我们一方面要借助生产性服务进口贸易加快劳动密集型、资源密集型传统优势制造业以及新兴的技术密集型制造业的转型升级。另一方面,针对资本密集型制造业,如先进制造业中的装备制造,在条件成熟的情况下,鼓励企业延伸核心生产性服务业务,发展"产品+服务包"的赢利模式,更好地实现产业升级。目前国内的陕鼓动力、传化集团等堪称典范。

五、结论与启示

(一)结论

本文在构建非竞争性投入占用产出模型基础上,运用投入产出法深入研究OECD的十三国生产性服务进口贸易对制造业服务化的影响效应,通过大量实证研究得出以下结论:

(1)1980—2012年,OECD国家与中国的生产性服务进口"量"大幅提升。2012年各国生产性服务进口贸易比重已经达50%以上。这是各国制造业快速发展过程中对

---

① 新品开发率=新产品销售收入/产品销售收入,是制造业优化产品结构,实现转型升级的重要途径。

进口生产性服务需求增长的表现之一。

（2）伴随各国制造业服务化水平的提升，产业升级步伐在不断加快。因此，一定程度上制造业服务化发展就代表着制造业产业升级。

（3）OECD 国家积极利用生产性服务进口贸易加快本国优势制造业服务化转型。法国借助生产性服务进口贸易为传统纺织品、皮革和鞋类的发展提供要素供给；日本通过生产性服务进口贸易加快传统食品、饮料和烟草业的发展。与发达国家相比，中国主要集中精力利用进口生产性服务促进先进制造业发展，一定程度上忽视了传统劳动密集型优势制造产业的升级步伐。

（4）将传统制造业与先进制造业的增加值相比，十三国先进制造业增加值水平总体小于传统制造业。这也说明发达国家注重实现传统优势制造业转型升级的路径是正确的，值得我国借鉴和学习。

（5）进口生产性服务对制造业服务化转型效应主要体现在除资本密集型制造业以外的其他制造业中。OECD 国家在发展劳动密集型、资源密集型以及技术密集型制造业时，积极利用生产性服务进口贸易加速产业升级步伐。而针对资金专有性强、技术专业性强、生产周期长、行业壁垒过高的资本密集型制造业，OECD 国家利用进口生产性服务对产业服务化的效果不明显。OECD 国家相关企业多通过延伸企业核心技术服务来实现转型升级，如 GE、卡特皮勒等就借助企业内部的服务化模式实现转型升级。因此，针对装备制造业我们要注意在条件允许情况下，鼓励企业提供核心生产性服务，通过延长产业链实现转型升级。而针对资源密集型、劳动力密集型、技术密集型制造业，加快生产性服务进口贸易的投入率和需求率是有利于产业快速转型的。

（二）启示

综合上述结论，我们可以得到以下启示：

（1）开放环境下中国不能关起门来搞建设。积极对接国际市场，吸收和引进发达国家先进生产性服务贸易是正确举措。目前，中国生产性服务贸易进口总量在逐年增加。但相对而言，交通运输仓储等低技术生产性服务的进口比重过大，而高技术研究与试验发展服务的进口比重在不断下降。本文研究发现，OECD 国家非常重视研究和试验发展服务的进口贸易，并积极将其投入生产过程中以加快制造业服务化进程。因此，加大金融保险、计算机相关服务以及研究与试验发展服务等生产性服务进口比重，优化进口结构是今后我们要着重采取的一项服务贸易措施。

（2）新时期中国要加快技术密集型制造业的快速发展，抢占世界科技制高点。学习韩国在医学、精密光学仪器等产业上充分利用生产性服务进口贸易的成功经验。但与此同时，我们要特别注意的是，OECD 国家都非常重视传统优势制造业的发展。依据数据的可得性，在本文可统计的时间节点（1995 年、2000 年、2005 年）内 OECD 国家纷纷加大进口生产性服务对优势制造业的投入和需求率，以巩固、提升其产业的国际竞争力。从发达国家传统优势制造业的增加值来看，其赢利能力超过技术密集型先进制造业。这一研究成果的发现启示中国要"两手抓，两手都要硬"。一方面要加大生产性服务进口贸易对劳动力密集、资源密集和技术密集型制造业的投入比重。另一方面,着重加强本土资本密集型制造业发展核心技术服务,通过延长产品价值链实现产业升级。各地要发挥要素禀赋优势,要避免全国上下同质化投资、追风式生产,要突出地方特色、国家特色。从目前的情形来看,这是我们的短板,要在转变观念的基础上加大力度切实落实这两个方面。

(3)中国要充分利用生产性服务进口贸易对非资本密集型制造业服务化发展的正效应。加大金融保险、计算机相关服务以及研究与试验发展等生产性服务的进口比重,但不能过度。要重视构建本土资本密集型制造业与自给型生产性服务的融合,构建企业相对完整的产业链盈利模式。2014 年 7 月 28 日国务院出台《关于加快发展生产性服务业发展,促进产业结构调整升级的指导意见》,进一步明确了本土生产性服务业发展的重大意义以及本土完整产业链条构建对中国制造业转型升级的重要作用。

因此,制造业服务化是中国产业升级的必经之路。在中国改革攻坚期,在产业升级期提高进口生产性服务对中国制造业服务的融入度是有利于产业转型的。在这一过程中,一方面我们要加快国内资本密集型制造业适度延伸核心技术服务等业务,发展"产品+服务包"的升级模式;另一方面针对国内劳动密集型制造业、资本密集型制造业等传统优势产业,要加大生产性服务进口贸易对其的融入度,促进其转型升级。法国、日本、德国、美国不但没有忽视食品、饮料和烟草业等传统产业,反而借助进口其他商务、研究与试验发展、金融保险、邮电通信及运输仓储提供的高级要素投入来增强其市场竞争力。作为发展中大国,我国的纺织业(丝绸)、非金属制品业(陶瓷)、食品(茶叶)等产业具有明显的比较优势和国别特色。在加快先进制造业发展过程中,我国应该通过生产性服务进口贸易提供的优质要素加快产业转型升级。

当然,如何更好地优化我国生产性服务贸易进口技术含量,从而更好地服务于我国工业经济发展方式转变的需要,以及实现生产性服务进口贸易对制造业生产效率的提高等相关问题已经超出本文的探讨范围,需要专文研究,这也是笔者今后要努力的方向。

参考文献

[1] Vandermerwe S, Rada J. Servitization of business: Adding value by adding services. European Management Journal,1988(6):314-324.

[2] Reiskin E D, White A L, Kauffman J, Votta T J. Servicizing the chemical supply chain. Journal of Industrial Ecology,2000(3):19-31.

[3] Fishbein B, Mc Garry L S, Dillon P S. Leasing: A step toward producer responsibility. NY: INFORM,2000.

[4] Szalavetz A. Teriarization of manufacturing industry in the new economy: Experiences in Hungarian companies. Hungarian Academy of Sciences. Working Paper,2003,134.

[5] 郭跃进.论制造业的服务化经营趋势.中国工业经济,1999(3):64—67.

[6] 蔺雷,吴贵生.服务创新的研究方法综述.科研管理,2004(3):19—23.

[7] 刘继国,赵一婷.制造业中间投入服务化趋势分析——基于 OECD 中 9 个国家的宏观实证.经济与管理,2006(9):9—12.

服务经济与管理 *评论*

［8］孙林岩，李刚，江志斌. 21 世纪的先进制造模式——服务型制造. 中国机械工程，2007（19）：
2307—2312.

［9］周大鹏. 制造业服务化研究——成因、机理与效应. 上海社会科学院，2010.

［10］Markusen J. Trade in producer services and in other specialized intermediate inputs. American Economic Review，1989（79）：85-95.

［11］Francois J F. Trade in producer services and returns due to specialization under monopolistic competition. Canadian Journal of Economics，1990（23）：109-124.

［12］蒙英华. 生产性服务贸易与中国制造业效率提升——基于行业面板数据的考察. 世界经济研究，2010（7）：38—44.

［13］尚涛，陶蕴芳. 中国生产性服务贸易开放与制造业国际竞争力关系研究. 世界经济研究，2009（5）：52—88.

［14］OECD. Productivity manual：A guide to the measurement of industry-level and aggregate productivity growth. Statistics Directorate，Directorate for Science，Technology and Industry，Paris，2001.

［15］Banga R，Goldar B. Contribution of services to output growth and productivity in Indian manufacturing：Pre and post reforms. Council for Research on International Economic Relations，New Delhi，Indian，Working Paper，2004，139.

［16］Drejer I. Business services as a production factor. Economic Systems Research，2002，1（44）：389-405.

［17］Park S H. Intersectoral relationships between manufacturing and services：New evidence from selected pacific basincountries. ASEAN Economic Bulletin，1994，10（3）：245-263.

［18］刘继国，赵一婷. 制造业中间投入服务化趋势分析——基于 OECD 中 9 个国家的宏观实证. 经济与管理，2006（9）：9—12.

［19］魏作磊，李丹芝. 中国制造业服务化的发展特点——基于中美日德英法的投入产出分析. 工业技术经济，2012（7）：24—28.

［20］Lall S，Weiss J，Zhang J K. Regional and country sophistication performance. Asian Development Bank Institute Business Paper，2005.

［21］盛斌，牛蕊. 贸易、劳动力需求弹性与就业风险：中国工业的经验研究. 世界经济，2009（6）：3—15.

［22］胡晓鹏，李庆科. 生产性服务业与制造业共生关系研究——对苏、浙、沪投入产出表的动态比较. 数量经济技术经济研究，2009（2）：33—46.

［23］Roodman D. How to do xtabond2：An introduction to difference and system GMM in stata. Washington，Center for Global Development，Working Paper，2006（103）.

［24］杨玲. 外商投资对上海先进制造业创新水平影响研究. 上海经济研究，2014（8）：60—69.

中日韩服务贸易互补性及贸易潜力分析

杨　莉

（浙江省现代服务业研究中心　杭州　310015）

【内容摘要】　中日韩作为东亚地区最重要的三大经济体,近年来三边贸易发展迅速,随着中日韩自贸区的几轮谈判顺利进行,三国均在向区域经济一体化的方向努力。本文基于三国服务贸易进出口数据,分析了服务贸易结构,并计算了三国服务贸易集中度指数和互补性指数,分析了三国服务贸易的依存度与互补性。最后,本文用引力方程对服务贸易进行了估计,在此基础上计算了中国与日韩的服务贸易潜力指数,得出中日韩双边服务贸易仍有增长空间的结论。

【关键词】　服务贸易　互补性　贸易潜力　自贸区

进入21世纪以来,为了进一步融入世界经济大格局,并从世界经济一体化进程中获益,中国加快了与各经济体建立自由贸易区的步伐。当前,中国已与东盟、新加坡、巴基斯坦、新西兰、智利、秘鲁、哥斯达黎加、冰岛、瑞士和韩国签订自由贸易协定,涉及20个国家和地区。同时,与海湾合作委员会(GCC)、澳大利亚和挪威正在进行自贸协定谈判,以及中日韩自贸区和《区域全面经济合作伙伴关系》(RCEP)协定谈判。

在东亚以及亚太地区,中日韩三国都占有举足轻重的地位。虽然东亚地区经济在世界上占有非常重要的位置,但其经济一体化进程还没有取得关键性的进展。2015年5月,伴随着中日韩自由贸易区第七轮谈判的结束,中日韩自由贸易区的建设越来越受到社会的关注,中日韩之间的贸易往来愈发频繁。

20世纪90年代以来,服务业的发展、服务贸易的兴起、国际直接投资向服务业的转向等趋势,使得区域经济一体化谈判中,服务贸易自由化始终是一项重要内容。中日韩三国作为东亚地区重要的三大经济体,其服务贸易的发展尤为重要。因此,对中日韩双边服务贸易的深入分析对中日韩服务贸易谈判的进行有重要意义。

一、相关文献综述

关于中日韩区域内的贸易情况,国内外学者从各角度展开过研究,成果也较丰富。

其中,关于商品贸易的研究比较多,龚敏等(2006)分析了 1990—2004 年的中日韩贸易依存关系,认为中国在三国贸易格局中起到桥梁作用。周松兰(2007)分析了中日韩前100 位出口商品的出口比重、行业分布、技术层次等层面,认为中国与日韩重合的出口品名越来越多,技术层次逐渐走高,竞争越发激烈。催超等(2007)则通过产品相似性指数和市场相似性指数对中日韩三国农产品的贸易竞争关系进行了实证分析,认为中日韩三国间的农产品相似性指数高于市场相似性指数,农产品贸易关系以竞争性为主。佟家栋(2009)通过分析扩展的 RCA 指标,对中国在日韩市场上零部件生产和组装的比较优势的分布、结构和变迁情况进行了细致梳理,指出对日韩两国市场而言,中国在零部件生产上的比较优势总体上呈增强趋势。

服务贸易研究方面,谭晶荣(2006)比较了 1993—2003 年中日韩三国的服务贸易RCA 指数和 TC 指数,指出三国在服务贸易领域内总体竞争力不相上下,个别行业存在差距。曹标(2012)比较了中日韩三国的服务贸易结构调整的三个阶段。马静(2012)分析了中日韩的服务贸易结构状况,并应用净出口比较优势指数方法分析了三国各类服务贸易产品的相对出口竞争力及其存在的出口劣势。庄芮等(2013)测算了 2002—2011 年中日韩三国服务业的 TC 指数、RCA 指数和 CA 指数,据此分析了中日韩三国服务贸易的整体竞争力和分部门竞争力。

现有文献中同时对服务贸易进行全面系统分析的不多,大多是对服务贸易整体或者选取某几个行业的分析,且侧重国际竞争力分析。本文对中日韩贸易关系的结构与互补性进行深入分析,以全面反映中日韩服务贸易关系的特点,为中日韩自贸区的建立分析提供可行性研究基础。

二、中日韩的服务贸易结构及双边服务贸易分析

(一)数据来源和分类

本文使用的原始数据来自服务贸易统计数据库(http://unstats.un.org)。根据联合国 2002 年颁布的《国际服务贸易统计手册》,服务贸易分为 11 个大类:运输、旅游、通信服务、建筑服务、保险服务、金融服务、计算机和信息服务、专有权利使用费和特许费、其他商业服务、个人文化和娱乐服务、其他政府服务。

(二)中日韩服务贸易结构

整体而言,中日韩的服务贸易结构有一定的相似性,运输业和旅游业两者都占了较大的比重,如 2012 年,中国占比 46.46%;2011 年,日本占比 33.87%;2012 年,韩国占比 49.64%(见表 1)。

2002 年以来,中国的服务出口贸易结构产生了比较大的变化。2002 年,中国的服务贸易出口一半集中在旅游业。2012 年,旅游业仍然占据较大的份额,运输业、建筑服务业、保险服务业和计算机信息服务业的出口贸易则有明显的上升,可见中国的服务贸

易在近十年中有了全面的发展,旅游业外其他服务业出口发展迅速。从服务进口贸易结构看,中国近十年来变化不明显,旅游业进口比重有微小上升。

日本的服务贸易结构情况与变化情况均与中国存在一定的差异。专有权利使用和特许在日本一直占据不小的份额,且在不断的上升中(日本没有 2012 年的数据,用 2011 年的数据分析)。运输业、计算机和信息服务业所占的比重显著地下降。旅游业进口比重有明显下降。

2002—2012 年,韩国服务出口贸易中,运输业和旅游业的比重有明显的下降,建筑服务的出口的比重则有大幅提高,运输业和旅游业的进口比重都有明显下降。

表 1　中日韩服务贸易结构　　　　　　　　　　　　　　　　(单位:%)

服务种类	中国				日本				韩国			
	2002 年		2012 年		2002 年		2011 年		2002 年		2012 年	
	进口	出口	进口	出口	进口	出口	进口	出口	进口	出口	进口	出口
运输	29.26	14.39	30.54	20.33	28.20	36.48	29.51	26.33	33.25	44.50	27.88	36.78
旅游	33.09	51.29	36.27	26.13	24.98	5.32	16.24	7.54	30.79	19.99	18.59	12.86
通信服务	1.01	1.38	0.59	0.94	0.86	1.13	0.58	0.52	2.02	1.27	1.49	0.78
建筑服务	2.07	3.14	1.29	6.40	3.37	7.04	4.60	7.53	1.27	7.35	4.77	19.80
保险服务	6.98	0.53	7.33	1.74	3.03	−0.54	4.06	1.14	1.68	0.12	0.77	0.45
金融服务	0.19	0.13	0.68	0.99	1.53	4.77	2.00	2.83	0.20	2.34	0.94	2.88
计算机和信息服务	2.43	1.61	1.37	7.55	2.02	1.74	2.52	0.82	0.37	0.07	0.44	0.42
专有权利使用费和特许费	6.69	0.33	6.31	0.55	10.36	15.86	11.43	19.97	0.00	0.00	7.76	3.10
其他商业服务	17.10	26.21	15.06	34.80	23.26	26.50	27.38	31.18	28.26	20.22	35.26	20.68
个人文化和娱乐服务	0.21	0.07	0.20	0.07	1.12	0.48	0.58	0.11	0.83	0.62	1.08	1.13
其他政府服务	0.96	0.91	0.37	0.52	1.25	1.22	1.11	2.03	1.33	3.51	1.04	1.12

资料来源:根据联合国服务贸易统计数据库(http://unstats.un.org)计算得到。

(三)中日韩双边服务贸易规模概况

中日韩三国近年来都是世界服务贸易大国。据《世界贸易报告 2013》数据,2012 年,中日韩服务贸易出口分别居世界第 5、第 7、第 13,分别占世界 4.4%、3.2%、2.5% 的份额;中日韩服务贸易进口分别居世界第 3、第 5、第 12,分别占世界 6.8%、4.2%、2.6%的份额。同时,中日韩双边的服务贸易也增长迅速。

图 1 显示了 2000—2012 年中国与日韩两国双边服务贸易的发展情况。由该图可见:第一,中韩双边服务贸易额发展快于中日贸易,2000 年中韩的双边服务贸易进出口规模均小于中日的双边服务贸易进出口;到 2008 年,中韩双边贸易额均已超过了中日贸易额。第二,中韩双边贸易,2000—2006 年中国都是顺差国,2007 年起,中国开始成

为逆差国,且逆差额有增大趋势;中日双边贸易,前几年都有波动,2010 年起中国开始逆差,且在 2012 年达到新的高点。

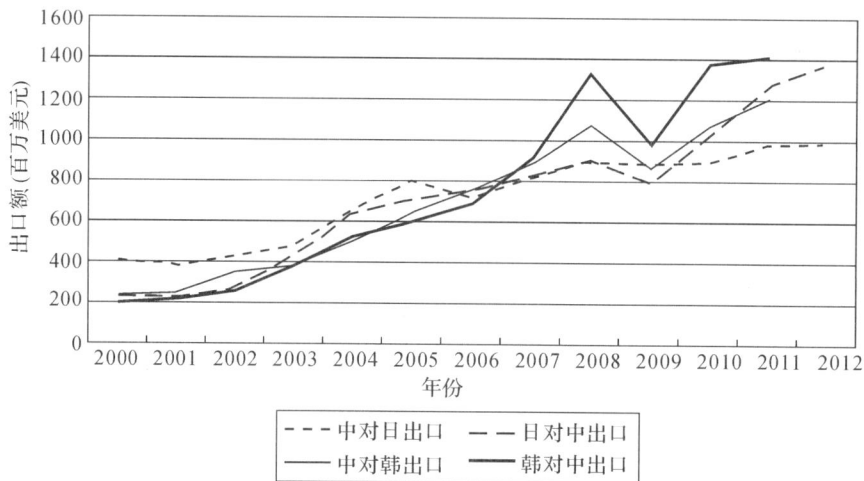

图 1　中国与日韩双边服务贸易规模
数据来源:联合国服务贸易统计数据库(http://unstats.un.org)。

三、中日韩服务贸易的互补性分析

(一)贸易集中度(Trade Intensity Index , TII)指数

TII$_{ij}$是描述国家 i 出口到国家 j 的集中指数。用两国的双边贸易与一个目的国占据一个国家的总出口的数值进行比较。如果比值大于(或小于)1,那么那个目的国在世界贸易中就更具有(或不具有)代表性(即两国贸易关系紧密或不紧密)。比值越大,说明两国的贸易依存度越高。

$$TII_{ij} = \frac{X_{ij}/X_i}{M_j / \sum_{k \neq 1} M_k} = \frac{x_{ij}}{m_j}$$

其中,X_{ij}是从 i 国到 j 国的出口,X_i 是 i 国总出口。M_k 是 k 国的总进口。x_{ij}是贸易国 j 占据的 i 国的出口份额(即 j 国从 i 国的进口),m_j 是贸易国 j 占据世界进口的份额。

从计算结果看(见表 2),在样本区间内,中国与日韩双向的服务贸易集中度都大于1,可见中国与日韩的服务贸易关系比较紧密。中日和中韩的服务贸易中,中日的 TII指数小于日中指数,中韩的 TII 指数大于韩中指数,可见在服务贸易中日本对中国的依存度比中国对日本的依存度高,而中国对韩国的依存度比韩国对中国的依存度高。中韩间的服务贸易依存度比中日间的高,说明中国与韩国间的服务贸易往来更频繁,这在一定程度上可以看出中国与日本的服务贸易往来的潜力更大。

表 2　中国与日韩的服务贸易集中度

年份	中日	日中	中韩	韩中
2000	2.028	1.631	3.906	2.965
2001	1.907	1.619	3.852	3.183
2002	1.923	1.718	4.573	3.544
2003	2.058	2.120	4.347	4.294
2004	2.736	3.258	5.469	5.763
2005	3.182	3.027	5.766	5.670
2006	2.502	2.812	5.163	5.314
2007	2.317	2.538	4.513	5.029
2008	2.132	2.284	4.482	5.476
2009	1.797	1.518	3.275	3.282
2010	1.470	1.559	2.868	3.413
2011	1.475	1.644	3.005	2.809
2012	1.329	1.539	—	—
平均值	2.066	2.097	4.268	4.229

资料来源:根据联合国服务贸易统计数据库、OECD 数据库计算得到。中韩双边服务贸易缺 2012 年数据,以 2011 年数据代替。

(二)贸易互补指数(Trade Complementarity Index,TCI)

贸易互补指数反映两国之间的贸易互补程度,测量了一国的出口供给与其贸易伙伴的进口需求的相似度水平:指数越大,两者间越容易产生贸易。贸易互补指数是在显示性比较优势指数 RCA(Balassa,1965)的基础上提出的,对每一个产业来说,贸易互补性指数=i 国的比较优势指数×j 国的比较劣势指数。TCI 指数大于(或小于)1,意味着一个国家的专门化出口与其贸易伙伴的专门化进口之间强(弱)的互补性,TCI 接近1 意味着其出口和进口专业化与世界贸易专业化相似。

$$\mathrm{TCI}_{ij} = \sum_s \frac{x_i^s}{t_{ui}^s} \frac{m_j^s}{t_{ui}^s} t_{ui}^s = \sum_s \mathrm{TCI}_{ij}^s t_{ui}^s$$

$$t_{ui}^s = \sum_{k \neq i} M_k^s \Big/ \sum_s \sum_{k \neq i} M_k^s = M_{ui}^s / M_{ui}$$

其中,x_i^s 是 s 产业占据 i 国的出口的份额,m_i^s 是 s 产业在 j 国的进口份额,t_{ui}^s 是 s 产业在世界进口的份额(从 i 国的出口的角度来看)。

(三)服务贸易互补性

中日和中韩的服务贸易互补指数与商品贸易互补指数相比,表现出完全不同的状况(见表 3、表 4)。首先,从整体来看,中国与日韩的服务贸易互补指数在十年来有飞快的上升,且中国出口的互补指数大于日本出口的互补指数,却远远小于韩国出口的互补指数,说明中国出口日本进口的匹配程度要大于中国进口日本出口的匹配程度,中国出口韩国进口的匹配程度要低于中国进口韩国出口的匹配程度。服务贸易的综合互补指数大于商品贸易的互补指数,说明中国与日韩在服务贸易中的互补性特征要比商品贸易更明显。服务业分部门来看,中国与日韩在建筑服务部门的互补性有了非常大的提高。其次,运输服务部门在近十年中也有很快的发展,无论是中国出口还是日韩出口,互补指数都有很大的提高。第三,日本出口中国进口在专有权利使用费和特许费部门的互补指数增长非常快,且远高于中国出口的指数,这也体现了日本在该部门具有较强的竞争优势。此外,其他商业服务部门也是中日和中韩互补性较大的部门。

表3 中国和日本服务贸易互补指数

年份	2002	2011	2002	2011
类别	中国出口		日本出口	
综合指数	0.971	5.476	0.980	4.331
运输	0.606	21.499	1.593	32.593
旅游	1.495	0.192	0.205	0.100
通信服务	0.268	0.022	0.258	0.010
建筑服务	3.398	1295.918	4.684	403.709
保险服务	0.104	0.026	−0.245	0.036
金融服务	0.025	0.046	0.117	0.043
计算机和信息服务	0.695	2.838	0.905	0.220
专有权利使用费和特许费	0.115	1.486	3.528	38.573
其他商业服务	1.295	40.457	0.962	25.089
个人文化和娱乐服务	0.082	0.196	0.097	0.090
其他政府服务	0.076	0.003	0.078	0.005

资料来源:根据联合国服务贸易统计数据库计算得到。

表4 中国和韩国服务贸易互补指数

年份	2002	2011	2002	2011
类别	中国出口		韩国出口	
综合指数	1.110	5.153	0.995	23.013
运输	0.714	22.632	1.943	54.479
旅游	1.843	0.234	0.772	0.077
通信服务	0.628	0.058	0.289	0.028
建筑服务	1.277	855.413	4.895	11485.608
保险服务	0.058	0.005	0.057	0.001
金融服务	0.003	0.044	0.057	0.521

续表

年份	2002	2011	2002	2011
类别	中国出口		韩国出口	
计算机和信息服务	0.126	0.718	0.034	0.032
专有权利使用费和特许费	0.000	1.280	0.000	4.608
其他商业服务	1.573	48.359	0.734	16.273
个人文化和娱乐服务	0.061	0.338	0.126	5.629
其他政府服务	0.081	0.003	0.224	0.008

资料来源:根据联合国服务贸易统计数据库计算得到。

四、中日韩双边服务贸易潜力分析

(一)引力模型

引力模型的思想起源于牛顿的万有引力定律:两物体之间的引力与两个物体的质量成正比,与两物体之间的距离成反比。较早有 Tinbergen(1962)将引力模型用于研究国际贸易,指出两国双边贸易规模与他们的经济总量成正比,与两国之间的距离成反比。后来引力模型越来越多地用于双边贸易的研究,其变量也有了更多的扩展。

本文研究中国与日韩双边服务贸易潜力的思路是首先估计出双边服务贸易的引力模型,其次将实际贸易额与预测贸易额进行比较,比值为 T,如果 $T>1$,则说明贸易过度,反之则说明贸易不足,即存在贸易潜力。

引力模型的基本对数形式为:$\ln Trade_{ij}=\beta_0+\beta_1\ln Y_iY_j+\beta_3\ln Dis+\mu_{ij}$。其中,Trade 为双边贸易额,$Y$ 为 i 国和 j 国的国民收入,一般用 GDP 代替,Dis 为两国经济中心或首都之间的距离。本文参考众多学者对引力模型的扩展,在模型中加入 APEC 变量,表示当属于亚太经合组织时,APEC 取值为 1,否则为 0。扩展后的引力模型为:

$$\ln Trade_{ij}=\beta_0+\beta_1\ln Y_iY_j+\beta_2\ln Dis+\beta_3 APEC+\mu_{ij}$$

其中,除了距离变量外,其他解释变量的预期符号均为正值,对双边服务贸易流量均有积极的作用。

(二)样本及数据说明

本文根据服务贸易额的数据可获得性,选取近几年来我国 20 位主要服务贸易伙伴作为样本,这些国家和地区的服务贸易额约占我国服务贸易总额的三分之二以上,能够在较大程度上反映我国服务贸易的情况。20 位服务贸易伙伴包括中国香港地区、美国、欧盟 15 国(奥地利、希腊、芬兰、法国、意大利、荷兰、比利时、卢森堡、英国、爱尔兰、丹麦、瑞典、西班牙、葡萄牙、匈牙利)、日本、韩国、俄罗斯。本文采用 2002—2010 年的面板数据进行分析。双边服务贸易数据来源于 OECD 数据库,各国 GDP 数据来源于世界银行数据库,距离数据来自 CEPII 数据库。本文采用面板数据固定效应模型。

(三)回归结果分析

从方程回归结果看,方程整体通过 F 检验,R^2 也比较高,表明模型有较好的拟合性(见表 5)。方程的解释变量都能通过显著性检验,而且变量系数、符号与预期相符。

表 5 引力方程结果

	系数值		t 值(prob)
c	7.742777		4.823504(0.000)
$\ln Y_i$	0.687380		10.10843(0.000)
$\ln Dis$	−1.115237		−5.875573(0.000)
APEC	0.751109		2.625534(0.009)
R^2	0.708	$F\text{-statistic}$	37.03936(0.00000)

估计方程为 $\ln \hat{Trade}_{ij} = 7.742 + 0.687 \ln Y_j - 1.115 \ln Dis + 0.751 \, APEC$

(四)双边服务贸易潜力分析

根据双边服务贸易引力模型的回归结果,先测算出我国与样本国(地区)的服务贸易理论预测值,再与实际服务贸易额进行比较,就可以得到服务贸易指数。由表 6 可见,中国与日韩的服务贸易潜力指数小于 1,双边服务贸易在未来仍有一定的增长空间。

表 6 中国与部分国家服务贸易潜力指数

地区	奥地利	爱尔兰	法国	韩国	美国	日本	葡萄牙	瑞典	土耳其
指数	1.04	1.33	1.19	0.97	1.12	0.94	0.77	1.13	0.91

五、总结

从上文对贸易结构、贸易集中度与互补性的分析中可见,在产业结构上主要以进出口为导向的中日韩三国的贸易结构具有一定的依存性和互补性。

服务贸易中,中日韩三国的服务贸易结构呈现传统服务业为主导的特性,但三国仍各有突出,中国与韩国的服务贸易依存度要高于中国与日本的服务贸易依存度。就贸易互补性而言,中日韩三国的服务贸易互补综合指数都较高。根据贸易潜力指数计算,中国与日韩的潜力仍小于 1,还有增长空间。

因此,从总体看,中国与日韩的服务贸易关系比较紧密,贸易互补性也较高,在自由贸易协定的谈判中更需要进一步关注消除贸易壁垒,扩大地区市场,强化竞争提升产业效率,通过广泛的三边合作促进三国服务业的产业结构调整,使各国劳动力的垂直分工和水平分工更加合理有效,使三国间的互补性得到更加充分的体现,进一步扩大双边服务贸易。

参考文献

[1] 谭晶荣.中日韩三国服务贸易的比较研究.国际贸易问题,2006(7):71—77.

[2] 周松兰.从前100位出口商品看中日韩出口结构竞争.国际贸易问题,2007(1):65—70.

[3] 曹标.中日韩服务贸易结构比较研究.亚太经济,2012(4):86—90.

[4] 马静,逯宇铎.对外贸易结构与中日韩服务贸易比较研究.统计与决策,2012(17):137—140.

[5] 杨攻研,刘洪钟.中日韩三国贸易与分工的新趋势.亚太经济,2013(4):51—57.

[6] 庄芮,方领.基于国际竞争力比较的中日韩服务贸易谈判问题探析.国际贸易问题,2013(9):74—81.

中日服务贸易竞争力分解与比较研究[①]

——基于恒定市场份额和波特竞争优势理论的分析

张 龙 盛彬彬 王春秋 张 鑫

(长春大学旅游学院经济管理学院 长春 130607)

【内容摘要】 服务贸易发展水平在一定程度上反映了一国经济的发展水平,服务贸易竞争力是评判服务贸易发展水平的一个重要因素,影响服务贸易竞争力的因素有很多,且具备一定的时空变换性。中日两国存在着频繁的经济往来,对比两国服务贸易竞争力,并对其影响因素进行分解研究,对加快东亚服务贸易合作进程十分重要。该文运用恒定市场份额法与波特竞争优势理论就中日两国劳动密集型和知识密集型服务业贸易竞争力及分解状态分阶段进行分析,主要得出中日两国服务贸易竞争力的决定因素存在差异、分类服务贸易出口倾向不同的结论。

【关键词】 服务贸易 竞争力 分解研究 比较研究

20 世纪 70 年代以来,为了更好地应对国际贸易发展新趋势和培育服务贸易竞争力,各国学者开始对服务贸易竞争力及分解状态进行研究,并取得了一定成果,但与服务贸易的经济地位相比仍显不足。梳理发现,关于服务贸易竞争力及分解的研究主要集中在指标法和模型研究上。对于利用指标法的研究,学者通常以比较优势指数(CA)、产业内贸易指数(G-L)、贸易竞争力指数(TC)、显示性比较优势指数(RCA)、相对贸易竞争力指数(RTC)、相对显示性比较优势指数(RRCA)等评价指标来测量服务贸易竞争力。如李莹、熊涓(2007)运用 CA 指数对日韩服务贸易竞争力进行分析,得出日韩服务贸易竞争力并不具备比较优势的结论;贾燕霞、胡丹婷(2009)运用 G-L 指数对中日韩三国服务贸易竞争力进行分析,得出日本服务贸易竞争力强于中国和韩国的结论;蒋文(2011)运用 TC、RCA 指数对中日韩三国服务贸易竞争力进行比较研究,结

---

① 【基金项目】长春大学旅游学院东北亚休闲经济研究中心科研项目"中日韩旅游服务贸易发展及合作路径研究"(长旅休科合字〔2014〕第 2 号);长春大学旅游学院东北亚休闲经济研究中心科研项目"《旅游法》实施后对吉林省休闲竞技发展的影响研究"(长旅休科合字〔2014〕第 6 号)

本文已发表在《兰州商学院学报》2014 年第 5 期。

果表明中日韩三国服务贸易整体均不具备比较优势,各行业服务贸易竞争力有所差异;韩岳峰、张龙(2013)运用 RTC、RRCA 指数对中日服务贸易的竞争性及互补性进行分析,得出中日服务贸易竞争性和互补性同时存在,且竞争性居多的结论。对于波特竞争优势理论的研究,学者通常选取要素条件测度指标、需求因素测度指标、支持性产业及相关产业的测度指标等对服务贸易竞争力进行相关研究。如张译匀(2008)对我国服务贸易出口额与人均城市化率、FDI 等进行多元回归分析,发现人均城市化率对我国服务贸易竞争力的贡献权重最大;庄惠明、黄建忠、陈洁(2009)首次运用"钻石模型"理论,选择将 FDI、人口结构素质等 9 个因素用于计量经济模型中,分析对服务贸易竞争力产生影响的主要因素,认为我国在服务贸易发展过程中,服务贸易竞争力并没有同步跟进;王英(2010)通过构建灰关联熵模型对影响服务贸易竞争力的因素进行排序,得出各因素对服务贸易竞争力的影响程度不同的结论;宋丽娜(2012)通过将竞争优势理论应用于服务贸易领域,尝试建立服务贸易竞争力影响因素体系模型,得出就业人数、需求水平、支持产业是影响服务贸易竞争力的主要因素。

综上所述,已有研究主要是单一使用理论或评价指标对服务贸易竞争力及分解状态进行分析,很少使用联合方法进行研究。为此,本文将国家竞争优势理论指标量化并与恒定市场份额(CMS)二阶分解效果指标对应,对中、日劳动密集型服务贸易和知识密集型服务贸易竞争力及分解状态进行研究。

一、研究方法与数据来源

(一)研究方法与理论对接

1951 年,恒定市场份额(CMS)分析方法第一次被提出,该方法现已成为国际贸易研究领域的主要分析工具。该模型将一个国家的一种产品的出口划分为二阶效果:

$$\Delta q = \underbrace{\sum_i \sum_j s_{ij}^0 \Delta Q_{ij}}_{\text{结构效果}} + \underbrace{\sum_i \sum_j Q_{ij}^0 \Delta s_{ij}}_{\text{竞争效果}} + \underbrace{\sum_i \sum_j \Delta s_{ij} \Delta Q_{ij}}_{\text{二阶效果}}$$

我们可以进一步将上述公式分解为二阶效果,具体为:

$$\Delta q = \underbrace{s^0 \Delta Q}_{\text{增长效果}} + \underbrace{(\sum_i \sum_j s_{ij}^0 \Delta Q_{ij} - \sum_i s_i^0 \Delta Q_i)}_{\text{市场效果}} + \underbrace{(\sum_i \sum_j s_{ij}^0 \Delta Q_{ij} - \sum_j s_j^0 \Delta Q_j)}_{\text{商品效果}}$$

$$+ \underbrace{[(\sum_i s_i^0 \Delta Q_i - s^0 \Delta Q) - (\sum_i \sum_j s_{ij}^0 \Delta Q_{ij} - \sum_j s_j^0 \Delta Q_j)]}_{\text{结构交互效果}}$$

$$+ \underbrace{\Delta s Q^0}_{\text{整体竞争效果}} + \underbrace{(\sum_i \sum_j \Delta s_{ij} Q_{ij}^0 - \Delta s Q^0)}_{\text{具体竞争效果}} + \underbrace{(Q^t/Q^0 - 1) \sum_i \sum_j \Delta s_{ij} Q_{ij}^0}_{\text{纯二阶效果}}$$

$$+\left[\sum_i \sum_j \Delta s_{ij} \Delta Q_{ij} - (Q^t/Q^0 - 1) \sum_i \sum_j \Delta s_{ij} Q_{ij}^0\right]$$

动态残差效果

其中,Δq 代表目标国家目标产品的出口额增长量;s 代表目标国家目标产品的出口额占世界该产品总出口额的比重;s_i 代表目标国家的 i 产品出口额占世界市场该产品出口总额的比重;s_j 代表目标国家向 j 国家出口产品占世界向该国家出口的份额;s_{ij} 是一国向 j 国家出口 i 产品占世界市场向该国家出口该产品的份额;Q_i 表示世界市场 i 产品的出口值;Q_j 代表了世界市场向 j 国家的出口额的总量;Q_{ij} 代表了世界市场向 j 国家出口 i 产品的出口额的总量;上标 0 代表分析区间的期初指标,上标 t 代表分析区间的期末指标;下标 i 代表所展示的是第 i 种产品,下标 j 代表所展示的是 j 国家;Δ 代表分析区间期初与期末的差值。

恒定市场份额两阶段分解效果的含义及其相对应的竞争优势理论见表 1,两者的对接状态可以用该表格对位的形式加以说明。

表 1　恒定市场份额与波特竞争优势理论对接表

波特竞争优势理论	一阶含义	一阶效果	二阶效果	二阶含义
需求	地区服务贸易出口额变动	结构效果	增长效果	地区服务贸易需求变动
需求			市场效果	出口市场分布效应
产业			商品效果	商品结构效应
结构+需求			结构交互效果	出口商品结构效应与出口市场分布效应的交互作用
机会（政府）	出口国服务贸易竞争力变化	竞争效果	整体竞争效果	出口国服务贸易整体竞争力变化
			具体竞争效果	出口国特定服务贸易在特定市场竞争力
结构	出口国服务贸易竞争力及地区进口需求变化交互作用	二阶效果	纯二阶效果	出口国服务贸易竞争力与地区服务贸易总进口的交互作用
			动态结构残差	服务贸易竞争力与特定服务贸易进口的交互作用

注:为叙述方便,本表中的地区特指"中、日两国",一阶含义和二阶含义解释项后面均省略"所引起的服务贸易出口变动"。

(二)数据来源

本文取 1998—2012 年中国、日本、中日双边服务贸易作为研究对象,相关数据来源为:中国历年服务贸易额、UN Service Trade Database、WTO 国际贸易统计数据库(International Trade Statistics Database)、中国商务部、国家外汇管理局等官方网站。具体数据来源均已在数据表下方标注,尤其是日本服务贸易 2012 年的数据是作者根据相关数据整理所得,可能存在微小误差,但不影响分析结果。为分析比较中、日两国不同时间段服务贸易竞争力及其变化过程,本研究将研究区间分为三个阶段:1998—2002 年为第一阶段、2003—2007 年为第二阶段、2008—2012 年为第三阶段。

二、研究结果与分析

为了研究需要,本文将运输服务、旅游、建筑服务、其他商业服务划为劳动密集型服务贸易,将通信服务、保险服务、金融服务、计算机和信息服务、专有权利使用费和特许费、咨询、广告、宣传、电影、音像划为知识密集型服务贸易。在此基础上,本文整理中、日两国劳动密集型和知识密集型服务贸易的进口值、出口值、进出口总额等数据,依据整理的基础数据,运用上文模型公式计算,进一步可得中、日两国服务贸易竞争力分解情况。笔者将对具体数值做出经济解释,并根据当时经济环境做深层次原因分析。

(一)中国的服务贸易竞争力及分解研究

根据前文介绍的模型公式,计算得出中国知识/劳动密集型服务贸易 CMS 二阶效果分解结果(见表 2)。

表 2　中国知识/劳动密集型服务贸易 CMS 二阶效果分解结果(单位:百万美元,%)

中国	1998—2002 年		2003—2007 年		2008—2012 年	
	出口额	比重	出口额	比重	出口额	比重
出口额变化	144.2/10.8	100	591.8/161.1	100	140.2/300.0	100
结构效果	74.2/10.5	51.5/97.1	466.3/109.2	78.8/67.8	128.2/415.7	91.4/138.6
增长效果	78.0/18.1	54.1/167.6	265.0/146.1	44.8/90.7	82.1/933.6	58.6/311.2
市场效果	−21.8/−3.4	−15.1/−31.5	261.3/−16.2	44.2/−10.1	25.2/−125.2	18.0/−41.7
商品效果	8.8/−4.4	6.1/−40.7	−48.5/35.2	−8.2/21.8	21.0/−133.5	15.0/−44.5
结构交互效果	6.3/−0.3	4.4/−2.8	−11.7/−55.9	−2.0/−34.7	−0.1/−279.2	−0.1/−93.1
竞争效果	41.3/−2.1	28.6/−19.4	112.1/80.0	18.9/49.7	9.7/−175.3	6.9/−58.4
整体竞争效果	45.6/−3.2	31.6/−29.6	258.6/15.3	43.7/9.5	38.7/−428.3	27.6/−142.8
具体竞争效果	−4.3/1.1	−3.0/10.2	−146.5/64.7	−24.8/40.2	−29.0/252.9	−20.7/84.3
二阶效果	28.7/2.4	20.0/22.2	13.3/−28.2	2.2/−17.5	2.4/39.6	1.7/13.2
纯二阶效果	18.1/−0.6	12.6/−5.6	30.7/13.0	5.2/8.1	4.0/−61.4	2.9/−20.5
动态结构残差	10.6/3.0	7.4/27.8	−17.3/−41.2	−2.9/−25.6	−1.6/101.1	−1.1/33.7

注:①由于小数点保留问题,表中下级数据加总不一定完全等于上级数据,存在较小误差;
②在对期初、期末值进行差额计算时,进行了同期处理,避免通胀等因素的干扰。

1. 中国知识密集型服务贸易竞争力及分解研究

(1)结构效果及二阶分解效果分析

通过 CMS 二阶效果分解数值可以看出,结构效果三阶段占比分别为 51.5%、78.8% 和 91.4%,纵向对比发现中国知识密集型服务贸易增长趋势明显,说明在中国经济总体增长过程中,知识密集型服务贸易出口额也随之显著增长。①增长效果分析。

增长效果三阶段占比分别为 54.1％、44.8％和 58.6％,比重状态表现较稳定(50％左右),说明中国知识密集型服务贸易因地区整体知识密集型服务贸易需求的增加而保持稳步增长的势头。②市场效果分析。市场效果三阶段占比分别为－15.1％、44.2％和18.0％,呈现"倒 V 型"走势,分析其原因可能是在第一阶段中国将更多的知识密集型服务产品向需求相对小的国家出口,出口分布不够合理(深层原因有可能是在中国加入WTO 的初期,对世界服务贸易产品的格局和自身竞争力定位不准),而第二阶段的高比重说明政府从第一阶段的不合理出口导向中发现问题,并对产品的出口地进行了相应调整,第三阶段的稳步数值说明产品布局调整后,产品出口在地区内实现了一定均衡。③商品效果分析。商品效果三阶段占比分别为 6.1％、－8.2％和 15.0％,整体比重呈现"V 型"走势,分析其原因可能是在第二阶段中国知识密集型服务贸易生产结构不合理,内部各行业的产出比例不符合地区实际出口供需比例,第三阶段的高弹性回升说明政府对产品内部生产和出口比重进行了合理调整,且效果明显。④结构交互效果分析。结构交互效果三阶段占比分别为 4.4％、－2.0％和－0.1％,由于结构交互效果是出口商品的结构与出口市场分布共同作用的结果,理论上应具备二者中表现更强势一方的特征,但并不绝对,如第三阶段的结构交互效果是－0.1％,而同期的商品效果和市场效果分别是 15.0％和 18.0％,具体原因我们可以从市场效果的"倒 V 型"走势角度分析,造成这一负值的原因很有可能是在接下来的比重调整过程中,中国知识密集型服务贸易市场效果比重下滑过大。[1]

(2)竞争效果及二阶效果分析

竞争效果三阶段占比分别为 28.6％、18.9％和 6.9％,呈现下降的趋势。竞争效果占比正相关反映相对出口的能力,即竞争效果占比下降意味着同期中国知识密集型服务贸易的相对出口额增长速度下降。在整体竞争效果方面,三阶段占比分别为31.6％、43.7％和 27.6％,表明中国知识密集型服务贸易具备一定的整体竞争力。具体竞争效果三阶段占比分别为－3.0％、－24.8％和－20.7％,均为负值,表明中国知识密集型服务贸易在特定市场竞争力较弱,有必要调整出口方向。

(3)二阶效果及分解效果

二阶效果主要是在结构效果和竞争效果两方面展开研究,动态结构残差效果的数值在第二、三阶段均小于零,表明中国知识密集型服务贸易出口份额的增长速度逐渐下降。

2. 中国劳动密集型服务贸易竞争力及分解研究

(1)结构效果及二阶分解效果分析

对劳动密集型服务贸易来说,结构效果三阶段占比分别为 97.1％、67.8％和138.6％,说明在中国经济总体增长的过程中,劳动密集型服务贸易的出口额也随之增长,增长势头比同期知识密集型服务贸易更猛(第二阶段略低)。①增长效果分析。增长效果三阶段占比分别为 167.6％、90.7％和 311.2％,表明随着世界经济及整体出口

---

[1] 结构交互效果的走势在一定程度上反映政策的平衡性问题,它告诫我们不要出现政策的极端现象,这是值得我们警惕的。

额的快速发展,中国劳动密集型服务贸易出口加速增长,明显快于同期知识密集型服务贸易增长速度。②市场效果分析。市场效果三阶段占比分别为－31.5％、－10.1％和－41.7％,均为负值,表示中国集中向相对慢速增长的市场出口劳动密集型服务贸易(中国的劳动密集型服务贸易主要是出口发达国家)。③商品效果分析。商品效果三阶段占比分别为－40.7％、21.8％和－44.5％,整体比重呈现出"倒 V 型"走势,劳动密集型与知识密集型服务贸易的商品效果截然不同,这表明中国服务贸易的出口类型在不同阶段是不同的,并且劳动密集型服务贸易和资本密集型服务贸易的发展正好呈现出互补的关系,即表现为发展相对较快的出口劳动密集型服务贸易的时期,知识密集型服务贸易的出口发展较慢,反之亦然。④结构交互效果分析。结构交互效果三阶段占比分别为－2.8％、－34.7％和－93.1％,由于结构交互效果是由出口商品的结构与出口市场分布共同作用的结果,理论上应具备二者中表现更强势一方的特征,但并不绝对,如第二阶段的结构交互效果是－34.7％,而同期的商品效果和市场效果分别是－10.1％和21.8％,这一现象可能是由中国知识密集型服务几乎全部出口向发达国家引起的。

(2)竞争效果及二阶效果分析

竞争效果三阶段的比重分别为－19.4％、49.7％和－58.4％,整体表现出了"倒 V 型"走势,且三个阶段的相对波动较大。从整体竞争效果角度来分析,竞争效果在第三阶段甚至降到了－142.8％,表明在竞争力方面,劳动密集型服务贸易相对知识密集型服务贸易来说表现为逐步下降的趋势。但其具体的竞争效果却表现为逐步上升的趋势,这在一定程度上说明,在中、日两国出口结构比较稳定的条件下,中国劳动密集型产品相对知识密集型服务贸易出口结构的变化引起了中国出口额总体的增长,并且优化了出口结构,变化方向变为利于出口增长的方向。

(3)二阶效果及分解效果

从三阶段二阶效果、纯二阶效果和动态残差效果的对比看,第二阶段的中国劳动密集型服务贸易比重发生了较大的波动,说明中国劳动密集型服务贸易在经济增长较快的市场中,出口份额的增长具备一定的不稳定特征。

(二)日本的服务贸易竞争力及分解研究

1. 日本知识密集型服务贸易竞争力及分解研究

(1)结构效果及二阶分解效果分析

由表 3 数据可知,知识密集型服务贸易结构效果三阶段占比分别为 244.9％、61.4％和119.0％,比重均大于50％,第一阶段比重甚至大于200％,表明出口变动是引起日本知识密集型服务贸易结构效果变动的主要因素。①增长效果分析。增长效果三阶段占比分别为 56.9％、16.7％和25.8％,比重状态表现出一定的波动性,说明知识密集型服务贸易因地区整体出口额的增加而保持稳步增长的势头,但相对中国,其增长速度较为缓慢。②市场效果分析。市场效果三阶段占比分别为 169.8％、33.0％和66.4％,整体比重呈现出"V 型"走势,分析其原因可能是在第二阶段日本将更多的知识密集型服务产品向需求相对小的市场(国家)出口,出口倾向不够合理;而第三阶段的比

服务经济与管理 评论

表3 日本知识/劳动密集型服务贸易 CMS 二阶效果分解结果(单位:百万美元,%)

日本	1998—2002 年		2003—2007 年		2008—2012 年	
	出口额	比重	出口额	比重	出口额	比重
出口额变化	175.0/199.8	100	532.0/284.5	100	970.5/−22.0	100
结构效果	428.5/−2770.9	244.9/1386.8	326.5/128.8	61.4/45.3	1154.7/−18.4	119.0/83.6
增长效果	99.6/−824.6	56.9/−412.7	89.1/−47.9	16.7/−16.8	250.3/−4.0	25.8/18.2
市场效果	297.1/−679.2	169.8/−339.9	175.7/96.4	33.0/33.9	644.4/−5.9	66.4/26.8
商品效果	−53.8/−1834.2	−30.7/918.0	−77.3/88.4	−14.5/31.1	128.3/−3.3	13.2/15.0
结构交互效果	15.6/566.2	8.9/283.4	139.0/−10.9	26.1/−3.8	131.7/−5.2	13.6/23.6
竞争效果	−51.2/987.5	−29.3/494.2	86.9/285.3	16.3/100.5	97.6/−10.6	10.1/48.2
整体竞争效果	38.4/624.2	21.9/312.4	359.2/273.3	67.5/96.1	592.2/−12.4	51.0/56.4
具体竞争效果	−89.6/363.3	−51.2/181.8	−272.3/12.6	−51.2/4.4	−494.6/1.8	−51.0/−8.2
二阶效果	−202.3/1988.8	−115.6/995.4	118.4/−130.2	22.3/−45.8	−282.2/7.0	−29.1/−31.8
纯二阶效果	−10.1/568.4	−5.8/284.5	25.5/38.3	4.8/13.5	23.8/−6.3	2.5/28.6
动态结构残差	−192.2/1420.4	−109.8/710.9	92.9/−168.5	17.5/−59.2	−305.6/13.3	−31.5/−60.5

注:由于数量级问题,表中下级数据加总不一定完全等于上级数据,存在较小误差。

重回升说明了日本政府从第二阶段的不合理出口导向中发现问题,并对知识密集型服务产品的出口地进行了相应调整。整体来看,即使是在第二阶段,日本知识密集型服务贸易的市场效果也在合理的范围内,市场选择较为合理。③商品效果分析。商品效果三阶段占比分别为−30.7%、−14.5%和13.2%,整体比重呈现出稳步增长走势,说明日本知识密集型服务贸易生产结构在逐步优化,内部各行业的产出比例较为符合地区实际出口供需比例。第三阶段的正值分解效果说明日本政府的知识密集型服务产品内部生产和出口比重处在合理的范围内。④结构交互效果分析。结构交互效果三阶段占比分别为8.9%、26.1%和13.6%,对照同期市场效果和商品效果可知,在日本知识密集型服务贸易的二阶分解效果上,市场效果起到决定性作用,日本政府应该充分利用这一优势,更加合理地选择服务贸易产品分布,以形成更加明显的出口竞争力。

(2)竞争效果及二阶效果分析

竞争效果三阶段占比分别为−29.3%、16.3%和10.1%,基本呈现上升的趋势,竞争效果占比的提升表明相对出口数额也随之增长,即在相同阶段,日本知识密集型服务贸易的出口高于其他地区,这在一定程度上说明日本知识密集型服务贸易的竞争力在逐步提升。整体竞争效果三阶段占比分别为21.9%、67.5%和51.0%,表明日本知识密集型服务贸易具有一定比较优势,近年来相对中国,其优势更加明显。具体竞争效果三阶段占比分别为−51.2%、−51.2%和−51.0%,均为负值,且绝对值较大,表明日本知识密集型服务贸易出口结构朝着对出口增长不利的方向发展。

（3）二阶效果及分解效果

二阶效果具体的研究对象为一国服务贸易出口额的变动程度,主要是在结构效果和竞争效果两方面对其展开研究,动态结构残差效果在研究中的数值在第一、三阶段均小于零,这在一定程度上表明对日本的资本密集型服务贸易来说,在增长相对较快的市场中,出口份额的增长速度逐渐下降,由原先的较快增长转变为现阶段的较慢增长。

2. 日本劳动密集型服务贸易竞争力及分解研究

（1）结构效果及二阶分解效果分析

对劳动密集型服务贸易来说,结构效果三阶段占比分别为1386.8％、45.3％和83.6％,说明在日本经济总体增长的过程中,知识密集型服务贸易的出口额也随之增长,增长势头比同期知识密集型服务贸易更猛（第二阶段略低）。①增长效果分析。增长效果三阶段占比分别为－412.7％、－16.8％和18.2％,表明随着世界经济及整体出口额的快速发展,日本劳动密集型服务贸易出口在前两个阶段呈现下降趋势,第三阶段才有所好转。②市场效果分析。市场效果三阶段占比分别为－339.9％、33.9％和26.8％,第一阶段为负值,表示日本在该阶段集中向慢速增长的市场出口劳动密集型服务贸易,第二、三阶段的正值说明这一状况通过政策调整有所好转。③商品效果分析。商品效果三阶段占比分别为918.0％、31.1％和15.0％,整体比重呈现下降趋势,这表明日本劳动密集型服务贸易出口逐渐减少。④结构交互效果分析。结构交互效果三阶段占比分别为283.4％、－3.8％和23.6％,由于结构交互效果是由出口商品的结构与出口市场分布共同作用的结果,理论上应具备二者中表现更强势一方的特征,但并不绝对,如第二阶段的结构交互效果是－3.8％,而同期的商品效果和市场效果分别是31.1％和33.9％,这一现象可能是由日本知识密集型服务几乎全部出口向发达国家引起的。

（2）竞争效果及二阶效果分析

竞争效果三阶段的比重分别为494.2％、100.5％和48.2％,整体竞争效果三阶段占比分别为312.4％、96.1％和56.4％,具体的竞争效果三阶段占比分别为181.8％、4.4％和－8.2％,均呈现下降趋势。表明在竞争力方面,劳动密集型服务贸易表现为逐步下降的趋势,这在一定程度上表明,日本的劳动密集型服务贸易的国际竞争力在逐渐降低,在发展过程中优势不足。

（3）二阶效果及分解效果

通过二阶效果、纯二阶效果和动态残差效果的对比发现,第二阶段的日本劳动密集型服务贸易比重都发生了较大的波动,说明日本劳动密集型服务贸易在经济增长较快的市场中,出口份额的增长具备一定的不稳定特征。动态结构残差占比表现出持续下降的发展趋势,且在最后一期呈现出－60.5％,这是一个绝对值较高的负值,其形成原因可能是日本对劳动密集型服务贸易制定政策限制,其出口很少,因此在需求增长较快的市场中所占份额增长缓慢甚至出现相对负增长。

（三）中、日服务贸易竞争力分解效果比较分析

由上述分析可知,不论纵向的三个阶段还是横向的两类不同属性的服务贸易,其发

服务经济与管理 评论

展过程中的二阶分解效果存在较大的差异,发展过程中各具特色。服务贸易出口的特点可以间接地反映该地区服务贸易的竞争力,对其具体的优势分析如下:

1. 结构效果比较

对于中、日两国分类服务贸易结构效果,通过横向与纵向对比分析,发现两国服务贸易均表现出一定的增长趋势,具体二阶效果存在一定差异。以增长效果为例,中国和日本服务贸易竞争力的增长效果均大于零,说明地区出口额的增加会引起地区附近各个国家出口的增加,并增加各国发展服务贸易的动力。中国和日本服务贸易增长效果比较情况如图 1 所示。从图中可以看出,虽然中国和日本分类服务贸易的增长效果发展趋势大致相同,但增长幅度存在较大差异,均在第二阶段出现大幅度下降,并在 2008 年以后开始出现回升,但日本的回升速度大于中国,这在一定程度上表明日本服务贸易的竞争力增长情况和效果均优于中国,这与我们一般意义上所认为的中国主要是靠数量增长并不矛盾。通过类似方式可以得知中、日分类服务贸易市场效果、商品效果、结构交互效果同一阶段表现不同,相应的政策调整时间也不同,这与两国的服务贸易发展阶段及其他外部因素有关。

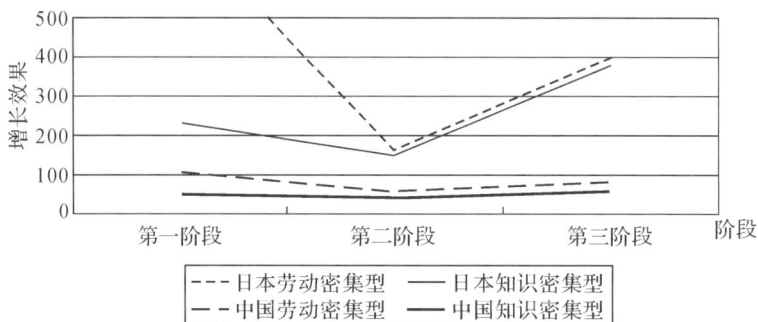

图 1　中国和日本知识及劳动密集型服务贸易增长效果

2. 竞争效果比较

在对竞争效果进行比较分析的过程中,可以得知近年来中国和日本在知识密集型服务贸易的发展方面国际竞争力发展趋势不同,中国服务贸易竞争效果总体呈现出下降趋势,日本服务贸易竞争效果总体呈现出上升趋势(日本劳动密集型服务贸易虽然表现出一定的下降趋势,但总体仍然具备一定的竞争优势)。具体来说,在知识密集型服务贸易整体竞争效果方面,中、日两国均具备一定的整体竞争力。近年来日本相对中国,其优势更加明显。在知识密集型服务贸易具体竞争效果方面,中、日两国在特定市场竞争力均较弱,日本的竞争力比中国更弱,出口增长发展不利,有必要调整出口方向。在劳动密集型服务贸易整体竞争效果方面,两国均表现为逐步下降的趋势,但日本的占比绝对值在缩小,说明日本劳动密集型服务贸易出口结构与市场需求的匹配度在好转;但具体的竞争效果却表现为逐步上升的趋势,这在一定程度上说明,在中、日两国出口结构比较稳定的条件下,中国劳动密集型产品相对知识密集型服务贸易出口结构的变化引起了中国出口额总体的增长,并且优化了出口结构。

3. 二阶效果比较分析

通过以上分析可以得知,在动态残差的比较中,中国的劳动密集型服务贸易的占比为正值。这在一定程度上表明,在中、日两国间,中国主要满足了劳动密集型服务贸易产业的增长需求。但是在第三阶段,中国的劳动密集型服务贸易的整体竞争效果占比为负值,这也表明了中国在该方面的发展虽然占有绝对的市场份额,但是整体发展并不具有较强的比较优势,在生产成本逐步提高的前提下,中国在该产业上的国际竞争力逐步恶化。

三、结论

通过研究中日服务贸易国际竞争力,得出如下结论:

(1)中日两国服务贸易竞争力的决定因素不同。从表2和表3可以看出,中国和日本的服务贸易竞争力分解一阶效果中都是结构效果在起决定性作用,说明中国和日本服务贸易的竞争力都随经济与贸易的发展而增强,但是在"单线沿途"传导过程中,二阶效果决定因素不同。在中国,增长效果是影响服务贸易竞争力的次级因素;在日本,市场效果是影响服务贸易竞争力的次级因素。这在一定程度上说明中国服务贸易主要靠迅速增长的出口额而获得国际市场竞争力,而日本的知识密集型服务贸易主要是靠市场效果进行拉动,劳动密集型服务贸易主要靠市场效果和商品效果进行拉动。进一步来说,中国的服务贸易很大程度上是靠出口"量的积累"拉动竞争力,日本服务贸易主要是通过选择市场和优化服务贸易结构提升竞争力。

(2)中日两国分类服务贸易出口倾向不同。中国知识密集型服务贸易主要出口到需求相对小的国家,劳动密集型服务贸易出口到发达国家,且后者增速高于前者,这也在一定程度上说明中国分类服务贸易仍然以劳动密集型服务贸易为主。

参考文献

[1] 李莹,熊涓.日本、韩国服务业、服务贸易的发展及对中国的启示.学术交流,2007(10):98—100.

[2] 贾燕霞,胡丹婷.中日韩国际服务贸易竞争力比较分析.对外经贸实务,2009(2):74—77.

[3] 蒋文.中日韩服务贸易竞争力分析及对我国的启示.特区经济,2011(6):73—76.

[4] 韩丘峰,张龙.中日服务贸易竞争力、互补分析及政策比较.现代日本经济,2013(3):59—67.

[5] 张译匀.中国服务贸易竞争力影响因素的分析.中国对外贸易,2008(3):86—89.

[6] 庄惠明,黄建忠,陈洁.基于"钻石模型"的中国服务贸易竞争力实证分析.财贸经济,2009(3):83—89.

[7] 王英.加入WTO后我国服务贸易竞争力影响因素.黑龙江对外经贸,2010(4):21—24.

[8] 宋丽娜.基于"钻石模型"的服务贸易竞争力影响因素研究.中国商贸,2012(3):220—221.

[9] 赵亮,穆月英.东亚"10+3"国家农产品国际竞争力分解及比较研究——基于分类农产品的CMS模型.国际贸易问题,2012(04):59—72.

中国东盟服务贸易竞争力及服务业
开放度关系研究

厉英珍

（浙江省现代服务业研究中心　杭州　310015）

【内容摘要】　基于 2000—2013 年的数据，本文比较分析了我国与东盟五国的服务贸易竞争力与服务业开放度，得知我国与东盟五国相比，服务贸易竞争力稍弱，服务业开放度也相对较低。本文进一步对六个国家的数据做了面板实证，实证结果显示服务贸易竞争力与服务业开放度正相关，服务业开放度增加 1％，则服务贸易竞争力上升 0.015％。

【关键词】　服务贸易竞争力　服务业开放度　中国　东盟

在经济全球化、区域经济一体化的背景下，服务贸易自由化趋势已不可逆转。2007年 1 月，中国与东盟正式签署《中国—东盟全面经济合作框架协议之服务贸易协议》。根据该协议的第一批开放承诺减让表，中国将在对 WTO 承诺的基础上，分别在商业服务、建筑、环境保护、运输、娱乐文体服务、运输等五大服务部门的 26 个分部门向东盟作出新的开放承诺。东盟是中国服务贸易的重要合作伙伴之一，随着服务业市场开放度的不断提高，中国与东盟各国的服务贸易竞争日益加剧。在此背景下，探讨服务业市场开放对本国服务贸易竞争力的影响，并在此基础上提出对策建议无疑具有现实意义。

一、文献评述

服务业市场开放，意味着形成充分竞争的格局，即允许更多的企业加入市场竞争中，从而产生优胜劣汰的效应，使整个产业更加具有竞争力。如 Mattoo，Rathindran and Subramanian 比较了服务贸易自由化与货物贸易自由化的静态与动态福利效应，分析得出两者的静态效应都表现为降低价格、提升福利。但从动态效应看，服务贸易自由化更大，因为服务贸易自由化将促进技术变革与知识创新，扩大服务产品差异，提高服务产品质量，提高生产率。Sherman Robinson，Zhi Wang and Will Martin(2002)，采用一般均衡模型对 10 个国家 11 个部门的服务贸易自由化进行分析，认为服务贸易自由化不仅直接提高服务业的生产与贸易,而且还通过投入—产出关系,使得发展中国家得以吸收发达国家先进的技术和管理方法,从而提高其他经济部门的全要素生产率。

国内学者针对服务业开放度与服务贸易竞争力关系展开研究。较早的有:杨圣明对我国服务业市场开放与服务贸易竞争力之间的关系进行了理论分析,提出要积极地参与国际服务贸易自由化,利用国内市场的开放促进服务贸易竞争力的提高。丁平结合波特的"钻石模型"从微观、中观、宏观三个层面构建了服务贸易竞争力影响因素模型,他认为服务业发展水平、外商直接投资、货物出口额、服务业开放度以及国内消费水平都会影响一国的服务贸易竞争力,运用计量方法论证了服务业开放度对我国服务贸易出口额的影响,得出服务开放度对我国服务贸易出口的影响非常显著,开放度每提高1%,服务出口将增加3.4%。而王佃凯对于服务业开放提升服务贸易竞争力持不同观点,他引入了三个服务业开放度的分析指标,即承诺覆盖率、加权覆盖率及无限制覆盖率,并用三个指标的计算结果与服务贸易竞争力指标做对比分析,结果认为服务业开放度对服务贸易竞争力不一定存在正面影响。

由此可见,一方面,服务市场开放会通过"外溢"效应吸收他国先进的技术,从而提高本国的服务贸易竞争力;另一方面,也可能由于服务市场开放,导致激烈的竞争从而淘汰本国服务业企业。因此,如何把握好服务业市场开放的度,就显得尤为重要。本文将在已有文献的基础上做如下研究:一是比较中国与东盟五国的服务贸易竞争力及服务业开放度,二是对服务业开放度与服务贸易竞争力的关系做定性比较及实证分析。

二、中国、东盟服务业开放度对服务贸易竞争力影响的理论分析

(一)中国、东盟服务贸易竞争力现状

因为东盟五国占东盟服务贸易比重很大,本文以东盟五国(包括新加坡、马来西亚、泰国、菲律宾及印度尼西亚)为比较样本。以2013年为例,东盟服务贸易总出口量为2794.5亿美元,其中印度尼西亚(以下简称"印尼")、马来西亚、菲律宾、新加坡、泰国的服务贸易出口分别为217.33亿美元、398.34亿美元、216.71亿美元、1221.37亿美元、585.84亿美元,东盟五国的服务贸易出口量占东盟服务贸易总出口量的94.5%。[①] 可见,选择东盟五国作为比较样本具有很强的代表性。

1.RCA指数计算结果

显示性比较优势指数(Revealed Comparative Advantage,RCA),即用某商品的出口占本国总出口的比重相对于该商品在世界出口中的比重来衡量其在世界市场中是否具备比较优势。一般认为,该指数大于0.8,则竞争力较强,反之则较弱。

根据计算结果(见表1)所示,2000—2013年东盟总体的服务贸易RCA指数处于一个稳步上升的阶段,从2000年的0.732上升到了2013年的0.897,说明东盟的服务贸

---

① 数据来源于WTO数据统计网站,由笔者计算得出。

易具备中度竞争力,且其竞争力在国际上的地位较稳固。而中国的服务贸易 RCA 指数则出现下降态势,2000 年时为 0.579,2013 年则仅为 0.434,基本徘徊在 0.5 左右,这说明中国服务贸易发展滞后,国际竞争力较为薄弱。

从东盟五国具体情况来看,新加坡的 RCA 指数自 2002 年始均大于 1,2013 年为 1.165,说明新加坡的服务贸易国际竞争力较强。菲律宾是东盟成员国中 RCA 指数上升最快的国家,2000 年时仅为 0.436,2013 年为 1.404。印尼、马来西亚两个国家的 RCA 指数相对稳定,但都小于 1,说明这两个国家的服务贸易竞争力一般。

因此,从国家之间比较来看,中国与印尼、马来西亚的服务贸易竞争力相近,而与菲律宾、新加坡、泰国相比则存在较大差距。

表 1　2000—2013 年中国与东盟五国服务贸易 RCA 指数

国家	2000 年	2002 年	2004 年	2006 年	2008 年	2010 年	2013 年
中国	0.579	0.547	0.488	0.458	0.483	0.464	0.434
东盟	0.732	0.780	0.797	0.780	0.862	0.804	0.897
印尼	0.384	0.504	0.734	0.515	0.497	0.465	0.538
马来西亚	0.659	0.688	0.610	0.629	0.687	0.688	0.754
菲律宾	0.436	0.450	0.477	0.636	0.861	1.273	1.404
新加坡	0.914	1.001	1.008	1.040	1.179	1.056	1.165
泰国	0.890	0.931	0.847	0.842	0.809	0.749	1.036

资料来源:根据 WTO 资料库资料(http://stat.wto.org)计算编制。

2. TC 指数计算结果

贸易竞争力指数(trade competition,TC),表示一国 j 产品进出口差额占其进出口总额的比重。若 TC 大于零,说明具备竞争优势,TC 小于零,则表明不具备竞争优势。从出口角度来讲,当 TC 指数越接近 1,说明产品的出口竞争力越强。

就服务业分类来看,目前我国在其他商业服务、通信、建筑、计算机及信息服务行业的 TC 指数均大于零,都显示出了一定的竞争优势(见表 2),而在运输、旅游两项传统服务贸易上不具备竞争优势。我国的运输服务贸易历来贸易逆差严重,这与我国运输基础设施相对落后,运输能力无法满足国内货物贸易快速发展的势头有关。旅游贸易逆差主要源于我国近年来居民出境游消费的增长。保险、个人文化娱乐是我国目前竞争力最弱的两项服务业。

与东盟五国比较来看,新加坡作为世界发达的贸易港和世界金融中心,其运输、金融业的 TC 指数要远大于其他各国。而泰国的旅游业、个人文化娱乐竞争力很强,这与泰国丰富的自然资源和独特的人文旅游资源及发达的娱乐行业相关。菲律宾在通信、计算机及信息服务行业的竞争力较强,这主要是由于菲律宾电信自由化改革推动了国有电信私有化,使国内市场垄断地位被打破,同时也与近年来菲律宾成为美国软件业重要接包方有关。但就保险业而言,目前中国与东盟五国均不具备竞争优势。

表 2　2013 年中国与东盟五国服务贸易分类 TC 指数

服务业类型	中国	印尼	马来西亚	菲律宾	新加坡	泰国
总体	−0.088	−0.224	−0.061	0.202	−0.025	0.032
运输	−0.430	−0.565	−0.507	−0.386	0.090	−0.644
旅游	−0.427	0.086	0.278	−0.164	−0.127	0.727
其他商业服务	0.041	−0.204	−0.153	0.560	−0.064	−0.316
通信	0.018	0.091	−0.284	0.340	—	−0.014
建筑	0.462	−0.004	−0.403	0.072	0.358	0.070
保险	−0.691	−0.955	−0.234	−0.796	−0.109	−0.857
金融	−0.075	−0.385	−0.170	−0.372	0.656	0.177
计算机及信息服务	0.444	−0.613	0.090	0.814	—	−0.288
个人文化娱乐	−0.653	−0.172	−0.626	0.417	−0.083	0.571

资料来源：根据 WTO 资料库资料(http://stat.wto.org)计算编制。

(二)中国、东盟服务业开放度测度

服务业开放度通常可用服务贸易依存度、服务业 FDI 依存度以及服务贸易壁垒限制指数加以衡量。本文选取服务贸易依存度作为测度服务业开放度的指标。服务贸易依存度又称服务贸易系数，是指一国服务贸易进出口总额占该国国民生产总值的比重。该指标也反映了一国服务业对国际市场的依赖程度。

由表 3 可知，相比东盟五国，中国的服务业开放度非常低，2000 年时为 5.51%，虽然 2000 年到 2007 年期间，有小幅上升趋势，但 2009 年金融危机之后又有回落，2013 年为 6.45%。东盟五国服务业开放度最高的国家是新加坡，除了 2000 年、2001 年、2002 年相对较低，其他年份基本都保持在 80% 以上，2008 年甚至达到了 97.7；其次是泰国和马来西亚两国，服务业开放度基本保持在 20%～30%；菲律宾、印尼的服务业开放度则是东盟五国中最低的，但仍然比中国要高几个百分点。由此可见，我国的服务业开放度显然比东盟五国要低，服务贸易的发展落后于东盟五国。

表 3　2000—2013 年中国与东盟五国服务业开放度　　　　　　　　(单位：%)

年份	中国	印尼	马来西亚	菲律宾	新加坡	泰国
2000	5.51	12.38	32.43	10.55	61.94	23.72
2001	5.43	13.06	33.27	10.98	69.04	23.72
2002	5.88	11.90	30.74	10.83	70.92	25.12
2003	6.17	9.50	27.93	10.38	81.17	23.62
2004	6.95	12.61	28.83	10.74	86.92	25.93

续表

年份	中国	印尼	马来西亚	菲律宾	新加坡	泰国
2005	6.97	12.04	28.71	10.01	88.17	26.29
2006	7.07	8.85	27.66	10.36	89.96	27.42
2007	7.18	8.36	29.89	11.49	89.52	27.38
2008	6.73	8.37	26.12	10.41	97.70	28.76
2009	5.74	6.53	27.68	13.51	83.97	25.10
2010	5.96	5.90	25.77	14.61	83.99	24.73
2011	5.64	6.01	25.40	13.61	83.62	26.98
2012	5.72	6.36	26.30	13.60	87.04	27.92
2013	6.45	6.42	27.10	12.66	88.13	28.01

资料来源:根据 WTO 网站(http://stat.wto.org)联合国网站(http://www.un.org)计算。

由表 4 可知,从服务业分类来看,中国与印尼的服务业开放度相似,两国仅运输服务业、旅游服务业、其他商业服务业的开放度大于 1%;马来西亚、新加坡、泰国的旅游业服务业开放度较高,都在 10% 以上;而新加坡的运输服务业、其他商业服务业的开放度都非常高,分别为 28.59%、43.05%;菲律宾的计算机及信息服务行业是六国中开放度最高的,为 10.6%;而除新加坡外,其余五个国家金融业的服务业开放度都近乎为零。

表 4　2013 年中国与东盟五国服务业开放度　　　　　　　　　　(单位:%)

服务业类型	中国	印尼	马来西亚	菲律宾	新加坡	泰国
运输	1.52	1.91	5.89	2.07	28.59	9.49
旅游	1.85	1.72	10.64	4.24	15.40	10.94
其他商业服务	2.36	2.73	9.76	7.28	43.05	7.49
通信	0.00	0.21	0.71	0.28	—	0.25
建筑	0.19	0.17	1.17	0.00	0.85	0.18
保险	0.29	0.13	0.49	0.38	2.83	0.94
金融	0.00	0.00	0.18	0.00	7.10	0.21
计算机及信息服务	0.22	0.11	1.16	10.60	—	0.00
个人文化娱乐	0.00	0.00	0.25	0.00	0.32	0.03

资料来源:根据 WTO 资料库资料(http://stat.wto.org)计算编制。

(三)RCA、TC 指数与服务业开放度对比分析

从 RCA 指数计算结果与各国服务业开放度比较来看,新加坡、泰国的服务业开放程度最高,两国的服务贸易竞争力也相对最强;马来西亚的服务业开放度比菲律宾高,

但其服务贸易竞争力近年来稍落后于菲律宾;中国、印尼的开放度最低,两国的服务贸易竞争力也相对较低。

从 TC 指数与各国服务业开放度比较来看,中国的运输、旅游相比其他服务业开放度都要高,但其服务贸易竞争力反而低;马来西亚、泰国的旅游开放度高,其服务贸易竞争力也相应较强;菲律宾的计算机及信息行业开放度最高,其竞争力也表现最强;新加坡的运输、建筑、金融服务业开放度高,其服务贸易竞争力也相对强。

因此,从服务贸易竞争力指数与服务业开放度比较来看,RCA 指数反映的服务贸易竞争力与服务贸易开放度的相关性较大,基本呈正相关关系;而 TC 指数所计算的服务业具体行业的竞争力与服务业开放度之间的关系存在不确定性。

三、中国、东盟服务业开放度对服务贸易竞争力影响的实证分析

(一)模型和数据

笔者使用服务业开放度的数据研究其对服务贸易竞争力增长的效应。构建模型(1),式中被解释变量是中国与东盟五国的服务贸易竞争力(RCA),解释变量为中国与东盟五国的服务业开放度(X),进行面板数据的协整检验和回归分析,反映服务业开放度对服务贸易竞争力的长期效应。

$$\mathrm{RCA}_{it} = \alpha_{it} + \beta_{it}X_{it} + \varepsilon_{it}, \quad i=1,2,\cdots,N;\ t=1,2,\cdots,T \qquad (1)$$

其中,RCA_{it} 表示第 i 国在第 t 年的服务贸易竞争力指数,X_{it} 表示第 i 国在第 t 年的服务业开放度,β_{it} 测度的是服务贸易竞争力指数对服务业开放度的弹性。

本文的原始数据主要源自 WTO 统计数据库和联合国网站统计数据,研究的面板数据时间长度 T 为 14 年,分析对象 N 为 6 国,即样本容量为 84 个。

(二)实证检验结果

根据两个变量的时序图,变量的单位根检验应选含有截距项和时间趋势的检验模式。面板数据单位根检验的方法较多,为了方便起见,本文只采用相同根单位根检验(LLC)和不同根单位根检验 ADF-Fisher 两种检验方法。检验结果见表 5。RCA、X 原序列的 LLC 检验结果在 5% 的水平上显著,但其 ADF-Fisher 检验值均不显著,所以 RCA、X 原序列为非平稳。一级差分 ΔRCA、ΔX 序列的 LLC、ADF-Fisher 检验值则都在 1% 水平上显著,所以 RCA、X 序列均为一阶单整,可进行协整检验。

表 5　RCA 和 X 的单位根检验结果

变量	LLC	ADF-Fisher	结论
RCA	−1.825 (0.034)*	11.365 (0.498)	非平稳

续表

变量	LLC	ADF-Fisher	结论
ΔRCA	-5.882 $(0.000)^{**}$	30.545 $(0.002)^{**}$	平稳
X	-1.915 $(0.028)^{*}$	11.339 (0.500)	非平稳
ΔX	-8.296 $(0.000)^{**}$	41.568 $(0.000)^{**}$	平稳

注:**、*分别表示在 1%、5%的水平上显著拒绝序列存在单位根的假设。

本文采用 Pedroni 检验、Johansen Fisher 检验进行协整检验,两种检验的原假设均为"不存在协整关系"。因为本文的面板数据属于小样本,所以 Pedroni 检验以 Panel ADF 和 Group ADF 作为最主要的判断准则。检验结果见表 6,Pedroni 检验的 Panel ADF 和 Group ADF 的 P 值均小于 0.01,所以说明在 1%水平上显著拒绝两序列不存在协整关系的原假设;Johansen Fisher 检验 None 统计 P 值在 5%水平上拒绝原假设,但接受至多存在一个协整关系的假设。

表 6 协整检验结果

检验方法	统计量	检验结果
Pedroni 检验	Panel ADF	-3.299 $(0.0005)^{**}$
	Group ADF	-3.081 $(0.001)^{**}$
Johansen Fisher 检验	None	29.59 $(0.022)^{*}$
	At most 1	14.93 (0.245)

注:**、*分别表示在 1%、5%的水平上显著拒绝不存在协整关系的假设。

基于 F 检验和 Hausman 检验的结果(见表 7)表明,F 统计量、Chi-Sq. 统计量的 P 值均小于 0.05,所以应建立个体固定效应模型。

表 7 面板数据回归模型的判别

F 检验		Hausman 检验		结论
F 统计量	P 值	Chi-Sq. 统计量	P 值	
2.415	0.044^{*}	2.951	0.037^{*}	个体固定效应模型

注:*表示在 5%的水平上显著拒绝原假设。

在建立个体固定效应模型过程中,发现 D.W 值过小,判断存在序列相关。因此用 AR(1)消除序列相关性,回归结果如式(2):

$$RCA_{it} = 0.531 + 0.015X_{it} + 0.934AR(1) \qquad (2)$$
$$t = \quad 2.253 \quad\quad 4.561 \quad\quad\quad 18.959$$

$$R^2 = 0.937 \qquad F = 149.545 \quad D.W. = 2.202$$

因此,服务贸易竞争力与服务业开放度正相关,并且服务业开放度增加 1%,则服务贸易竞争力上升 0.015%。

四、结论与政策建议

(一)结论

由上文分析可知:第一,与东盟五国相比,我国服务业整体竞争力较弱,且提升速度缓慢。我国除建筑服务业相比东盟五国具备一定的竞争优势外,其他各行业包括运输、旅游、保险、金融等服务业都尚不具备竞争力。第二,我国服务业开放度较低,与新加坡、马来西亚、泰国的服务业开放度仍相差很大。从服务业分类来看,我国也仅在运输、旅游等传统服务行业有一定的开放度,而通信、金融、个人文化娱乐等服务业的开放度仍然很低。第三,从理论与实证研究均可得知整体的服务贸易竞争力与服务业开放度呈正相关关系,服务业开放度的提高会促进服务贸易竞争力的增长。

(二)政策建议

中国服务贸易竞争力的提高与服务业开放度相关。第一,中国应以中国—东盟自由贸易区为发展平台,以东盟组建"区域全面经济伙伴关系"(Regional Comprehensive Economic Partnership,RCEP)为契机,以我国服务业和服务贸易的比较优势和国际竞争力为基础,从易到难、从局部到整体不断推进服务业市场的开放。第二,对于已重点开放的运输、旅游等传统服务业,我国应努力寻求合作,如澜沧江—湄公河国际航运合作、曼昆公路的建设,以及打造中国—东盟无障碍旅游圈等项目,拓宽我国传统服务业的发展渠道,增强我国传统服务业的国际竞争力。但同时,我国也应该积极引导现代服务业部门的开放,通过开放优先发展信息服务、咨询服务、现代物流等支持国民经济高效运行的生产性服务业,改善我国服务业结构。

参考文献

[1] Mattoo A,Rathindran R,Subramanian A. Measuring services trade liberalization and its impact on economic growth:An illustration World Bank's Research Program on Trade in Services,2001:2-7.

[2] Robinson S,Wang Z,Martin W. Capturing the implications of services trade liberalization. Economic Systems Research,2002,14(1):4-8.

[3] 杨圣明.服务贸易——中国与世界.北京:民主与建设出版社,1999.

[4] 丁平.中国服务贸易国际竞争力的影响因素分析与对策研究.世界经济研究,2007(9):49—52.

[5] 王佃凯.市场开放对服务贸易竞争力的影响——基于中国服务业市场开放的分析.财贸经济,2011(12):82—88.

环境技术产品贸易自由化的作用及
中国的路径分析[①]

——以中美环境技术产品贸易为例

许 蔚

（浙江省现代服务业研究中心 杭州 310015）

【内容摘要】 随着环境问题在全球不断升温，"贸易与环境"成为多边谈判的重要议题，世界各国纷纷开始重视能源和环境问题。但目前环境产品贸易自由化的进展十分缓慢。美国作为世界环境技术产业最为发达的国家，在环境产品的技术、研发、市场等多方面占有优势。本文旨在分析中美环境技术产品贸易情况，探讨 WTO 环境产品贸易自由化的作用和我国的发展路径，以明确该类产业今后的发展方向，避免贸易壁垒的影响。

【关键词】 环境技术产品 贸易自由化 环境成本

环境技术产品（EGs），根据经济合作发展组织和欧盟统计局的定义，是指为环境中水、空气和土壤的破坏，以及有关废弃物、噪声和生态系统问题提供测量、防治、限制，使之最小化或得到纠正的产品。它与环境技术服务共同构成环境技术产业，是我国"十二五"期间大力培育和推动的战略性新兴产业。根据美国国际贸易管理总局能源与环境产业办公室发布的详细清单，环境技术产品共五类（228 项），分别是空气污染控制、监测分析、固废回收、水和废水、清洁能源。

随着各国对环境保护的呼声越来越高，环境技术产品贸易在世界范围内的自由化发展速度十分迅猛。2011 年全球环境技术产品出口贸易额高达 2980 亿美元。一些国家和区域组织已经开始积极推动环境产品贸易自由化，《多哈宣言》要求各成员国降低或适当消除有关环境产品和服务的关税和非关税壁垒。也就是说，在 WTO 框架范围内，各成员通过双边或多边贸易谈判，在环境产品领域要逐步消除关税和非关税壁垒，扩大环境产品的市场准入程度，并在各成员方能力范围内给予环境商品更多的优惠政

---

① 本文已发表在《经济研究导刊》2015 年第 6 期。

策,促使环境产品在世界各国自由流通,从而有利于各成员方及世界范围内的环境保护。

我国的环境技术产业由于起步晚,相关产业技术水平落后,总的来说还不是很成熟,在环境产品贸易自由化的背景下面临很大的压力,这也是一些发展中国家对环境产品贸易自由化有所顾虑以致环境产品贸易自由化进展缓慢的原因之一。因此,有必要深入了解环境产品贸易自由化对全球特别是我国的作用,探讨我国在该进程中的发展路径。

一、环境产品贸易自由化的作用

环境产品贸易自由化不仅能给各国带来经济利益,还能在全球范围内促进环境利益的获得,为各国的可持续发展提供动力。环境产品自由化的作用主要体现在以下几个方面:

(一)有利于获得环境利益

按照经济学的理论,在生产或贸易中,环境资产的因素通常会被忽略不计,环境成本并不全部包含在出口商品和劳动力的价格中,这种现象被称为环境成本的外在化。环境成本的外在化使得某些出口生产和经营活动对环境造成污染,浪费自然资源,造成全球环境问题。因此,传统的自由贸易常常会对环境保护产生直接或间接的负面影响。而环境产品的目的就是为了消除或削减传统商品对环境的损害。与其他可供选择的同类产品相比,环境产品在生产和使用过程中对环境的危害更小,它具有亲环境的特性。因此,推进环境技术产品贸易自由化,能使资源进行更有效的配置,降低消费环节的资源使用量,避免不必要的浪费,减少污染的产生,进而有利于改善环境,给全世界带来更大的环境利益。从发展中国家角度来看,环境产品贸易自由化可以帮助发展中国家沿着更为环保的线路发展其经济,改善资源使用效率,维持可持续的经济发展,获得相当可观的环境利益;同时也有助于发展中国家制定和实施环境法律和规章,建立和健全环境保护法律体系,进而有利于环境保护。因此,对于那些环境保护法规相对缺失或不完善的发展中国家来说,环境产品贸易自由化对于加速国内环境法律体系的确立与完善是具有积极意义的。

(二)有利于降低国际贸易壁垒,增加贸易利益

环境技术产品贸易自由化的宗旨是各成员方在 WTO 的协议框架内,通过双边或多边贸易谈判,在环境技术产品和环境技术服务领域内逐步消减和取消一些阻碍和扭曲市场发展的限制,如出口补贴、关税壁垒、配额限制、技术性贸易壁垒等,降低环境技术产品和服务的市场准入门槛。各成员方要在自己力所能及的范围内给予环境技术产品和服务更多的优惠政策,促进环境技术产品在各成员方之间的自由流通,这样一方面可以在不同程度上激励更加环保的产品出现,另一方面对于不符合环境标准的廉价产

品的国内消费也起到一定程度的抑制作用,有助于国内的技术进步。

此外,环境技术产品贸易自由化的最终目标是增加出口贸易额与贸易利益。对于WTO中的发达国家成员来说,这一目标具有一定的发展空间。某些发达国家在特定的环境产品领域占有比较优势,这些国家可以通过发挥自己的相对优势使自己的产品在国际市场上更加具有竞争力。另一方面,某些发展中国家成员也拥有比较优势的环境技术产品,环境产品自由贸易谈判范围的扩大可以减少和消除这些产品的关税及非关税壁垒,从而为发展中国家谋求更多的经济利益。

(三)有利于实现经济的可持续发展

开展环境技术产品的自由化贸易,可以使全球的自然资源得到有效的配置和利用,从而节约生产成本,提高效率,增加经济收益。同时还可以改善环境质量,对环境产生有利影响,也有益于人体健康,从而达到可持续发展的目标。某些国家在特殊环境产品上具有优势,可以充分发挥自己的比较优势,将这一产业部门发展成为该国的核心产业,同时借助WTO的相关协议来扩大本国的出口贸易,这样能够进一步促进资源在全球的利用和分配,实现可持续发展的目标。实现可持续发展目标的传统做法往往需要借助法律法规和政策的导向,而环境技术产品的贸易自由化突破了这一传统的范畴,在贸易领域建立了可持续发展的全新模式。

(四)有助于提高环境产品的供应能力,促进技术进步和转移

一些支持"清单方式"的WTO成员方认为,伴随着一揽子资助方案和技术援助,环境技术产品和服务的贸易自由化将促进环境技术的交流和进步,鼓励技术的创新和转移。国际环境技术产品和服务贸易的产生,源于各国环境技术发展水平的不平衡。每一个国家的自然环境、物产资源、科技创新能力、经济发展水平各不相同,每个国家都有其环境技术上的所长和所短。没有哪个国家能够在上述一切领域都具备绝对优势。对每个国家而言,利用国外先进的环境产品和技术加快本国技术进步,是历史的必然。因此,国际环境产品贸易自由化能提高环境产品的生产供应能力,促进环境技术的转移,而国际环境技术转移是一个国家环境技术发展过程的必要环节,这样就形成了一个良性循环:利用国外先进的环境产品和技术,通过消化、改良和创新,提高自身的环境产业技术,使经济资源总量得以增加,同时优化环境资源配置,最终促进科技经济的发展。

二、中美环境技术产品贸易分析

(一)中美环境技术产品贸易的特点

美国环境技术产品的主要出口国是中国。美国对中国环境技术产品的出口规模远远大于进口规模,而且从总体上看,中美环境技术产品贸易额占中美贸易总额的比例逐年稳步上升。美国对华环境技术产品贸易的特点主要体现在产品类别上。美国对华出

口的主要类别的环境技术产品包括监测分析、水和废水类产品,自2004年以来,美国对华的环境技术产品出口中,这两类产品所占的比重一直维持在较高水平,且增长幅度较大。以2011年为例,美国对华共出口监测分析类产品81项,出口总额为20.95亿美元;水和废水类产品73项,出口总额为13.58亿美元。另一方面,近年来中国对美国出口的主要环境技术产品包括水和废水类、清洁能源类产品。以2011年为例,中国对美国出口的清洁能源类产品有21项,水和废水类环境技术产品达67项。从产品特点来看,美国对华出口的优势产品集中于"化学分析仪器和装置""质谱仪"等技术密集型产品;而中国对美国出口的优势产品则以"旋塞""手动龙头""阀门及类似装置"等资源密集型和劳动力密集型产品为主。

(二)中国环境技术产品的发展前景

我国环境技术产业的发展前景主要体现在以下几个方面:

(1)在需求方面,我国环境技术产业面临的市场需求是巨大的。目前中国的环境问题仍然十分严峻,为了保证经济的可持续发展,我们必须要将环境污染控制在一定范围内,必须进一步强化环境保护和管理,增加环保投入。为此,我国需要大量具有竞争力的检测检验和环保治理设备,这是我国环境技术产业发展的基础。

(2)在政策方面,我国的政策导向对我国环境技术产品具有积极的意义,中国的环境保护产业正得到国家前所未有的重视,而环境技术产业也被提升至战略性新兴产业的高度。根据《国务院关于加快培育和发展战略性新兴产业的决定》,与环境技术产品相关的重点方向和主要任务包括"示范推广先进环保技术装备及产品,提升污染防治水平"。目前,节能环保产业"十三五"发展规划编制工作已经启动,规划将以环境质量改善为核心,气、水、土三大环境战役将推进实施。据环保部规划院测算,预计"十三五"期间环保投入将上升到每年20000亿元左右,环保行业有望迎来爆发增长。

(3)在中国环境技术产品面临的问题方面,我们必须清楚地认识到,我国环境技术产品产业还存在着一些问题。一是我国环境技术各领域发展不平衡。从环境技术产品的贸易情况可以看出,2010年,美国对华环境技术产品贸易由顺差转为逆差,其中仅光伏电池一项产品的出口量就占环境技术产品出口总量的一半左右。由于我国的产业宏观调控能力不足,导致某一领域的环境技术产业盲目扩大生产,跟风而上,极容易造成产能过剩,继而招致贸易壁垒的产生,影响我国的经济发展。二是环境技术产品在我国还属于较新的行业,竞争力较弱,而美国的环境服务业在全世界处于领先地位。此外,美国具有比较优势的环境技术产品主要集中于较高端的用于环境监测与分析的精密仪器,而中国具有比较优势的环境技术产品和服务业则主要集中在较低端的资本和资源密集型的机器零部件、环境设备上。这说明我国在环境技术产品上的技术开发投入不足,产品创新能力较弱,环境产品行业尚未完全掌握某些核心技术,仍需要进口部分先进设备,这就导致我国环境技术产品在国际市场上缺乏竞争力,容易受到国外产品的强烈冲击,容易被国外的先进技术逐出世界市场,更不易占领国外市场。我国环境产品行业的这种弱势现象在中美环境产品贸易中更加凸显。

三、中国的环境产品贸易自由化发展路径分析

我国环境技术产品经过多年的发展,已取得了一定的成绩,具备了一定的发展基础,但是在参与国际贸易的同时,也面临全球化的挑战,存在着多种制约因素。为了进一步促进我国环境技术产品的发展,在发扬优势的同时还需要在以下几个方面做出努力:

(一)增加对环境技术产品和服务的研发投入

环境技术产业发展的内在动力是技术,因此,政府应加强和企业及其他科研机构的合作,补助企业进行合理的环境产品开发投入,以企业投入为主,成果归企业所有,从而促进全社会对环境技术开发的投入和成果的应用。另外,由于我国的环境技术与国外技术的差距较大,我们应该适当地引进一些关键性的环境技术,在此基础上进行改良,形成自己的比较优势,使该技术得到较大范围的应用和推广。

(二)加强对环境技术产业的宏观调控

世界上的发达国家和经济组织如美国、日本、经济合作与发展组织等都制订了详细的环境技术产品清单,对环境技术产品进行有效的管理和调控。我国虽然从 20 世纪80 年代开始,至今共进行了 5 次环境技术产业的大型统计调查工作,发布了相关公报,基本反映了环境技术产业的总体规模和发展情况。但是相关部门对环境技术产业贸易的详细情况并不是非常了解,这给我国对环境技术产品生产和出口、环境技术产业结构的宏观调控造成了一定的影响。因此,建议我国尽快制订符合国家利益的环境技术产品和服务清单,开发环境产业数据库及决策支持平台,以辅助即将出台的"十三五"节能环保产业发展规划,对环境技术产业进行宏观调控。

(三)在环境技术领域加强与先进国家的广泛合作

在环境技术领域,政府应加强与世界上环境技术产业较为发达的国家之间的多角度、多层次的合作,应充分利用中外合作平台。这样做有利于我们学习发达国家先进的环境技术管理经验,消化和吸收国外最佳的可行技术、先进的管理理念、成熟的技术评估体系和方法,以此使我国的技术管理体系更具实效性和科学性,从而提高我国环境技术产业在国际上的竞争力。

参考文献

[1] 刘林奇.对外贸易与环境问题关系研究综述.经济师,2008(6):34—36.

[2] 宁学敏.我国碳排放与出口贸易的相关关系研究.生态经济,2009(11):51—54.

[3] 王晓宁.我国国际贸易与环境问题的冲突与协调.知识经济,2008(2):55—57.

[4] 陈刚.中美环境技术产品贸易分析.环境保护,2013(9):75—76.

[5] 龚清华.环境产品贸易自由化的作用及路径分析.市场营销与技术,2013(1):79—81.

21 世纪以来 APEC 区域服务贸易发展变化①

俞灵燕

（绍兴市统计局　绍兴　312000）

【内容摘要】　APEC 作为一种非约束性经济组织，致力于推动其成员贸易与投资的自由化和便利化。为更多地了解 APEC 区域自该组织成立尤其是 21 世纪以来的发展变化，本文以近年来开放推进与发展最为引人瞩目的领域之一——服务贸易为对象，对其发展态势、构成及其在地区发展中地位与作用的变化，进行了比较分析。为了解中国作为其中重要角色之一的情况，文章第三部分特别对中国服务贸易及其在 APEC 区域中的地位与变化进行了分析。

【关键词】　APEC　服务贸易　贸易竞争力

2014 年 11 月中旬，APEC 峰会在中国北京召开，这是该组织继 2001 年在上海的会议后，时隔 13 年重回中国。为促进 APEC 区域更多信息共享，特别是提升中国在其中的地位与作用，本文以服务贸易为对象，探讨该区域的发展变化。

一、APEC 区域服务贸易总体状况②

服务业在全球经济和各国发展中日益重要，据联合国贸发组织（UNCTAD）统计，服务业占全球经济的比重已近 71%，服务贸易的增长也已快于货物贸易，2013 年全球服务贸易增长 5.5%，快于货物贸易增长 3.4 个百分点。APEC 作为一个非约束性官方经济论坛，自成立以来，不断致力于贸易投资的自由化和便利化，尽管 21 个成员分布广泛、个体差异大，且次区域安排错综复杂，该组织的发展仍多少促进了区域内的经济贸易发展，包括服务贸易。

（1）总体较快增长，但增势有所弱化。由表 1 可知，20 世纪 80 年代以来 APEC 成

---

① 本文已发表在《统计科学与实践》2014 年第 12 期。

② 本文数据除非特别注明，均来自 UNCTADstat，其中服务贸易的数据按 IMF《国际收支平衡表手册》第 5 版（BPM5,1993）统计或调整。另外，由于统计修正，有些数据与十年内获取的略有差异。

员总的服务出口增长较快,年均增长 8.8%,增速快于同期全球服务出口,高于同期该区域货物出口年均增速;但分期来看,相比上两个十年,21 世纪以来 APEC 成员总的服务出口增势相对减缓,2001—2013 年间年均增长 8.5%,较之 1991—2000 年期间年均增速高 0.9 个百分点,但低于 20 世纪 80 年代,低于同期全球服务出口年均增速。如图 1 所示,21 世纪前后 APEC 服务贸易增速有两次较大波动,分别受 1997 年亚洲金融风暴和 2008 年全球金融危机影响,该地区经济增长与贸易往来受抑,影响了相应期间总体增势。

表 1　21 世纪以来 APEC 服务贸易年均增速及其与全球和货物贸易的比较　（单位:%）

	1981—2013 年	1981—1990 年	1991—2000 年	2001—2013 年	2013 年
全球总出口	7.2	6.0	6.4	8.6	2.9
货物出口	7.0	5.6	6.5	8.5	2.2
服务出口	7.8	7.7	6.2	9.1	5.5
APEC 总出口	8.5	8.3	8.9	8.4	2.5
货物出口	8.4	7.8	9.1	8.4	2.0
服务出口	8.8	10.5	7.6	8.5	5.1

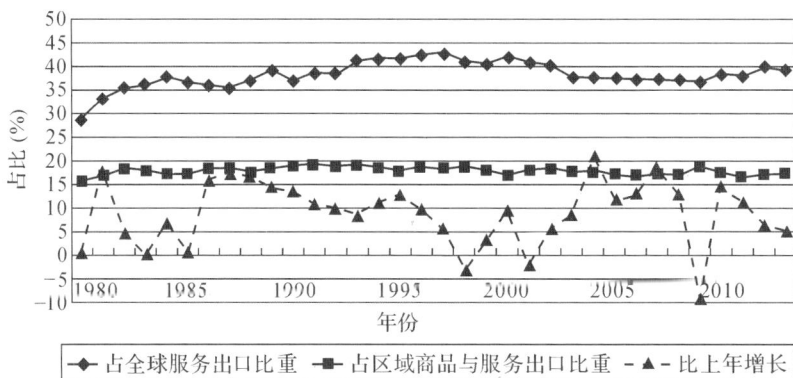

图 1　21 世纪以来 APEC 服务贸易在全球贸易中的地位及其与前期的比较

(2)在全球贸易中地位提升,总体趋于稳定。2013 年 APEC 成员服务贸易总额 36833 亿美元,其中出口总额 18630 亿美元,比上年增长 5.1%,进口总额 18203 亿美元,增长 4.8%。扣除政府服务,2013 年 APEC 商业性服务出口总额 18309 亿美元,同比增长 5.2%,约占同期全球服务出口总额的 39.4%,相当于欧盟的九成,但与货物贸易还有差距,占该区域货物与服务出口总额的比重仅约 17.3%。分期看,21 世纪以来 APEC 成员总的服务出口占全球服务出口总额的比重接近 40%,略低于上一个十年期间(即 APEC 成立,尤其是"茂物宣言"以来一段时期),但高于 20 世纪 80 年代;占该区域货物与服务出口总额的比重大致徘徊在 17%,略低于上两个十年期间,总体在全球贸易中的地位,在日趋稳定中有所提升(见图 1)。

(3)总体顺差明显,贸易竞争力较强。21 世纪以来,APEC 成员服务贸易总体呈现顺差,尤其是 2006 年以来持续保持顺差,与同期货物贸易总体逆差形成对比。由表 2 可知,APEC 成员总体服务贸易竞争力[①]较强,服务贸易的持续顺差为提升该区域总的贸易竞争力发挥了积极作用。但区域中各成员间差异明显,2013 年 21 个成员中除文莱无数据外,7 个成员实现顺差,13 个成员为逆差,美国服务贸易不仅持续顺差且顺差较大。2013 年 APEC 服务贸易顺差 427 亿美元,其中 67.5% 是由美国贡献的。

表 2　21 世纪以来 APEC 服务贸易竞争力及其与货物贸易的比较

年份	1990	2000	2006	2007	2008	2009	2010	2011	2012	2013
$NTB_{G\&S}$	-0.013	-0.016	-0.012	0.002	-0.003	0.009	0.006	-0.003	-0.007	-0.004
NTB_G	-0.005	-0.017	-0.016	-0.004	-0.008	0.008	0.004	-0.006	-0.011	-0.007
NTB_S	-0.054	-0.007	0.012	0.029	0.024	0.016	0.019	0.015	0.010	0.012

(4)在地区经济中的地位和作用得到提升。从贸易依存度指标来看(见表 3),过去一段时期,尤其自 APEC 成立以来,该地区总的贸易依存度[②]大幅上升,从 1980 年的 27.8% 升至 2013 年的 50.4%,显示了该地区对外开放程度加深,与外部市场的联系日益紧密。尽管相比货物贸易,APEC 区域服务贸易依存度还较低,但无论是以进出口总额计算的服务贸易依存度还是服务出口依存度都在不断提升,净服务贸易依存度则自 2005 年起由负转为正,显示了该区域服务领域对外开放程度扩大,服务贸易在促进地区经济发展中的地位日益重要。

表 3　21 世纪以来 APEC 服务贸易依存度及其与货物贸易的比较　　　　　(单位:%)

年份	总贸易依存度	服务贸易依存度	服务出口依存度	净服务贸易依存度	货物贸易依存度	净货物出口依存度	净货物贸易依存度
1980	27.8	4.4	2.1	-0.32	23.4	11.5	-0.40
1990	27.9	5.4	2.6	-0.25	22.4	11.2	-0.11
2000	38.0	6.4	3.2	-0.04	31.6	15.5	-0.55
2010	48.0	8.2	4.2	0.15	39.8	20.0	0.15
2013	50.4	8.6	4.3	0.10	41.8	20.8	-0.30

---

① 贸易竞争力(Normalized Trade Balance, NTB),产品层面通常表示为 TSI_{ji} (Trade Specialization Index),表示经济体 j 的商品 i 在特定时期的竞争力,计算公式如下:

$$TSI_{ji} = \frac{X_j^i - M_j^i}{X_j^i + M_j^i}$$

其值在 -1~1 之间,正值表示有净出口,负值表示净消费,越接近 1,表明竞争力越强。

② 总贸易依存度是指某地区在特定时期货物和服务进出口总额与 GDP 的百分比,服务贸易依存度、服务出口依存度和净服务贸易依存度则分别是服务进出口总额、服务出口额和净服务出口额(服务出口减去服务进口)与 GDP 的百分比。

二、APEC 区域服务贸易构成、变化及地区分布

从贸易构成看,21 世纪以来 APEC 成员新兴服务业加快发展,对外贸易尤其是出口日趋活跃,该区域服务出口构成变化明显,进口方面三大类别构成则相对稳定。

(1)其他服务出口增长较快,在全球贸易中的地位提升。如图 2 所示,21 世纪以来 APEC 区域三大类别大致持续增长,增势强于前两个十年期间,特别是新兴服务出口增长较快。由表 4 可知,除运输、旅游外的"其他服务"出口占 APEC 区域同期出口总额的比重不断攀升,近年来已较稳定超过一半,占全球该类别出口总额的比重已超四成。APEC 区域一段时期以来,尤其是 APEC 成立以来的服务出口增长及其构成变化,一定程度上反映了该区域服务领域对外开放不断推进,服务业加快发展,服务贸易市场竞争力不断提升。

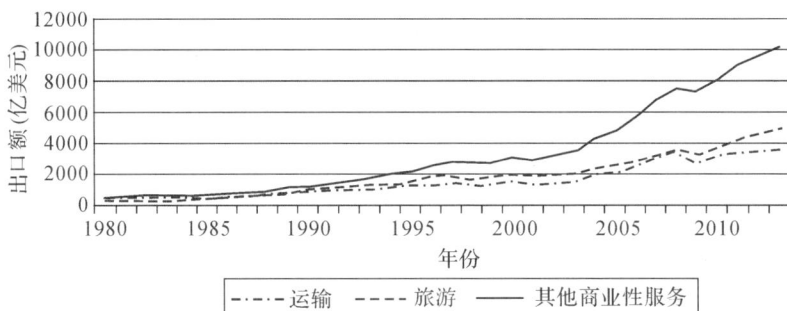

图 2　21 世纪以来 APEC 三大类别服务出口增长及其与前期的比较

表 4　当前 APEC 服务贸易(出口)构成及其与不同时期的比较　　　　(单位:%)

服务项目	占该区域服务出口总额比重				占全球该类别出口总额比重			
	1990 年	2000 年	2010 年	2013 年	1990 年	2000 年	2010 年	2013 年
总服务出口	100.0	100.0	100.0	100.0	37.2	38.9	38.5	41.1
运输	29.0	22.5	21.3	18.9	40.0	40.6	39.5	41.2
旅游	32.0	31.0	25.0	26.7	37.4	39.1	38.1	40.7
其他服务	39.0	46.5	53.7	54.4	35.3	37.7	38.1	41.3

(2)服务进口构成相对平衡,期间变化也相对稳定。由表 5 可知,进口方面,APEC 成员总的三大构成相对平衡,运输、旅游进口占该区域服务进口比重均约为三成,占全球相应类别进口总额约均四成,且变化较稳定;其他服务进口比重略有提升,但与出口相比变化较小。APEC 区域现阶段服务贸易顺差主要来自旅游和其他服务的贡献,尤其是其他服务贸易自 20 世纪 90 年代以来一直保持顺差且顺差日益扩大,运输服务贸易一直呈现逆差,近年来逆差也持续有所扩大。2013 年,APEC 区域其他服务贸易顺差 1677 亿美元,运输逆差 1283 亿美元。

表 5　当前 APEC 服务贸易(进口)构成及其与不同时期的比较　　　(单位:%)

服务项目	占该区域服务进口总额比重				占全球该类别进口总额比重			
	1990 年	2000 年	2010 年	2013 年	1990 年	2000 年	2010 年	2013 年
总服务进口	100.0	100.0	100.0	100.0	39.4	39.2	38.7	41.0
运输	31.7	31.0	30.3	30.6	41.5	41.5	41.0	44.0
旅游	31.8	30.7	31.9	31.0	41.7	40.9	39.6	41.7
其他服务	36.5	38.3	37.8	38.4	36.0	36.3	36.4	38.4

(3)其他服务中建筑、金融服务出口增长较快,版税与许可证费用比重下降。由表 6 可知,21 世纪以来 APEC 其他服务出口[①]年均增长 9.8%,2013 年实现出口总额 9809 亿美元,进口总额 8047 亿美元,分别比上年增长 6.0% 和 4.9%,顺差 1762 亿美元。从构成看,APEC 区域其他服务出口主要源自于其他商务服务出口(约占一半),其次是版税与许可证费用(占比近两成),该类服务出口尽管保持了 21 世纪以来年均 7.8% 的增长,但在全球贸易中的比重从 2000 年的 72.1% 降至 2013 年的 56.9%,比重下降了 15.2 个百分点。建筑和金融服务出口有较快增长,占全球贸易份额分别比 2000 年提高了 15.6 和 5.2 个百分点。

表 6　21 世纪以来 APEC 其他服务出口构成及变化　　　(单位:%)

服务项目	年均增速	占其他服务出口比重			占全球该类出口比重		
		2000 年	2010 年	2013 年	2000 年	2010 年	2013 年
总其他服务	9.8	100.0	100.0	100.0	36.3	36.4	38.4
通信	7.3	4.4	3.3	3.2	37.2	26.4	26.2
建筑	13.2	3.8	6.1	5.5	36.0	47.9	51.6
保险	9.5	3.6	3.6	3.4	37.1	29.3	32.7
金融服务	11.1	12.2	14.3	14.1	36.0	39.7	41.2
计算机与信息	12.3	4.5	5.3	5.9	28.1	19.3	20.1
版税与许可证费用	7.8	23.1	18.6	18.0	72.1	56.7	56.9
其他商务服务	10.2	47.2	47.9	49.0	41.6	38.1	38.6
个人、文化和娱乐服务	6.8	1.2	0.9	0.9	24.5	22.1	19.9

(4)与地区经济发展水平相适应,APEC 成员间服务贸易发展不平衡。从地区分布看,APEC 成员之间由于经济发展水平相差悬殊,服务贸易规模以及发展态势不平衡,但总体均趋于增长。由表 7 可知,21 世纪以来,除文莱无数据外,其余 20 个成员中近一半服务出口年均以两位数增长。目前 APEC 服务贸易仍以美国为主,2013 年实现服务贸易总额 11403 亿美元,约占当年 APEC 服务贸易总额的 31% 和全球的 12.4%,

---

①　不含政府服务。

服务经济与管理 *评论*

其中出口 6835 亿美元,约占 APEC 服务出口总额的 36.7% 和全球的 14.5%,顺差 2267 亿美元,但相比 21 世纪初,美国在全球服务贸易中的地位相对弱化。2013 年 APEC 成员中 11 个服务出口占该区域比重较 2000 年提高,除美国外,还有中国香港、中国台湾、韩国、新西兰、菲律宾、泰国等 6 个成员实现服务贸易顺差。2013 年,包括港澳台在内,中国服务出口总额已近 APEC 的 21% 和全球的 8.3%。

表 7　21 世纪以来 APEC 成员服务贸易发展比较

地区	年均增速 (%)	占 APEC 比重(%)	贸易平衡 (亿美元)	贸易 竞争力
澳大利亚	7.9	2.9	−100	−0.086
加拿大	5.4	4.3	−266	−0.143
智利	9.2	0.7	−29	−0.102
中国大陆	15.8	11.1	−1247	−0.232
中国香港	9.6	7.2	737	0.382
中国台湾	7.6	2.8	93	0.099
印度尼西亚	11.8	1.2	−125	−0.219
日本	6.0	7.9	−162	−0.052
韩国	10.3	6.1	60	0.027
马来西亚	8.4	2.1	−53	−0.062
墨西哥	2.9	1.1	−120	−0.235
新西兰	7.8	0.7	9	0.035
巴布亚新几内亚	3.9	0.0	−33	−0.806
秘鲁	11.1	0.3	−16	−0.114
菲律宾	15.4	1.2	71	0.194
俄罗斯	15.8	3.5	−599	−0.313
新加坡	11.9	6.6	−62	−0.025
泰国	11.8	3.2	37	0.032
美国	6.8	36.7	2266	0.199
越南	11.0	0.6	−27	−0.114

三、中国服务贸易在 APEC 区域中的地位及变化

21 世纪以来,中国随着地区经济发展,服务业及服务贸易加快发展:根据

UNCTADstat,2013 年中国①实现服务贸易总额 5365 亿美元,约占当年 APEC 服务贸易总额的 14.6% 和全球的 5.8%,其中出口 2059 亿美元,进口 3306 亿美元,逆差 1247 亿美元。

(1)随着地区经济尤其是服务业加快发展,服务贸易较快增长。21 世纪以来,中国国内生产总值年均增长 10.0%,人均生产总值年均增长 9.3%②,2013 年实现国内生产总值 93189 亿美元,人均生产总值 6726 美元,三次产业构成由 2000 年的 11.1∶47.9∶40.9 调整至 2013 年的 10.0∶43.9∶46.1③,服务业占地区经济的比重十年间提高了 5.2 个百分点。而自中国加入 WTO,加入 APEC 以来,践行对外开放系列承诺,积极推动地区开放融合,国内市场尤其是服务领域纵深开放,与外部经济的联系日益紧密。由表 8 可知,2005—2013 年,中国 GDP 和人均 GDP 的年均增速分别高于同期 APEC 成员总体和全球,经济快速增长有力支撑了服务贸易发展,同期中国服务出口的年均增速领先于全球、领先于 APEC 区域。

表 8 21 世纪以来 APEC 其他服务出口构成及变化 (单位:%)

地区	2005—2013 年年均增速④			2012 年三次产业比例		
	服务出口	GDP	人均 GDP	第一产业	第二产业	第三产业
中国	13.6	10.0	9.3	10.1	45.3	44.6
APEC 区域	8.6	2.4	1.6	3.8	29.5	66.7
全球	7.9	2.1	0.9	4.4	29.7	65.9

(2)在国际贸易中的地位与作用提升。21 世纪以来,中国服务贸易以年均增长 17.4% 的速度领先于同期 APEC 成员总体和全球服务贸易增长,增幅分别高于 APEC 及全球 9.1 个和 8.5 个百分点(如图 3 所示),在区域中的地位日益重要。2013 年中国服务贸易规模在 APEC 成员中仅次于美国,居第二位,占 APEC 的比重较 2000 年时的 5.1% 提高了 9.4 个百分点,占全球的比重提高了 3.6 个百分点。其中服务出口 2000—2013 年期间年均增长 15.8%,增幅高于同期 APEC 成员总体 7.3 个百分点,高于全球 6.7 个百分点,2013 年服务出口规模在 APEC 成员中也居第二,占 APEC 和占全球的比重分别较 13 年前提高了 6.3 个和 2.4 个百分点。

(3)相比货物领域,中国服务贸易发展还有空间。尽管总体协同发展,21 世纪以来中国服务贸易增长滞后于货物贸易,在 APEC 区域的地位提升不及货物贸易显著。2000—2013 年中国贸易总额年均增长 18.1%,占 APEC 成员贸易总额的 21.4% 和全球的 10.1%;其中,货物贸易年均增长 18.3%,2013 年规模超过美国,居 APEC 成员首

---

① 指中国大陆的数据,不含中国港澳台地区。除非特别注明,下同。

② 根据《中国统计年鉴 2013》和《2013 年国民经济和社会发展统计公报》计算。

③ 同上。

④ 根据 UNCTADstat,这里 GDP 和人均 GDP 是以 2005 年美元为不变价的实际增速,受资料限制,仅提供 2005—2013 年的数据,部分经济体 2013 年的数据为估计值。服务出口额为名义增速。

服务经济与管理 *评论*

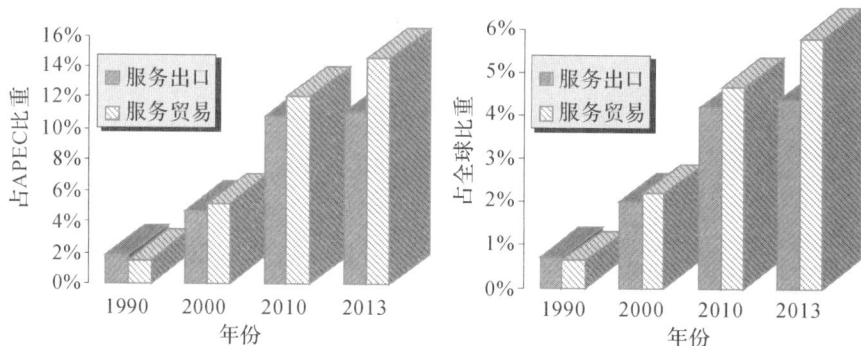

图 3　21 世纪以来中国服务贸易在 APEC 和全球的地位及变化

位,占 APEC 货物贸易总额的比重从 2000 年的 7.3% 升至 2013 年的 22.8%,比重提高了 15.5 个百分点。但服务贸易年均增长 15.8%,增速低于货物贸易 2.5 个百分点,服务贸易占 APEC 外贸总额的比重从 2000 年的 12.5% 降至 2013 年的 11.6%,特别是服务出口占 APEC 出口总额的比重下降了 2.4 个百分点,2013 年已不足一成,仅约8.5%。21 世纪以来[①]中国对外贸易持续保持顺差,2013 年实现外贸总额 46230 亿美元,顺差 2335 亿美元;其中主要是货物贸易顺差,2013 年顺差 3582 亿美元;服务贸易则相反,不仅逆差,且逆差扩大,已居 APEC 首位。

(4)在地区经济中的作用还相对有限,新兴服务出口增长较快。由表 9 可知,2013 年中国总贸易依存度 49.6%,低于 APEC 成员总体,居 APEC 成员中第 15 位。分类看,对中国来说,主要是服务贸易依存度尤其是服务出口依存度相对偏低,在地区经济中的地位和作用还不甚明显,与货物贸易有差距,与 APEC 总体有差距。从贸易构成看,目前中国服务出口构成与 APEC 大体一致,2013 年三大类别比例为 18.3：25.1：56.7,其中运输服务出口 21 世纪以来年均增长 19.6%,旅游出口年均增长 9.3%,其他服务出口年均增长 20.3%,特别是保险、金融以及计算机和信息服务出口增长较快,增速超过 30%。服务进口中旅游服务比重较高,三大类别比例为 28.5：38.9：32.6,但运输服务贸易持续逆差,旅游则由顺差转为逆差,其他服务则已由逆差转为顺差,2013 年其他服务出口 1167 亿美元,顺差 90 亿美元。

表 9　2013 年中国服务贸易竞争力及其与 APEC 成员总体的比较　　　　(单位:%)

	总贸易依存度	服务贸易依存度	服务出口依存度	净服务贸易依存度	货物贸易依存度	净货物出口依存度	净货物贸易依存度
中国	49.6	5.8	2.2	−1.34	43.9	23.8	3.84
APEC	50.4	8.6	4.3	0.10	41.8	20.8	−0.30
位次	15	19	19	13	12	13	7

---

①　根据 UNCTADstat,自 1994 年以来,中国对外贸易、中国货物贸易持续保持顺差,且顺差趋于扩大。

四、结论与启示

APEC 作为一种非约束性经济论坛,其成员分布广泛、个体差异显著,自成立以来不断致力于促进贸易与投资便利化。从近年来开放推进与发展最令人瞩目的领域之一——服务贸易的情况看,21 世纪以来,APEC 成员总体服务贸易较为活跃,在全球贸易和地方经济中的地位提升;但是,受各成员发展水平、结构及开放度等的影响,APEC 成员总体服务贸易构成有差异,地区分布不平衡且具有较明显变化,其中中国服务贸易增长较快,但与其他成员相比,货物贸易发展滞后,贸易依存度不高,总体呈现逆差,尤其运输、旅游逆差趋于扩大。

从 APEC 发展情况看,有以下几点启示:一是地区经济尤其是服务业加快发展是支撑服务贸易发展的基础;二是服务领域对外开放有助于促进有效需求与要素流动,促进服务贸易发展;三是从与货物贸易和经济总量的比较来看,积累中国服务贸易潜在优势,循迹先进地区经验,加快中国服务贸易发展需要于深化开放中不断开拓市场和提升市场竞争力。

参考文献

[1] 高虎城. 全面提升开放型经济水平. 求是,2013(24):52—54.

[2] 江小涓. 服务全球化的发展趋势和理论分析. 经济研究,2008(2):6—20.

[3] 俞灵燕. APEC 区域服务贸易的特点与问题. 世界经济研究,2004(3):45—48,28.

上海自贸区发展路径选择

边 叶

（浙江省现代服务业研究中心 杭州 310015）

【内容摘要】 世界经济格局持续发生重大变化,自由贸易区日益成为各国高度关注的焦点。随着国民经济实力的长足进步和国际经济地位的快速上升,中国已经进入需要大力加快自由贸易区建设的关键时期。为此,国务院于 2013 年 9 月在上海成立自由贸易区,这有利于加快政府职能转变、积极探索管理模式创新、促进贸易和投资便利化,为全面深化改革和扩大开放探索新途径、积累新经验。使上海自由贸易区成为推进改革和提高开放型经济水平的"试验田",形成可复制、可推广的经验,发挥示范带动、服务全国的积极作用,促进各地区共同发展。因此,研究和探讨其发展路径是一个重大研究方向,本文总结了我国自由贸易区的历史演变路径,通过 SWOT 方法分析上海自由贸易区的优劣势,为上海自由贸易区的发展路径提出了相关建议。

【关键词】 上海自由贸易区 SWOT 分析 发展路径

经过三十多年的改革开放,中国 GDP 已经上升到世界第二,无论以总量规模还是相对比例来衡量,中国在世界上都已经不再是一个经济小国,中国已经成为新兴经济大国。国际经济地位上升带来了我国对外开放环境的重大变化,其中最显著的一个方面是发达国家已经视中国为重要的竞争对手,中国与其他国家在贸易摩擦等方面的矛盾日益增多。显然,中国过去以出口廉价产品为主的粗放式模式已经走到尽头,已经进入需要培育动态比较优势,加快发展转型步伐的阶段。因而在当前阶段设立自由贸易区（以下简称"自贸区"）作为试验田积累经验,进而重构中国经济对外开放的格局显得至关重要。积极推进我国自贸区建设的全球布局,既是协调我国与其他国家之间的利益关系,实现多边共同发展的重要战略路径,也对促进国内经济发展方式转变、拓展国民经济成长空间具有十分重大的战略意义。

一、自由贸易区的历史演变路径

目前我国自贸区的发展模式是保税区—区港联动—保税港区—自由贸易港区。

1987年深圳市经济开发特区参照借鉴国际上的自贸区和出口加工区的先进经验,在沙头角率先设立了保税区,进行改革开放的试验探索。1990年,深圳又决定设立福田保税区以进一步拓展和积累经验。在取得一定效果之后,国务院在1990年批准了上海市外高桥保税区,1993年批准天津、广州、大连、张家港、厦门、海口、青岛、宁波、福州、汕头等保税区,其后几年也不断设立保税区,形成了各具特色的保税区(见表1)。保税区是我国国际贸易及改革开放中对外开放层次最高的特殊经济圈。成立上海自贸区之前,国家赋予保税区的特别优惠政策主要体现为"免征、免税",即从境外进出保税区的货物无须许可证和配额,免征关税及进出口环节税。区内各种商品处于保税状态,可保留外汇现汇账户等。从功能上看,保税区具有物流分拨、出口加工、保税仓储和国际贸易等基本功能。保税区的正外部性和技术溢出效应非常明显,对当地的经济发展和带动作用非常显著。

然而,保税区目前的发展现状正不断地面临挑战。我国在加入WTO后的几年中不断地出台取消各种进入壁垒、贸易限制、关税等方面的相关政策,削弱了保税区的政策优势,具体表现在以下几个方面:一是保税政策优势弱化。加入WTO后,我国各类进口商品关税大幅降低,削弱了各地保税区的"保税滞后纳税"政策优势,以及减少资金占压和简化进口手续等优势。二是贸易进出自由度的优势迅速弱化。国家对进口商品配额和许可证管理除了个别仍有一定限制外,其余已全部放开。这些非关税壁垒的取消严重削弱了保税区的进口免配额、免许可证、免申报审批的政策优势。三是税收优惠政策优势弱化。取消超国民待遇政策的实施,保税区内企业享受的所得税优惠、地方税返还优惠等逐步减少甚至消失,这在一定程度上削弱了保税区对投资者的吸引力。四是国际贸易服务功能优势进一步弱化。目前,我国已对各种类型所有制企业开放国际贸易服务市场,保税区的服务贸易功能优势已荡然无存。例如开放保税区仓储服务使得保税区外商独资特许经营权的政策优势丧失。同时,保税区在立法程序以及管理上,缺乏统一的法律和配套实施制度。

保税港区则在保税区的功能基础上有一定的突破:一是管理体制进一步创新。港区原来由港口海关和保税区海关分头管理,实际运作中难以达到"一线放开,二线管住"的政策目标。而保税港区将海关对港口和陆地区域进行统一封闭式管理,无须多重设卡,商品进出口岸的效率大幅提升。二是产业链的升级。现行保税区出口加工政策主要是吸引国际加工业务,附加价值低而且产品全部出口,且区内无法开展物流配送业务,制约了加工贸易产业链的延伸,极大地阻碍了服务业贸易的发展。当前,国际加工贸易价值链向上游拓展,即提高国家加工贸易的国内采购率,完善国内产业链;向下游拓展,即大力促进国际物流。而保税港区的政策重点是进港保税,其目的是促进国际贸易和国际物流等产业的大发展,两大政策的叠加效应对提升保税港区所在城市产业链层次具有极大的推动作用。三是功能创新。保税区的功能主要集中为保税仓储和加工贸易,功能非常单一,只是国际上自由贸易港区功能之一(见表1)。保税港区则充分利用港区的资源优势,形成了出口加工贸易区和仓储物流区两大功能。保税港区与国际上自由贸易港区相比还有较大差距,保税港区的优惠侧重于税收政策,而对其他产业配套政策基本没有涉及，无法形成完善的制度激励。但保税港区的设立为上海自由贸易港区的设立积累了宝贵经验，自由贸易港区是开放层次最高的贸易区，其开放度可体现在各种开放性的政策上，主要包括关税免税政策、人员出入境政策、企业自由投资政策和金融自由化政策。

表 1　我国保税区、保税港区功能比较

保税区、保税港区	功能
深圳沙头角	出口加工、贸易
深圳福田	国际贸易、仓储、高科技和技术先进工业
上海外高桥	进出口贸易、转口贸易、加工贸易、货物仓储
天津港	国际贸易、出口加工、保税仓储
大连	国际贸易、转口贸易、边境贸易
青岛	国际贸易、生产加工、保税仓储
张家港	国际贸易、生产加工、保税仓储
宁波	国际贸易、生产加工、保税仓储
福州马尾	对外贸易、转口贸易、出口加工、仓储运输
广州	国际转口贸易、出口加工、仓储、国际商品展示
海口	国际贸易、出口加工、保税仓储
厦门象屿	国际贸易、对台贸易、转口贸易、出口加工、仓储运输
汕头	国际转口贸易、出口加工、仓储运输
珠海	出口加工、保税仓储、转口贸易
深圳盐田港	转口贸易、仓储
上海洋山港	国际中转、配送、采购、国际转口贸易和出口加工
天津东疆港	国际中转、国际配送、国际采购、国际转口贸易和出口加工

二、上海自贸区的 SWOT 分析

从欧洲大陆运送到亚洲东部和北部地区的货物需经过马六甲海峡，由于距离远，许多企业考虑到大船运费低，都希望用大船装运以降低货物运送成本。但是，大船的货物目的地非常分散，而且许多中小型港口不能停靠大船（如上海在建设洋山港之前，基本没有支持大船停靠的港口），而新加坡又是自由贸易港，转运货物没有任何手续和税赋，所以货物往往被运输到新加坡，然后装载到小船后被运送到目的地。这是因为新加坡距离中国、日本、韩国、朝鲜、俄罗斯的远东地区几乎是等距离。由于有自贸区，新加坡年均期货交割金额超过 3 万亿美元，我国的期货交易所虽然位于上海，但是期货商品的交割地点却在新加坡。因此，新加坡不仅是世界物流中心、国际资金流中心、国际金融中心,还是国际商业中心、国际服务中心。这是上海发展自贸区需要借鉴和学习的。那么,上海自贸区的设立到底有什么优势和劣势,如何能够扬长避短是我们应该分析和研究的,从而为上海自贸区的发展提供建议。

(一)优势

从地理位置来看,上海不仅距中国港澳台、日本、韩国、俄罗斯是等距离,而且与国内的广东省、天津市、大连市等重要港口城市也是等距离。目前,上海可以通过水路(长江和京杭大运河)、铁路、公路、航空等方式覆盖到全国各地。上海洋山深水港的东海二桥是世界最大火车集装箱转运中心。发往国内各地的集装箱可直接装卸到火车以发送货物,其物流效率非常高效快捷。

从金融地位来看,上海具有完备的金融体系、金融机构、金融人才、金融环境。金融发展环境、人力资源丰富程度、市场准入情况、基础设施建设、整体竞争力、基础设施等诸多评价指标是衡量区域金融实力的重要基础指标。在金融市场规模方面,上海已经建立了包括股票市场、货币市场、外汇市场、黄金市场和保险市场在内的比较齐备的金融市场体系。

(二)弱势

截至2013年,上海市常住人口2426万人,人口密度4233人/平方千米。土地资源十分有限、人口密度大是制约上海自贸区实现突破式发展的重要影响因素。并且由于过去重视资产投资而轻视人力资本投资、产业间人才配置失衡、高等教育扩招与社会人才需求失衡等因素的影响,上海市人力资源的溢出效益受到限制,导致与中部、西部城市相比,上海的人力资源成本较高。

(三)机会

从投资领域层面来看,自贸区应扩大服务业开放度。选择金融服务、航运服务、商贸服务、专业服务、文化服务以及社会服务领域扩大开放,暂停甚至取消投资者资格要求、持股比例限制、经营范围等准入措施(金融机构、信息通信服务业除外)。参考国际成熟运行模式,对外商投资试行准入前国民待遇,建立负面清单管理模式。对负面清单目录以外的领域,按照内外资同等对待原则,所有外商投资项目由核准制改为备案制(国务院规定对国内投资项目保留核准的除外);工商登记与商事登记制度改革相衔接,逐步优化登记流程;在自贸区内实施外资企业投资的国家安全审查,构建安全高效的开放型经济体系。对境外投资开办企业实行以备案制为主的管理方式,对境外投资一般项目实行备案制,国家支持自贸区各种投资主体开展多种形式的境外投资活动,鼓励设立专业从事境外股权投资的项目公司以及境外投资股权投资母基金。

从贸易金融领域层面来看,允许中资公司拥有或控股拥有的非五星旗船,先行先试外贸进出口集装箱在国内沿海港口和上海港之间的沿海捎带业务。浦东机场增加国际中转货运航班。充分发挥上海的区域优势,利用中资"方便旗船"税收优惠政策,促进符合条件的船舶在上海落户登记。在自贸区实行已在天津试点实施的国际船舶登记政策。简化国际船舶运输经营许可流程,形成高效率的船籍登记制度。拓展专用账户的服务贸易跨境收付和融资功能,支持试验区内企业发展离岸业务,鼓励企业统筹开展国际国内贸易,实现内外贸易一体化发展。

从上述内容可以看出,上海自贸区的开放政策力度空前,企业面临的不公平竞争已不存在。对于自贸区企业来说,提升企业核心竞争力、优化企业管理模式、创新企业产品是其唯一目标。自贸区的设立对经济交易成本的降低有巨大的推动作用。

(四)威胁

从国内来看,北京、深圳、成都、西安、杭州等地区也在申请自贸区的设立,杭州作为中国电子商务发展的领军城市,以阿里巴巴、淘宝网为代表的电子商务发展迅速。同时,以苏宁易购为代表的南京电子商务,以京东商城、当当网为代表的北京电子商务发展迅猛。互联网以其极低的交易成本、高效的交易方式、快捷的交易模式对上海自贸区吸引人才有一定的削弱作用。

从国际上来看,APEC 成员方发起跨太平洋伙伴关系协议(Trans-Pacific Partnership Agreement,TPP),而美国由于担心被排除在亚洲区域一体化之外,积极推动和主导 TPP 进程,希望将 TPP 中心设立在新加坡,继续发挥新加坡的国际贸易中心优势,对上海自贸区的发展形成了潜在的威胁。

三、上海自贸区的发展路径选择

根据 SWOT 分析,笔者认为上海自贸区的发展应向以下几个方面进行深化和创新。

(一)夯实国际货物贸易的基础功能

上海自贸区立足发展的基础、最大的优势、成败的关键,着眼于货物贸易的转口贸易发展。总面积 28.78 平方千米的上海自贸区包括上海市外高桥保税区、外高桥保税物流园区、洋山保税港区和上海浦东机场综合保税区四个海关特殊监管区域,是为国际贸易的发展而设立的海关特殊区域。同时,夯实国际货物贸易是世界先进自由贸易区和离岸金融中心的必经之路。而且,从贸易规模来看,按照进出口商品境内目的地以及货源地统计,2013 年上海市进出口贸易额就达到了 4741 亿美元,超过世界大部分国家,其国际货物贸易优势十分明显。

(二)拓展离岸金融业务,促进园区内产业结构高端化

上海离岸金融业务的发展,可与人民币国际化等相辅相成、相互促进。目前国际市场交易体系以美元、欧元、日元货币作为国际金融市场的避风港,随着中国宏观经济稳定性和政治稳定性的优势日益凸显,人民币资产希望成为国际金融市场上新的避风港

资产,通过积极探索、争取,离岸金融业务就可以为境内居民和境外非居民的相关需求提供服务。以前境外非居民投资人民币避风港资产多数是选择直接投资形式,那么,随着中国金融市场的发展及其开放,投向中国金融资产避风港的非居民将越来越多。加快上海自贸区离岸金融业务向国内外所有个人和企业提供服务,可吸引国外资本、海外华人资本、国际优秀的投资管理经验等。这对增强我国金融创新机制、培育金融人才、转变经济发展模式有巨大的促进作用。

(三)创新政府行政管理制度

微观层次的管理制度创新既是上海自贸区成败的核心,也是我国政府转变国家治理职能的经验积累。不论是实施"负面清单"管理,还是暂停实施某些法律法规,所有这些具体措施都指向简政放权、减少和消除过度管制的方向。其目的在于避免和消除政府部门的惰性,激发经济活力,降低经济运行成本,避免自贸区陷入过度管制的误区。

参考文献

[1] 成思危. 从保税区到自由贸易区:中国保税区的改革与发展. 北京:经济科学出版社,2003.

[2] 丘东晓. 自由贸易协定理论与实证研究综述. 经济研究,2011:147—157.

[3] 小岛清. 对外贸易理论. 天津:南开大学出版社,1988.

[4] Kim Y H. Impacts of regional economic integration on industrial relocation through FDI in East Asia. Journal of Policy Modeling,2007,29(1):165-180.

[5] Carrere C. Revisiting the effects of regional trade agreements on trade flows with proper specification of the gravity model. European Economic Review,2006,50(2):223-247.

[6] 李家祥. 我国综合配套改革试验区的理论价值与阶段特征. 经济学动态,2007(1):29—31.

[7] 王道军. 上海自贸区建立的基础与制度创新. 开放导报,2013:30—33.

图书在版编目(CIP)数据

服务经济与管理评论. 第1辑 / 徐绪卿主编;浙江省现代服务业研究中心编. —杭州:浙江大学出版社,2015.9
ISBN 978-7-308-14899-3

Ⅰ.①服⋯ Ⅱ.①徐⋯②浙⋯ Ⅲ.①服务业—经济发展—亚洲—文集 Ⅳ.①F719-53

中国版本图书馆CIP数据核字(2015)第165235号

服务经济与管理评论(第1辑)

徐绪卿 主编

责任编辑	吴伟伟 weiweiwu@zju.edu.cn
责任校对	陈慧慧
封面设计	木 夕
出版发行	浙江大学出版社
	(杭州市天目山路148号 邮政编码310007)
	(网址:http://www.zjupress.com)
排 版	浙江时代出版服务有限公司
印 刷	杭州日报报业集团盛元印务有限公司
开 本	787mm×1092mm 1/16
印 张	14.25
彩 插	2
字 数	312千
版 印 次	2015年9月第1版 2015年9月第1次印刷
书 号	ISBN 978-7-308-14899-3
定 价	48.00元